*Eva Barlösius* ist Professorin für Makrosoziologie an der Leibniz Universität Hannover. Zu ihren Forschungs- und Lehrschwerpunkten gehören die Ungleichheitssoziologie und die Soziologie des Essens, die sie in diesem Buch miteinander verbindet.

Eva Barlösius

# Dicksein

Wenn der Körper das Verhältnis
zur Gesellschaft bestimmt

Campus Verlag
Frankfurt/New York

Bibliografische Information der Deutschen Nationalbibliothek
Die Deutsche Nationalbibliothek verzeichnet diese Publikation in der Deutschen Nationalbibliografie;
detaillierte bibliografische Daten sind im Internet über http://dnb.d-nb.de abrufbar.
ISBN 978-3-593-50083-6

Umschlaggestaltung: Guido Klütsch, Köln
Satz: Campus Verlag, Frankfurt am Main
Druck und Bindung: Beltz Bad Langensalza GmbH
Printed in Germany

Dieses Buch ist auch als E-Book erschienen.
www.campus.de

# Inhalt

Vorbemerkung . . . . . . . . . . . . . . . . . . . . . . . . . . . . . . . . . . . .  7

Dank . . . . . . . . . . . . . . . . . . . . . . . . . . . . . . . . . . . . . . . . . . .  11

1. Dicksein: Ein Phänomen sozialer Klasse und
gesellschaftlicher Ordnung? . . . . . . . . . . . . . . . . . . . . . . . .  13

   1.1  Forschungen zu Dicksein . . . . . . . . . . . . . . . . . . . . . . . . . . .  17

   1.2  Der Körper: Öffnung zur sozialen Welt . . . . . . . . . . . . . . . . .  29

   1.3  Perspektivwechsel: Die Sichtweise der »Dicken« . . . . . . . . . . .  37

   1.4  Zur Empirie der Studie: Das Forschungsprojekt . . . . . . . . . . .  39

2. Soziale Praxis und Allgegenwärtigkeit des Körpers . . . . . . . . .  47

   2.1  Typisierungen von Dicksein . . . . . . . . . . . . . . . . . . . . . . . . .  51

   2.2  Die Allgegenwärtigkeit der Typisierungen . . . . . . . . . . . . . . .  57

3. Zu dick – wie eine soziale Klasse . . . . . . . . . . . . . . . . . . . . . .  67

   3.1  Theoretische Konzeption: Intersektionalität und
relationale Analyse . . . . . . . . . . . . . . . . . . . . . . . . . . . . . . . .  70

   3.2  »Objektive« soziale Klasse . . . . . . . . . . . . . . . . . . . . . . . . . . .  75

   3.3  Gemeinsam essen – relational betrachtet . . . . . . . . . . . . . . . .  78

   3.4  Aus der Perspektive der Eltern: Eine Welt der Knappheiten . . .  87

   Exkurs: Professionell und extern – Wünsche türkischer Eltern zur
Ernährungsumstellung ihrer Kinder . . . . . . . . . . . . . . . . . . .  94

3.4.1   Standpunkte der Eltern............................ 96

3.4.2   Das Gespür für die eigene soziale Stellung.............. 100

3.5   Aus der Perspektive der Jugendlichen: Nur der Körper zählt . . 104

    3.5.1   Geschlecht und ethnische Herkunft – aus der Sicht der
Jugendlichen nur kleinere Ungleichheiten.............. 110

    3.5.2   Objektiv benachteiligt – subjektiv zu dick.............. 114

4.   Die »wirkliche« und die »ideale« gesellschaftliche Ordnung
dickerer Jugendlicher................................. 119

4.1   Das Schlaraffenland: Die »verkehrte« Welt............... 125

4.2   Die »verkehrte« gegen die »wirkliche« Welt............... 128

4.3   Die »ideale« gegen die »wirkliche« Welt................. 135

5.   Moralisch kommunizieren und Moralunternehmer........ 141

5.1   Moralische Kommunikation – nach Luhmann............ 142

5.2   Gesunde Ernährung: Alles bekannt und moralisch geschätzt . . 146

5.3   Stufen der moralischen Kommunikation................. 149

5.4   Präventionsexperten als Moralunternehmer?.............. 155

6.   Gewünschte Lebensbahnen – wie sich dickere Jugendliche
ihre Zukunft vorstellen............................... 163

6.1   »Erfolgwünsche«: Die projektierte Lebensbahn............ 168

6.2   »Dünner werden«: Sich Zukunft eröffnen............... 172

7.   Konklusion: Mehrfache Verschiebungen.................. 177

Literatur............................................. 195

# Vorbemerkung

> »Der Körper ist der Nullpunkt der Welt,
> der ›Ort‹, an dem Wege und Räume sich kreuzen.«
> (Foucault 2005: 33)

Eine der wichtigsten soziologischen Einsichten ist, dass Begriffe, Bezeichnungen und Benennungen eine soziale Geschichte in sich tragen. Sie sind keineswegs gesellschaftlich neutral, wie ihr Gebrauch oftmals vorgibt. Zu dieser Einsicht gehört, dass die Fähigkeit, sprachliche Repräsentationen zu schaffen, sie öffentlich zu machen und sogar offiziell werden zu lassen, eine außergewöhnliche Macht darstellt. Schließlich kann sie dazu genutzt werden, einen Common Sense über die soziale Welt herzustellen. Auf diesem Weg wird einer Sichtweise gesellschaftliche Zustimmung und im nächsten Schritt gesellschaftliche Verbindlichkeit verschafft (vgl. Bourdieu 1985: 19; Barlösius 2005). Eine solche Macht hat Bourdieu Benennungs- bzw. Repräsentationsmacht genannt.

Beim Thema Dicksein ist dieses soziologische Wissen von herausragender Bedeutung, denn das Wort »Dicksein« wie alle anderen Bezeichnungen dieses Phänomens, und noch mehr die Titulierung von Menschen als »dick«, liefern mitnichten nur eine Beschreibung. Sie besitzen abwertenden Charakter und transportieren an die so Bezeichneten die Aufforderung, sich und ihren Körper zu verändern. Dies trifft für die Begriffe »Dicksein« und »dicke Person« zu, weit mehr noch für »Fettsein« und »die Fetten«, aber ebenso für scheinbar zurückhaltende Bezeichnungen wie »korpulent«, »mollig« oder »rund«. Auch in Bezeichnungen, die vorgeben, das Phänomen rein medizinisch zu fassen, wie »übergewichtig« und »Übergewicht« oder »adipös« und »Adipositas«, ist eingeschrieben, dass es sich um ein Problem handelt, gegen das etwas zu unternehmen sei. Diese Worte geben vor, das Phänomen zu objektivieren, indem sie Dicksein mittels des Körpergewichts und -umfangs physikalisch erfassen. Eine solche Betrachtungsweise sagt aber nichts darüber aus, wie Menschen erfahren, dass sie gesellschaftlich als zu dick gelten, und wie mit Dicksein gesellschaftlich umgegangen wird. Dies spricht gegen einen soziologischen Gebrauch der beiden Begriffspaare. An ihm ist weiterhin auszusetzen, dass die medizinischen Bezeichnungen mit der größten Repräsentationsmacht ausgestattet sind und das Phänomen dementsprechend erheblich mitgestalten. Dies zeigt sich besonders darin, dass sie es auf die gleiche Weise repräsentieren, wie darauf gesellschaftlich reagiert wird, nämlich mit der Feststellung von Therapiebedürftigkeit. Damit verschaffen sie sich ihre eigene Legitimation. Würde die Soziologie die medizinisch legitimierten Begriffe übernehmen, dann würde sie sich dieser Macht bedienen, während ihre originäre Aufgabe doch darin besteht, den gesellschaftlichen Gebrauch von Begriffen, Bezeichnungen und Benennungen zu analysieren. Nimmt die Soziologie diese Aufgabe an, kommt sie nicht umhin, darüber Rechenschaft abzulegen, welche Worte und Bezeichnungen sie gebraucht.

Im Jahr 2012 wurde in den USA die Zeitschrift *Fat Studies* gegründet. In Anlehnung an die Gender- und Race-Studies hat sie es sich zur Aufgabe gemacht, die dominante gesellschaftliche und politische Sprechweise über Dicksein zu kritisieren. Im Editorial wird erläutert, warum die Worte »fat« und »fatness« verwendet und sogar für den Titel der Zeitschrift gewählt wurden (Rothblum 2012). Die »National Association to Advance Fat Acceptance« und andere gesellschaftliche Gruppierungen, die sich zusammengeschlossen haben, um gegen die Ausgrenzung und Stigmatisierung dickerer Menschen zu kämpfen, hätten sich bewusst für die Bezeichnung »fat« entschieden. Analog zu den sozialen Bewegungen für eine gesellschaftliche Anerkennung und Gleichberechtigung von Homosexualität, die die ursprüngliche Beschimpfung »schwul« positiv umgedeutet haben, sei es das Ziel der Zeitschrift, für eine positive Besetzung des Begriffs »fat« zu streiten. Mit Rückgriff auf Norbert Elias kann diese Absicht als Strategie der »Gegenstigmatisierung« verstanden werden (Elias/Scotson 1992). Die Kennzeichnungen »übergewichtig«, »untergewichtig« und »normalgewichtig« lehnen die Fat Activists ab, weil hiermit ein körperliches Ideal gesetzt wird: das Normalgewicht. Im Gegensatz dazu streiten sie für die gesellschaftliche Anerkennung und Gleichberechtigung einer großen Varianz von Körpergewichten und -umfängen.

Für dieses Buch ist daraus zu lernen, jene Worte und Titulierungen zu verwenden, die Personen, die sich gesellschaftlich als zu dick erfahren, selber gebrauchen, wenn sie über sich und ihren Körper sprechen. Das empirische

Material für die vorliegende Studie besteht im Wesentlichen aus Gruppendiskussionen mit Jugendlichen, die sich selbst als zu dick bezeichnen. Die Worte und Begriffe der Jugendlichen sowie ihre Sprechweise über Dicksein werden hier zugrunde gelegt. Es darf angenommen werden, dass die Jugendlichen in ihrem Sprachgebrauch, insbesondere dann, wenn sie von ihren Erfahrungen und Erlebnissen erzählen, darauf achten, missachtende und abwertende Ausdrücke zu vermeiden. Für die Soziologie knüpft sich daran die Zuversicht, sich mittels dieses Sprachgebrauchs von den gesellschaftlichen Zuschreibungen, was Dicksein bedeutet und wie damit umzugehen sei, zu distanzieren.

Um ihre Körper zu beschreiben, sagen die Jugendlichen *»die Dickeren«*, *»dicker werden«* oder *»etwas dicker«*. Die dazu antonymen Begriffe gebrauchen sie, um Körper zu kennzeichnen, die nicht dick sind: Diese nennen sie *»die Dünneren«*, die *»irgendwie dünner«* oder *»etwas schmächtiger«* sind. Im vorliegenden Text werden die Selbstkennzeichnungen *»die Dickeren«* und *»dick(er) sein«* übernommen, weil davon auszugehen ist, dass diese von den dickeren Jugendlichen als am wenigsten abwertend empfunden werden.[1] Die vergleichenden Bezeichnungen verwenden die Jugendlichen, um die Verschiedenheit der Körper zu charakterisieren. Die Worte *»dick«* und *»Dicksein«* nutzen sie dagegen, wenn sie über gesellschaftliche Wahrnehmungen und Umgangsformen mit dickeren Menschen sprechen. Sie haben jedoch keine vergleichbaren körperbezogenen Benennungen für die gesellschaftlichen Haltungen und Behandlungsweisen von dünneren Menschen. Dass solche Bezeichnungen in ihrem Sprachgebrauch fehlen, ist kein Zufall: Die Jugendlichen sind damit vertraut, dass die Charakterisierungen *»dünner«* und *»schmächtiger«* nicht der üblichen Wortwahl entsprechen, sondern die Bezeichnung *»normal«* gebräuchlicher ist. So verwenden die dickeren Jugendlichen, um den gesellschaftlichen Umgang mit den *»Dünneren«* und *»Schmächtigeren«* zu beschreiben, Bezeichnungen, die aus dem Wortfeld *»normal«* und *»Normalität«* stammen. Diesen Sprachgebrauch übernimmt diese Studie ebenfalls, jedoch ist stets daran zu denken, dass es sich bei dem, was als *»normal«* gilt, was als *»Normalität«* angesehen wird, um gesellschaftliche Konstruktionen handelt.

---

1 In dem Kapitel über *»Soziale Praxis und Allgegenwärtigkeit des Körpers«* werden die sprachlichen Typisierungen ausführlich analysiert.

# Dank

Zuallererst möchte ich mich bei den Jugendlichen bedanken, die durch ihre Bereitschaft, über ihre Erfahrungen mit dem Dicksein zu berichten, die Studie überhaupt erst möglich gemacht machen. Ohne die Klugheit und Tatkraft der Projektmitarbeiterinnen und -mitarbeiter wäre dieses Buchs nicht zustande kommen. Mein Dank geht an Grit Fisser, Alexandra von Garmissen, Axel Philipps und Regine Rehaag. Bedanken möchte ich mich weiterhin bei den Studentinnen und Studenten, die im Sommersemester 2014 die Vorlesung »Dicksein« – eine Rohfassung des Manuskripts – kritisch wie ermunternd begleitet haben. Und wie bei fast allem, was ich schreibe, verdanke ich Udo Borcherts einzigartiger und wunderbarer Kommentierung unendlich viel.

# 1. Dicksein: Ein Phänomen sozialer Klasse und gesellschaftlicher Ordnung?

Der Titel des Kapitels fordert heraus. Weniger weil er ankündigt, Dicksein als soziales Phänomen zu analysieren. Diese Auffassung ist mittlerweile gesellschaftlich weitgehend anerkannt und entspricht größtenteils der sozialen Praxis.[2] Ungewöhnlich ist eher, Dicksein zu sozialer Klasse und gesellschaftlicher Ordnung in Beziehung zu setzen. Immerhin handelt es sich dabei um (die) zwei Formen sozialer Strukturierung, denen die Soziologie eine die Gesellschaft formende Macht zuerkennt. An dieser Stelle ist freilich sogleich eine Einschränkung vonnöten. Keineswegs wird behauptet, dass Dicksein[3] soziale Klassen sowie deren Verhältnis zueinander und die gesellschaftliche Ordnung strukturiert. Diese makrosoziologische Ebene wird hier nicht berührt. Vielmehr bemühe ich mich in dieser Studie darum, die Perspektive der Menschen einzunehmen, die sich gesellschaftlich als zu dick erfahren und sich ihr Leben weitgehend als durch ihr Dicksein bestimmt vergegenwärtigen. Diese Erfahrung prägt sowohl ihre Sicht auf ihre sozialstrukturelle Positionierung als auch ihre Wahrnehmung davon, ob ihr Leben als einvernehmlich mit der gesellschaftlichen Ordnung bewertet wird.

Ganz ähnlich, wie sich die Prozesse der sozialstrukturellen Positionierung auf gegenseitige Klassifizierungen (Bourdieu) berufen, greifen die Bewertungen »konform« oder »nicht konform« mit der gesellschaftlichen Ordnung auf reziproke Typisierungen zurück (Berger/Luckmann). Die Erfahrung, zu dick zu sein, resultiert aus den gesellschaftlichen Wahrnehmungen und Umgangsformen mit dem Dicksein. Es handelt sich somit – wie bei den meisten sozialen Phänomenen – um ein relationales Geschehen, was jedoch dadurch, dass der Körper beteiligt ist, oft übersehen wird. Aus der Relationalität er-

---

2 Damit soll keineswegs die natürlich-physische Eigenbedeutung körperlicher Dispositionen infrage gestellt werden.

3 Eigentlich müsste es »körperlicher Umfang« heißen. Dicksein stellt nur eine mögliche Ausprägung dar, allerdings diejenige, die in modernen Gegenwartsgesellschaften besonders negativ bewertet wird.

gibt sich jedoch, dass auch diejenigen, die ihren körperlichen Umfang gesellschaftlich als »normal« erfahren und anderen durch ihren Umgang mit ihnen signalisieren, sie seien zu dick, in das gesellschaftliche Geschehen verstrickt sind. Daraus begründet sich die gesamtgesellschaftliche Bedeutung von Dicksein.

Der Titel soll aber auch irritieren. Er rückt zwei soziologische Grundbegriffe ins Zentrum, die wie kaum andere für die soziale Strukturiertheit der Gesellschaft stehen. Damit setzt er einen Kontrapunkt zu Beschreibungen, die hervorheben, dass soziale Strukturen porös werden und sich verflüssigen. Entstrukturierung, Entgrenzung, De-Standardisierung, Prekarisierung oder Flexibilisierung und viele andere Kennzeichnungen gehören zu einer Gruppe von Begriffen, die vorwiegend darauf ausgerichtet sind, auf eine Abnahme bzw. auf ein Defizit an sozialer Strukturiertheit aufmerksam zu machen (vgl. Rosanvallon 1995: 209).

Vielen dieser Begriffe mangelt es an Präzision, weshalb die Eigenart der Phänomene, die sie erfassen sollen, oftmals unterbestimmt bleibt. Dies zeigt sich insbesondere darin, dass sie zwar Einbußen an Strukturiertheit konstatieren, den inhaltlichen Gehalt dieser Veränderungen jedoch nicht ausreichend qualifizieren (ebd.). Ganz anders sind die beiden hier in den Fokus genommenen Grundbegriffe konzipiert. Sie unterstreichen die (Über-)Macht sozialer Strukturen, oftmals überbetonen sie diese. Am Begriff der sozialen Klasse wurde beispielsweise in der Geschichte der Soziologie bis heute und häufig zu Recht ein geradezu deterministisches Verständnis von Gesellschaft kritisiert (Geiger 1932). Von einem solchen Verständnis des Gesellschaftlichen distanziert sich das Buch ausdrücklich, was im Grunde genommen gegen eine derart zentrale Verwendung des Begriffs »soziale Klasse« spricht.

Fürsprache erhalten soziale Klasse und gesellschaftliche Ordnung jedoch von Seiten der Menschen, die gesellschaftlich als zu dick klassifiziert und behandelt werden. Ihre Sichtweisen und Erfahrungen bilden den Ausgangspunkt der gesamten Studie. Soziale Klasse und gesellschaftliche Ordnung transportieren soziale Auffassungen und Praktiken, die (ziemlich genau) den Erfahrungen entsprechen, die dickere Menschen machen, und mit denen entsprechend sozial interagiert wird. Diese Menschen vergegenwärtigen sich ihre sozialstrukturelle Positionierung ebenso wie den gesellschaftlichen Umgang mit ihnen in einer Art und Weise, als wären sie Angehörige einer sozialen Klasse und »Abweichler« von der gesellschaftlichen Ordnung.

Zwei Herausforderungen habe ich mir mit der Überschrift selbst auferlegt. Die erste Herausforderung besteht darin, darauf zu antworten, warum körperliches Aussehen – konkret: dicke Körper – in modernen Gegenwartsgesellschaften[4] zunehmend zur sozialstrukturellen »Klassifizierung« (Bourdieu) und zur »Objektivierung der Abweichung« (Berger/Luckmann) von der gesellschaftlichen Ordnung genutzt werden. Mit dieser Frage möchte das Buch einen Beitrag zu einer soziologischen Gegenwartsdiagnose leisten. Einige Theorien der Intersektionalität, die sich auf die Wechselwirkungen zwischen den Ungleichheitsdimensionen konzentrieren, beziehen in ihre Analyse neben den klassischen Hauptkategorien Klasse,[5] Geschlecht und Rasse auch den Körper ein (z.b. Winker/Degele 2009). Warum der Körper in den letzten Jahren in den Rang einer Hauptkategorie aufgestiegen ist, wird dort jedoch selten gefragt.[6]

Die zweite Herausforderung besteht darin, ein Konzept zu entwickeln, mit dem am Beispiel des Phänomens Dicksein untersucht werden kann, wie Prozesse sozialstruktureller Differenzierung und solche der Handlungskoordination und Legitimierung – also die Herstellung und Rechtfertigung gesellschaftlicher Ordnung – ineinandergreifen. Dabei wird von der Annahme ausgegangen, dass, wenn sich diese Prozesse gegenseitig verstärken und bestätigen, ihnen daraus eine die Gesellschaft formende Macht zuwächst. Dies könnte erklären, warum Menschen, die als zu dick klassifiziert und behandelt werden, diese Erfahrung als bestimmend für ihre Position in und ihr Verhältnis zu der Gesellschaft erleben. Mit anderen Worten: Die Typisierung »zu dick« gibt ihre Ortsbestimmung innerhalb der Gesellschaft sowie ihre Behandlung durch diese an.

Von diesen Überlegungen leiten sich drei Forschungsfragen ab, die im Weiteren im Mittelpunkt stehen: Wie erfahren sich Menschen in gesellschaftlichen Interaktionen als zu dick? Wie positionieren sie sich zu den vorherrschenden gesellschaftlichen Legitimationen, speziell zu jenen, die die Typisierungen, Klassifizierungen[7] und gesellschaftlichen Umgangsweisen mit als zu dick betrachteten Menschen rechtfertigen? Wie deuten die als zu dick typisierten und klassifizierten Menschen diese gesellschaftlichen Erfahrungen?

---

4 Damit gemeint sind beinahe alle spätindustriellen, insbesondere die europäischen und nordamerikanischen Gesellschaften.

5 Hier liegt ein zweiter Grund für die Verwendung des Begriffs »soziale Klasse«.

6 Es geht weniger darum, dass übergewichtige Personen besonders häufig zu sozial benachteiligten Gruppen gehören, sondern vielmehr darum, dass Dicksein zur sozialen Klassifizierung genutzt wird.

7 Ich nenne hier beide Begriffe, obwohl sie ähnliche Prozesse bezeichnen. Gemeinsamkeiten und Differenzen zwischen ihnen werden erst in späteren Kapiteln diskutiert.

Diese Fragen lassen bereits erkennen, dass soziale Klasse und gesellschaftliche Ordnung hier vor allem im Hinblick auf die Schaffung und Legitimation von Unterschieden und Ungleichheiten betrachtet werden. Aus diesem Grund sind die gesellschaftlich hervorgebrachten und gebrauchten Klassifizierungen und Typisierungen von besonderem Interesse. Erstens, weil für die soziale Klasse mit Pierre Bourdieu davon ausgegangen wird, dass diese aus Prozessen gegenseitiger Distinktion und Exklusion hervorgehen, sprich relational erzeugt werden (vgl. Bourdieu 2001: 172). Aus diesem Grund kommt den praktizierten Klassifizierungen eine enorme Bedeutung zu. Zweitens, weil für die gesellschaftliche Ordnung mit Berger/Luckmann angenommen wird, dass »die institutionale Welt der Legitimation« bedarf, das heißt, sie braucht Weisen ihrer »Erklärung« und Rechtfertigung (Berger/Luckmann 1987: 66). Folglich wird den Legitimationen hier eine besondere Wichtigkeit beigemessen. Genereller formuliert: »Soziale Klasse« und »gesellschaftliche Ordnung« werden hier hauptsächlich auf der Ebene der Repräsentation analysiert. Genau daraus entsteht eine Brücke zwischen beiden Grundbegriffen, weshalb sich ihr Ineinandergreifen untersuchen lässt. Die These einer Brücke zwischen diesen beiden Formen sozialer Strukturierung unterstellt aber keineswegs, dass diese in gleicher Weise gestaltet und gegliedert sind. Man denke beispielsweise an den gesellschaftlichen Umgang mit gleichgeschlechtlichen sexuellen Orientierungen, der stark mit gesellschaftlicher Ordnung, aber nur bedingt mit sozialstruktureller Strukturierung assoziiert ist. Allerdings basiert diese These auf der Annahme, dass es sich bei den Typisierungen und Klassifizierungen des körperlichen Umfangs – also dick oder dünn – ähnlich wie bei denen nach Geschlecht oder bei ethnischen Unterscheidungen um grundlegende Kategorien handelt. Damit ist gemeint, dass sie sich nicht nur auf bestimmte soziale Prozesse oder Ereignisse beziehen oder nur in einigen sozialen Feldern wirksam sind, sondern breite gesellschaftlich strukturierende Wirksamkeit besitzen.

## 1.1 Forschungen zu Dicksein

Dicksein[8] ist seit einigen Jahren omnipräsent: Es wird im Alltag penibel beobachtet, von vielen Institutionen – Kindergärten, Schulen, Ämtern – sorgsam kontrolliert, gesundheitspolitisch debattiert, mittels Präventions- und Interventionsprogrammen bekämpft, medial skandalisiert, in eigenen TV-Formaten zur Unterhaltung präsentiert und vieles mehr. Die Thematisierungen von und Umgangsformen mit dem Dicksein teilen viele Gewissheiten: Es handelt sich nicht nur um ein Gesundheits-, sondern auch um ein Kostenrisiko, das auf lange Sicht die Wettbewerbsfähigkeit der Wirtschaft gefährdet, die gesellschaftliche Solidarität schwächt und sich zu einer Epidemie auswächst.[9] Ein allgemeines Fazit lautet: Dicksein stellt bereits heute ein enormes gesundheitliches und gesellschaftliches Problem dar und entwickelt sich zukünftig zu einem noch größeren. Es ist eine gesellschaftliche und politische Pflicht, diese Entwicklung zu stoppen. Was zu geschehen hat, darüber besteht ebenfalls weitgehend Einigkeit: Dicke Menschen müssen abnehmen. Dazu haben sie ihr Ernährungs- und Bewegungsverhalten nachhaltig zu verändern. Und es sind vorbeugende Maßnahmen vonnöten, die für die Zukunft sicherstellen, dass weniger Menschen zu viel Gewicht haben.

Selbstverständlich werden alle diese Aspekte des Dickseins umfänglich beforscht. Die Ursachen wie die Genese von Dicksein, wer besonders betroffen ist und warum, welche Präventionsmaßnahmen geeignet sind, welche Eingriffe scheitern, dieses und vieles mehr sind Gegenstand wissenschaftlicher Forschung. Überwiegend werden diese Themen und Fragen von der Medizin, der Ernährungs- und Gesundheitswissenschaft sowie der Sozialepidemiologie untersucht.[10] Die gesellschaftlichen Thematisierungen und Umgangsformen mit dem Dicksein sowie deren Auswirkungen auf die soziale Praxis werden seit einigen Jahren als Teil des Phänomens begriffen und eben-

---

8 Ich verzichte wie gesagt so weit wie möglich auf die Begriffe Übergewicht und Adipositas, weil sie eine bestimmte Sichtweise auf das Phänomen beanspruchen: einen wissenschaftlich objektivierten Blick. Dies dokumentiert sich darin, dass in der Forschung – beinahe unabhängig von den wissenschaftlichen Disziplinen – nahezu ausschließlich diese beiden Begriffe verwendet werden. Stattdessen verwende ich die Worte Dicksein, Dickere und dick (vgl. die Vorbemerkung).

9 Im Jahr 2006 hat die World Health Organisation (WHO) Adipositas zu einer der risikoreichsten Erkrankungen weltweit erklärt und für Europa als Epidemie eingestuft (WHO 2006).

10 Obwohl diese Disziplinen den Großteil der Forschung leisten, werden sie im Folgenden nicht berücksichtigt, weil hier Dicksein als soziales Phänomen untersucht wird.

falls wissenschaftlich untersucht. Vorzugsweise werden die Thematisierungen und Umgangsformen als Formen der gesellschaftlichen Konstruktion von Dicksein identifiziert und ihre gesellschaftlichen Folgen mit den Konzepten der sozialen Exklusion, Benachteiligung und Stigmatisierung analysiert. Wie die aufgezählten Fachbegriffe anzeigen, handelt es sich dabei zumeist um sozialwissenschaftliche Studien. Oft beziehen sich die Appelle gegen soziale Ausgrenzungen, Abwertungen und Diskriminierungen von dicken Menschen auf sozialwissenschaftliche Forschungsergebnisse. Allerdings kommen die Erfahrungen und Sichtweisen der dickeren Menschen in diesen Arbeiten kaum zu Wort; oftmals sind sie mehr Objekt denn Subjekt der Studien. In diesem Buch soll dagegen ein Perspektivwechsel vorgenommen werden. In den »Fat Studies« haben sich Kritiker der gesellschaftlichen Konstruktionen von Dicksein, insbesondere der darin eingelassenen Abwertungen, zusammengefunden. Sie setzen sich für die gesellschaftliche Gleichberechtigung aller Menschen unabhängig von ihrem körperlichen Aussehen ein. Die »Fat Studies« sehen sich in der Tradition der Gender- und Race-Studies (Rothblum 2012: 3).[11]

Seit den 1990er Jahren erlebt Dicksein als Thema auch und insbesondere in den Sozialwissenschaften eine ungeheure Konjunktur und hat sich zu einem eigenen Forschungszweig mit speziellen Zeitschriften entwickelt.[12] Mittlerweile füllen die sozialwissenschaftlichen Publikationen hierzu eine stattliche Bibliothek. Aufgrund dieser Fülle ist es nicht möglich, den gesamten Forschungsstand umfassend wiederzugeben. Ich beschränke mich deshalb darauf, die Forschungsfragen und -ergebnisse vorzustellen, an die diese Schrift anknüpft. Entsprechend der beiden hier in den Mittelpunkt gerückten sozialen Kategorien konzentriere ich mich vor allem auf Arbeiten, die Dicksein mit Bezug auf Prozesse der sozialstrukturellen Positionierung und Benachteiligung (a) und der Stigmatisierung, das heißt der Behandlung von Dicken als »potenzielle Abweichler« von der institutionalen Ordnung (b) untersuchen. Weiterhin werden Analysen der gesellschaftlichen Diskurse über Dicksein und die Legitimierung des gesellschaftlichen Umgangs mit dem Dicksein (c) vorgestellt. Die letzten beiden Abschnitte präsentieren Stu-

---

11 Siehe beispielsweise Rothblum/Solovay (2009).
12 Einige Beispiele für spezielle Zeitschriften: *Obesity. A Research Journal*, *Obesity Research & Clinical Practise*, *International Journal of Obesity*.

dien über Akteure und Experten des Gesundheitswesens (d) sowie über die Wahrnehmungen, Erfahrungen und Reaktionen der Dicken (e).[13]

## (a) Sozialstrukturelle Positionierung und Benachteiligung

Zahlreiche soziologische und sozialepidemiologische Studien haben gezeigt, dass Dicksein mit den jeweils dominanten sozialen Strukturierungsprinzipien wie soziale Klasse, Rasse, ethnische Zugehörigkeit und Geschlecht stark korreliert (Wardle et al. 2006; Hanson/Chen 2007; Flegal/Troiano 2000; Mensink et al. 2013).[14] Die Wahrscheinlichkeit, dick zu werden, ist zwischen den sozialen Klassen und Schichten, ethnischen und rassischen Herkünften[15] und selbst unter den Geschlechtern ungleich verteilt. Im Allgemeinen gilt: Je niedriger die sozialstrukturelle Position, je größer das Ausmaß ethnischer Abwertung, je gravierender die geschlechtsspezifischen Benachteiligungen, desto höher ist der Anteil der dickeren Menschen in den jeweiligen benachteiligten Gruppen. Besonders eng ist der Zusammenhang von Dicksein und Armut: »Weight is so strongly correlated with income in western nations, being fat is often synonymous with being poor« (Rothblum 2012: 4). In Großbritannien, so Monaghan (2005), verdrängt die öffentliche Debatte über »weight deviants« zunehmend die über die »underclass«. Dicksein wird sowohl als Ursache wie auch als Folge sozialer Benachteiligungen interpretiert. Für beide Wirkungsrichtungen finden sich in der Literatur Befunde. Ein geringer sozioökonomischer Status fördert eine Gewichtszunahme, wie umgekehrt Dicksein soziale Benachteiligungen nach sich zieht (Adler/Stewart 2009: 51).

---

13 Insbesondere werden Forschungsergebnisse präsentiert, die sich mit dicken Kindern und Jugendlichen befassen, weil diese Altersgruppen hier im Zentrum stehen.

14 Speziell über Kinder und Jugendliche in Deutschland siehe Kurth/Schaffrath-Rosario (2007).

15 In der deutschen Soziologie besteht noch immer sprachliches Unbehagen darüber, wie jene Ungleichheitsdimension zu benennen ist, die im Englischen mit »race« bezeichnet wird. Ich spreche im Folgenden von (ethnischer) Herkunft und fasse darunter all jene Unterschiede, die üblicherweise als Ethnizität, Migration, Fremdheit etc. gedeutet werden. Entscheidend ist dabei, dass es sich um Ungleichheiten handelt, die darauf gründen, dass die Betroffenen als nicht zugehörig zur Mehrheitsgesellschaft behandelt werden. Die Worte »Rasse« und »rassisch« werde ich verwenden, sofern sie in der Literatur vorkommen.

Neben sozialstrukturellen Analysen liegen viele Studien über die Benachteiligung von Dicken in einzelnen sozialen Feldern[16] vor, insbesondere in Arbeit und Beruf, Schule und Ausbildung und im Gesundheitswesen (Brewis et al. 2011: 491; Foster et al. 2003; Giel et al. 2010; Li/Rukavina 2009; Puhl/ Brownell 2006; Puhl/Heuer 2009). Die Ergebnisse lauten: Dicke Menschen sind im Beruf benachteiligt, erhalten häufig weniger Geld für die gleiche Arbeit, haben höhere Arbeitslosenraten und ein größeres Risiko, entlassen zu werden. Dicksein erweist sich außerdem als Barriere für den Zugang zu bestimmten beruflichen Tätigkeiten. So sind dickliche Männer wie Frauen auf Manager- und hochrangigen Technikerpositionen, aber ebenso in niedrigqualifizierten Berufen mit häufigem Kundenkontakt unterrepräsentiert. Auch in der Schule und in der Ausbildung sind Dicke weniger erfolgreich, und zudem erhalten sie oftmals eine schlechtere Gesundheitsversorgung. Ihre schulischen, beruflichen und sozialen Chancen sind im Allgemeinen im Vergleich mit Menschen, die nicht als zu dick angesehen werden, verringert (Adler/Stewart 2009: 51).

Unter dem Begriff »Body Privilege« – körperliche Privilegierung – finden sich Untersuchungen darüber, dass dickere Personen die geschaffene physische Welt, konkret Stühle und Sessel, Kabinen und Telefonzellen, Gänge und Wege, als eine erleben, die auf dünnere Menschen ausgerichtet ist. Die Gestaltung des öffentlichen Raums nehmen sie als permanente Zurechtweisung wahr, weil diese sie zu »räumlichen Grenzüberschreitungen« nötigt, da sie mehr Platz für sich in Anspruch nehmen, als die material gestaltete Welt für sie vorgesehen hat. Dickere Menschen tendieren deshalb dazu, öffentliche Räume zu meiden, um nicht in Bedrängnis zu geraten, gegen ihren Willen als Platz ergreifend zu wirken. Aus diesem Rückzug resultieren oftmals weitere soziale Benachteiligungen (English 1993; Kwan 2010).

*(b) Wahrnehmungen, Vorurteile, Stigmatisierungen*

Mit der sozialstrukturellen Positionierung, der Benachteiligung in sozialen Feldern und durch die physische Welt korrespondiert, dass in vielen sozialen Interaktionen der Körper als Materialisierung von Alltagspraktiken, der Anerkennung bzw. der Ablehnung gesellschaftlicher Legitimationen inter-

---

16 Ich greife aufgrund der Anschaulichkeit auf den Begriff »Feld« zurück, man könnte auch von »Bereich« oder »System« sprechen.

pretiert wird. Es liegen zahlreiche sozialwissenschaftliche Studien darüber vor, in welcher Weise dies Menschen mit dickeren Körpern widerfährt.[17] Sie befassen sich mit der Wahrnehmung und Bewertung von dicken Körpern, mit Vorurteilen und Stereotypen gegenüber dem Dicksein und vor allem mit Prozessen der Stigmatisierung dickerer Menschen. Bemerkenswert ist dabei, dass in aller Regel nicht die dickeren Personen selbst befragt werden, wie Dicksein wahrgenommen und bewertet wird, welche Eigenschaften ihnen unterstellt werden und welche Stigmatisierungen sie kennengelernt haben. Vielmehr werden vorwiegend Menschen mit einem als »normal« angesehenen Körper interviewt; diesen werden beispielsweise Bilder von dickeren Personen vorgelegt oder aber Geschichten und Erlebnisse geschildert, die dicken Menschen passiert sind, um Beurteilungen darüber zu erhalten, mit welchen Vorurteilen und Stigmatisierungen Dicksein belegt ist.

Ein Ergebnis dieser Befragungen ist, dass die Bewertung des Gegenübers nach dem körperlichen Aussehen offenbar für beinahe alle sozialen Interaktionen grundlegend ist, insbesondere für direkte Begegnungen. So sind bereits Kinder damit vertraut, dass Körper verschieden klassifiziert werden. Nach James (2000) entwickeln sie in sozialen Interaktionen, in denen auf ihren Körper reagiert wird, ein Selbstverständnis von ihrer sozialen Identität. Sie lernen früh zwischen ihrem eigenen und anderen Körpern zu unterscheiden und, dass bestimmte Körper als »normal« und andere als »abweichend« gelten (ebd.: 27–28). Dicke Körper beurteilen sie in der Regel negativ, solche, die als dünn und fit angesehen werden, dagegen als erstrebenswert (vgl. Warschburger 2008). Bereits im Alter von sechs bis sieben Jahren lobpreisen sie Dünnsein und assoziieren mit Dicksein implizit wie explizit negative Charaktereigenschaften, auch solche, die in keinem Zusammenhang mit dem Gewicht stehen (Solbes/Enesco 2010). Sogar Vorschulkinder im Alter von drei Jahren erzählen bereits abwertende Geschichten über dickliche und dicke Kinder. Sie schildern sie als faul, unattraktiv, unglücklich, unbeliebt, unfreundlich und schlampig (zitiert nach Su/Santo 2012: 20). Folglich kennen und gebrauchen bereits kleine Kinder die gesellschaftlichen Kategorisierungen und Bewertungen von Körpern (MacNevin 2004: 315). Dies ist ein Indiz dafür, dass sie schon um die Bedeutung des Körpers als Zeichen des

---

17 In ihrem Überblicksaufsatz über »The Stigma of Obesity: A Review and Update« haben Puhl/Heuer bereits im Jahr 2009 über 200 Publikationen gesichtet. Weitere wichtige Studien sind: Andreyeva et al. (2008); Bento et al. (2012); Joanisse, Synnott (1999); Lewis et al. (2011); Neumark-Sztainer et al. (2002).

Einvernehmens mit den sozialen Regeln und der gesellschaftlichen Ordnung wissen.

Viele Eltern dickerer Kinder verlassen sich bei der Beurteilung, ob ihr Kind zu dick ist, auf ihren persönlichen Eindruck. Das Ergebnis auf der Waage und Expertenurteile, beispielsweise von Kinderärzten, besitzen für sie weniger Aussagekraft. Wenn sie selbst ihr Kind als zu dick einstufen, stimmen sie Urteilen Dritter zu, ansonsten halten sie es – trotz gegenteiliger Expertenmeinung – für genau richtig proportioniert (Goodell et al. 2008: 1551). Viele Eltern – dies belegt eine Reihe von Arbeiten – fühlen sich kaum dafür verantwortlich, dass ihr Kind dick geworden ist. Ebenso sehen sich wenige von ihnen in der Pflicht, ihr Kind zum Abnehmen zu bewegen oder es dabei zu unterstützen. Gleichzeitig berichten sie jedoch davon, dass ihr Kind aufgrund seines Gewichts gehänselt wird und nur ein geringes Selbstbewusstsein besitzt. Nicht wenige Eltern und Geschwister äußern sich in Gegenwart ihrer dickeren Kinder, Schwestern oder Brüder abwertend über deren Körper (Puhl/Latner 2007).[18]

Sehr breit sind Vorurteile und Stereotype gegenüber Dicken und dem Dicksein beforscht. In einem Literaturüberblick über 16 Studien haben Daníelsdóttir et al. (2010) herausgearbeitet, dass Dicken vorgehalten wird, die geltenden Normen und Werte abzulehnen, kollektive moralische Überzeugungen nicht zu teilen und gesellschaftliche Erwartungen wie Selbstdisziplin und Selbstbestimmung nicht zu erfüllen (ebd.: 51). Normalgewichtige sind überzeugt, dass dicke Menschen einsamer und fauler als sie selbst seien, weniger Willenskraft aufweisen und häufig gehänselt werden (Swami et al. 2008). Zahlreich wurden Prozesse der Stigmatisierung untersucht. Laut Puhl/Heuer (2009) finden Stigmatisierungen insbesondere in der Erwerbsarbeit, in einigen Medienformaten und in bestimmten Situationen im Gesundheitswesen statt, seltener und weniger stark sind sie in Schule und der Ausbildung verbreitet. Kinder und Jugendliche werden insbesondere von Gleichaltrigen, Lehrern und ihren Eltern stigmatisiert (Puhl/Latner 2007).

Die Vorurteile über Dicksein sowie die Stigmatisierungen dicker Menschen sind in den letzten Jahrzehnten enorm gewachsen und besitzen mittlerweile eine ähnlich hohe Ausprägung und Verbreitung wie rassistische Vorurteile und Stigmatisierungen (Daníelsdóttir et al. 2010: 47). Sie sind ähnlich strukturiert, obwohl die rassistischen Vorurteile und Stigmatisierun-

---

18 Carr/Friedman (2006: 142) kamen dagegen zu dem Ergebnis, dass dicke Erwachsene in sozialen Nahbeziehungen – Lebenspartner, Freunde und enge Arbeitskollegen – nicht diskriminiert werden.

gen eine wesentlich längere Geschichte haben (Crandall 1994: 891). Bereits 1994 hat Crandall festgestellt, dass sich rassistische Abwertungen und solche gegenüber dem Dicksein auf einem ungefähr gleichen hohen Niveau befinden. Sowohl die institutionellen Diskriminierungen als auch die Herabsetzungen in direkten sozialen Interaktionen haben in den letzten Jahrzehnten zugenommen. Gegenwärtig sind diese gegenüber dicken Menschen oftmals stärker ausgebildet als geschlechtsspezifische und rassistische Vorurteile und Stigmatisierungen (Puhl et al. 2008). Während letztere als gesellschaftlich nicht mehr akzeptabel und legitim gelten, scheint die Diskriminierung und Herabsetzung von dicken Menschen eine der letzten Formen der Herabwürdigung zu sein, die auf gesellschaftliche Zustimmung und Anerkennung trifft: »Weight bias is arguably the last socially acceptable form of discrimination« (Brewis et al. 2011: 491). Dass die Vorurteile gegenüber dem Dicksein in der Gesellschaft auf breite Akzeptanz stoßen, konstatieren auch Daníelsdóttir et al. (2010: 56).

*(c) Diskurse und Legitimierungen*

Erst seit einigen Jahren werden die gesellschaftlichen und politischen Diskurse über Dicksein analysiert. Dabei zeigt sich, dass sich die Diskurse nicht auf Dicksein beschränken, sondern mit gesellschaftlichen Kämpfen um soziale Ungleichheiten verstrickt sind (vgl. Barlösius et al. 2012). Typisch für diese Auseinandersetzungen ist, dass körperliches Aussehen als Manifestation der sozialen Position, als Zeichen der Anerkennung oder Ablehnung moralischer Überzeugungen und als Grad der Zustimmung zur gesellschaftlichen Ordnung gedeutet wird (Monaghan et al. 2011). In den Diskursanalysen wird weiterhin untersucht, wie die Forschung und die wissenschaftliche Expertise über Übergewicht und Adipositas in die gesellschaftlichen und politischen Debatten einfließen und die Legitimität der gesellschaftlichen und politischen Diskurse steigern. Exemplarisch demonstriert wird diese Verstrickung anhand wissenschaftlich begründeter Standards wie dem Body Mass Index (BMI), der zur Feststellung von Übergewicht und Adipositas verwendet wird. So nahm der Prozentsatz übergewichtiger und adipöser Menschen in den USA dramatisch zu, als die National Institutes of Health im Jahr 1998 ihre bisherigen Standardwerte für Übergewicht und Adipositas an die Normvorgaben der Weltgesundheitsorganisation (WHO) anpassten (Kuczmarski/Flegal 2000; Schorb 2008; Gremillion 2005).

Ein anderes Beispiel für die Analyse der Diskurse und Legitimierungen sind Studien über die Metaphern, die zur Charakterisierung von Dicksein als gesellschaftliches und politisches Problem genutzt werden. Sie gehen von der These aus, dass sich in den Metaphern die gesellschaftlichen Haltungen und Umgangsformen mit dem Dicksein reflektieren. Häufig handelt es sich bei diesen um dramatisierende Vorstellungen – beispielsweise wird Adipositas als Epidemie bezeichnet. Diese Metapher hat die WHO im Jahr 2006 eingeführt, um die steigende Zahl dicker Menschen zu problematisieren (z.B. Ogden et al. 2006). Wenn die WHO den Begriff der Epidemie benutzt, dann wird dieser Gebrauch als medizinische Tatsachenfeststellung und nicht als sprachliches Stilmittel wahrgenommen. In seiner Untersuchung über »Obesity Metaphers« haben Barry et al. (2009) gezeigt, dass Dicksein, seit es in den USA in den frühen 1980er Jahren auf die politische Agenda gelangt ist, häufig mit Metaphern in Szene gesetzt wird.

Auf die Diskurse und Legitimierungen wird in alltäglichen Unterhaltungen, speziell in direkten sozialen Interaktionen, oft Bezug genommen. Sie werden quasi zitiert. Dabei erfüllen sie hauptsächlich zwei Funktionen: Erstens erleichtern sie es, ein Gespräch zwischen unbekannten Personen zu beginnen und aufrechtzuerhalten, weil bei diesem Thema eine gemeinsam geteilte Sichtweise vorausgesetzt werden kann und auf diese Weise Ungewissheiten in der Konversation mit nicht vertrauten Personen überspielt werden können. Zweitens besitzen Unterhaltungen über Dicksein, die auf gesellschaftliche Diskurse und Legitimierungen rekurrieren, sozialisierende Wirkungen, weil eingeübt wird, wie der Körper idealerweise aussehen soll und wie darüber gesellschaftlich zu kommunizieren ist. Sich in solchen Gesprächen einzubringen signalisiert soziale Zugehörigkeit und Zustimmung zu den gesellschaftlich geltenden Vorstellungen über körperliches Aussehen (Reischer/Koo 2004: 304).

Die meisten Diskurse und Legitimierungen des gesellschaftlichen Umgangs mit Dicken und Fettleibigen referieren auf Werte und Normen der Mittelklasse, so Gard/Wright (2005). Die oben bereits erwähnte Verstrickung mit wissenschaftlichen Legitimationen und klassenspezifischen Werten und Normen unterscheidet nach Gard/Wright diesen gesellschaftlichen Diskurs von vorangegangenen »Klassenkämpfen«. Ein wichtiger Ort für die Auseinandersetzungen sind die Medien, insbesondere TV-Sendungen, zu deren Konzept es gehört, zu skandalisieren. Aus diesem Grund inszenieren diese TV-Formate mit Vorliebe das Schicksal dicker Kinder. Rich hat solche Fernsehshows analysiert. Aus ihrer Sicht repräsentieren sie eine Spielart von

»public pedagogies« (Rich 2011: 17), weil sie pädagogische Maßnahmen öffentlich vorführen und einfordern.

## (d) Akteure, Experten und Entrepreneure

Den Studien über Diskurse und Legitimierungen ist aufgrund ihrer Forschungsperspektive inhärent, vorgebrachte Inhalte und Argumente zu durchleuchten. Weniger beschäftigen sie sich mit der Frage, wie diese »in die Welt« kommen. Da sich die Diskurse und Legitimierungen zunehmend auf wissenschaftliches Wissen, therapeutische Expertise und politische Dogmen berufen, ist es naheliegend, zu untersuchen, welche Vorurteile und Interessen die Akteure und Experten in diesen Feldern gegenüber Dicken und Dicksein haben. Konkret ist zu fragen, von wem und wie diese Phänomene gesellschaftlich konstruiert und als problematisch oder abweichend klassifiziert werden. Zahlreiche Untersuchungen haben gezeigt, dass unter den Professionen im Gesundheitswesen Vorurteile gegenüber Dicken weit verbreitet sind und selbst auf wissenschaftlichen Konferenzen stigmatisierende Charakterisierungen verwendet werden (vgl. Daníelsdóttir et al. 2010: 48). Bei freien Assoziationen über Fettleibigkeit sind zwischen Normal-, Übergewichtigen und den Berufstätigen im Gesundheitsweisen keine großen Unterschiede zu erkennen: Alle drei Gruppen beschreiben Dicke als gefräßig, faul, unfreundlich, träge etc. (Sikorski et al. 2012: 275).

Wie diese Vorurteile wirksam werden, zeigt sich beispielsweise darin, dass Gesundheitsexperten wie -politiker, obwohl sie die Ursachen von Dicksein hauptsächlich in den sozioökonomischen Verhältnisse sehen, trotzdem meinen, dass die effektivsten Maßnahmen zur Gewichtsreduktion ein Wandel des Verhaltens und des Lebensstils sei (Greener et al. 2010). Monaghan et al. (2010) gehen einen Schritt weiter. Sie führen die Bezeichnung »Obesity Epidemic Entrepreneurs« ein, um zu verdeutlichen, dass die Akteure und Experten eigene Interessen verfolgen, wenn sie Dicksein als »abweichend« und »deviant« klassifizieren. So sorgen sie dafür, dass die Thematik öffentliche Aufmerksamkeit erfährt. Weiterhin wirken sie an den Diskursen und Legitimierungen mit und erzeugen darüber letztendlich für sich selbst eigene Zuständigkeiten und kreieren berufliche Tätigkeitsfelder. Die Rechtfertigungen dafür liefern sie sogleich mit. Zu den »Obesity Epidemic Entrepreneurs« zählen laut Monaghan et al. hauptsächlich folgende Akteurs- und Expertengruppen: die Gemeinschaft der Wissenschaftler, die Moralisierer, die besonders in den Medien zu finden sind, die Legitimatoren, beispielsweise staatliche Akteure, sowie die Unterstützer und die Umsetzer wie Gesundheitsberater (ebd.).

*(e) Wahrnehmungen, Erfahrungen und Reaktionen der Dicken*

Die überwiegende Mehrheit der sozialwissenschaftlichen Arbeiten erforscht die soziale Herkunft und die sozialen Benachteiligungen, mit denen Dicke konfrontiert sind, analysiert die Wahrnehmungen, Vorurteile und Stigmatisierungen, denen dicke Menschen ausgesetzt sind, sowie die Diskurse über Dicksein und nimmt seit Neuerem auch die Akteure, Experten und Entrepreneure in diesem Geschehen in den Blick. Dagegen werden die Wahrnehmungen, Erfahrungen und Reaktionen der Betroffenen wesentlich seltener untersucht. Die Folge ist, dass sie in der Regel kaum selbst zu Wort kommen. Die Gründung der »Fat Studies« lässt sich als Reaktion auf dieses Defizit begreifen. Darüber, wie dickere Menschen, die soziale Benachteiligungen und Abwertungen erleben, mit den gesellschaftlichen Haltungen ihnen gegenüber umgehen, wie sie auf die Diskurse über Dicksein und die Behandlungen durch die Experten und Entrepreneure reagieren, ist noch verhältnismäßig wenig bekannt.

Selten wurde bislang untersucht, wie dicke Kinder und Jugendliche auf die Stigmatisierungen und Diskurse reagieren, ob sie mit den gesellschaftlichen Erwartungen und Normen bezüglich des Körpers vertraut sind und welche Präsenz diese in ihrem Alltag besitzen.[19] Somit ist beinahe nichts darüber bekannt, ob sie bereits die Haltungen der Gesellschaft gegenüber dem Dicksein verinnerlicht haben. Zu der Frage, ob Unterschiede zwischen über- und normalgewichtigen Kindern und Jugendlichen bestehen, wenn sie über ihre Erfahrungen mit dem Essen und ihrem Körper berichten, haben Barlösius/Philipps (2011) eine Studie vorlegt. Daraus geht hervor, dass dickere Kinder und Jugendliche stets bemüht sind, ihre Selbstschilderungen entlang der gesellschaftlichen Erwartungen auszurichten. In einer Befragung von Erwachsenen mit Kindern mit Diabetes Risiko-Typ 2 gaben viele Eltern an, dass die Kinder nicht draußen spielten, weil die Wohnumgebung zu gefährlich sei. Ihrer Meinung nach sind ihre Kinder zu dick, weil sie sich zu wenig bewegen. Die Kinder selbst gaben an, dass ungesundes Essen die Ursache ih-

---

19 Ausnahmen sind z.B. Davison, Birch (2002); Faith et al. (2002).

res Übergewichts und ihrer Krankheit sei. Kinder wissen sehr wohl über die besondere Bedeutung der Ernährung für die Gesundheit Bescheid (Eriksen/ Manke 2011: 562). Brewis et al. (2011) haben Frauen mit verschiedenen Körperumfängen nach ihrer Einschätzung gefragt, ob sich Dicke stigmatisiert fühlen. Interessanterweise hatte das eigene Gewicht der befragten Frauen keinen Einfluss auf die Antwort. Entscheidend war vielmehr, ob sie in nahen Sozialbeziehungen oder von Menschen, mit denen sie häufig Kontakten haben, darauf angesprochen werden, zu dick zu sein (de Souza/Ciclitira 2005). Frauen, denen dies nicht oder nur selten passiert, fühlen sich nicht stigmatisiert. Dies zeigt nochmals, dass Dicksein eine gesellschaftliche Erfahrung ist. In einer qualitativen Studie mit dickeren Frauen konnte Sarlio-Lähteenkorva (1998) zeigen, dass diese es als abweichend von ihrem »normalen Leben« wahrnehmen, wenn es ihnen über einen längeren Zeitraum gelingt, ihr Gewicht zu halten oder nicht weiter zuzunehmen. Eine Gewichtszunahme nach dem Abnehmen erleben sie dagegen als Rückkehr zur »Normalität«, weil sie nicht mehr ihren Lebensstil »umstellen« und Diät halten müssen, sondern in ihr gewohntes Leben zurückkehren.

Dieser kursorische Literaturüberblick weist auf eine erstaunliche Lücke hin. Obwohl die Anzahl der Studien fast unüberschaubar ist, liegen letztlich relativ wenige Arbeiten vor, die die sozialen Wahrnehmungen und Erfahrungen derjenigen, die als zu dick betrachtet und behandelt werden, ins Zentrum rücken. Bei den vorherrschenden theoretischen Konzepten fällt auf, dass Dicksein sowie die gesellschaftlichen Erfahrungen und die soziale Lage dicker Menschen überwiegend unter bestimmten Vorzeichen analysiert werden. Dazu gehören vorwiegend soziale Ungleichheiten und Ausgrenzung oder Diskriminierung und Stigmatisierung. Entsprechend werden die Vorurteile und Stereotypen, mit denen dicke Menschen konfrontiert sind, fokussiert, die Prozesse der Stigmatisierung nachgezeichnet, das Ausmaß sozialer Ausgrenzung und der Grad sozialer Benachteiligung bestimmt. Damit werden zentrale Aspekte der Lebenssituation und -perspektiven dicker Menschen und des gesellschaftlichen Umgangs mit dem Dicksein erfasst. Diesen theoretischen Konzepten ist aber inhärent, die Erlebnisse und Erfahrungen dickerer Menschen darauf zu verkürzen, sozial benachteiligt zu sein, ausgegrenzt und stigmatisiert zu werden. Andere soziale Erfahrungen und Erlebnisse werden kaum beachtet. Zudem – und dies ist mir hier besonders wichtig – geben diese Konzepte die Perspektive vor, wie das Phänomen zu betrachten ist, nämlich sich auf solche sozialen Begegnungen und strukturellen Prozesse zu konzentrieren, in denen deutlich – das heißt zumeist: explizit – auf das Dicksein reagiert wird. So gibt es viele Studien über Hänseleien oder Benachteiligungen auf dem Arbeitsmarkt, aber kaum welche über die Allgegenwärtigkeit des Phänomens.

Der Grund dafür ist, dass die theoretischen Konzepte auf Vorannahmen darüber basieren, in welchen Bereichen Benachteiligungen, Ausgrenzungen und Stigmatisierungen stattfinden und was daran gesellschaftlich bedeutsam ist. Die Vorannahmen reflektieren jedoch vor allem die gesellschaftlichen Beobachtungs- und Betrachtungsweisen. Bei einem solchen Perspektivenzuschnitt bleiben aber weite Teile des Erlebens, Erfahrens und Mitwirkens an der Alltagswelt außen vor. Darüber hinaus werden die soziologisch Betrachteten entlang der Frage untersucht, welche Stigmatisierungen, Ausgrenzungen und Benachteiligungen daraus resultieren. Dies fördert eine eher eindimensionale Sichtweise und verstärkt die Fokussierung auf solche Prozesse, denen eine gesellschaftliche Bedeutung beigemessen wird. So mögen beispielsweise für diejenigen, die sich gesellschaftlich als zu dick erfahren, die permanenten Zurechtweisungen durch die geschaffene physische Welt eine große Bedeutung besitzen, weil sich genau darin die Allgegenwärtigkeit des Phänomens besonders hartnäckig dokumentiert. Die Abwertungen in Schule und Ausbildung können dagegen für sie einen eher singulären Charakter besitzen. Die gesellschaftliche wie die soziologische Aufmerksamkeit ist dagegen auf die expliziten Stigmatisierungen, Ausgrenzungen und Benachteiligungen konzentriert.

Daraus resultiert, dass erstens die Allgegenwärtigkeit von Dicksein aus der Perspektive dicker Menschen zu wenig beachtet wird. Zweitens tragen die verwendeten soziologischen Konzepte dazu bei, die gesellschaftliche Sichtweise und Bewertung des Phänomens zu reproduzieren und nach gesamtgesellschaftlichen Vorstellungen darüber, was daran bedeutsam ist und was nicht, zu gewichten. So gibt die formelhafte Analyse »ausgegrenzt, stigmatisiert und benachteiligt« vor, die wesentlichen Facetten des Phänomens zu berücksichtigen und zu erklären. Aber diese soziale Position und gesellschaftlichen Erfahrungen teilen Dicke mit vielen anderen sozialen Gruppen: mit Armen, Migranten, Alleinerziehenden, Behinderten oder religiösen Minderheiten. Die Ursachen für ihre soziale Position ebenso wie die gesellschaftlichen Erfahrungen und Erlebnisse, die diese sehr unterschiedlichen Gruppen machen, unterscheiden sich gravierend. Miteinander verbindet sie, dass ihnen eine vergleichbare sozialstrukturelle Position zugewiesen wird und ihre gesellschaftliche Zugehörigkeit als prekär gilt. Auf den Punkt gebracht:

Der gesellschaftliche Umgang mit ihnen verbindet sie. Die Soziologie kann sich aber nicht darauf beschränken, die gesellschaftliche Konstruktion von Gruppen nachzuzeichnen, sie sollte diese gesellschaftlichen Prozesse auch aus der Perspektive derjenigen analysieren, deren gesellschaftliches Verhältnis und deren Zugehörigkeit oder Ausschluss durch sie bestimmt werden.

Was die Erfahrung, als zu dick angesehen zu werden, von anderen sozialen Erfahrungen unterscheidet, beispielsweise von der, arm zu sein, kann aus diesen Studien kaum erschlossen werden. Sie sind darauf ausgerichtet, mit Abstraktionen und begrifflichen Verallgemeinerungen zu hantieren und diese auf den konkreten Fall – Dicksein – zu übertragen. Entsprechend werden nur solche Erfahrungen und Umgangsweisen analysiert, die sich als Ausprägungen von Stigmatisierung, sozialer Ausgrenzung und Benachteiligung beschreiben lassen. Diese wie viele soziologische Analysen entfalten eine eigene soziale Wirksamkeit. Sie weisen eine soziale Position und gesellschaftliche Erfahrungswelt zu, verstricken sich damit selbst in das Phänomen. So formulieren sie geradezu vor, wie Dicke sich zu fühlen haben, wie sie soziale Interaktionen zu erleben und welche sozialstrukturelle Position sie einzunehmen haben.

Studien, die sich darum bemühen, die Perspektive dickerer Menschen einzunehmen, sollten die gesellschaftlichen Wahrnehmungen und Erfahrungen dieser Menschen nicht sogleich mit den Vorzeichen sozialer Benachteiligung, Abweichung, Stigmatisierung versehen. Stattdessen sollten sie die Alltagswelt bzw. soziale Praxis dieser Menschen zum Ausgangspunkt nehmen. Damit ginge einher, sich nicht im Vorhinein auf solche Erfahrungen und Erlebnisse zu beschränken, die gesellschaftlich als »problematisch« (Berger/ Luckmann 1987) identifiziert werden. Vielmehr sollten gleichermaßen die Reaktionen und Handlungen dickerer Menschen auf ihre gesellschaftlichen Erfahrungen und Erlebnisse einbezogen werden – kurz: wie sie auf den gesellschaftlichen Umgang mit ihnen reagieren.

## 1.2  Der Körper: Öffnung zur sozialen Welt

Dicksein, das hat der Stand der Forschung bestätigt, umfasst weit mehr als körperliche Befindlichkeiten. Es repräsentiert immer auch ein soziales Phänomen, das jedoch auf Körperlichkeit angewiesen ist. Um das Verhältnis von Dicksein zu sozialer Klasse und gesellschaftlicher Ordnung analysieren

zu können, ist deshalb zu fragen, wie der Körper in die Prozesse der sozialstrukturellen Positionierung und der Herstellung und Legitimierung der gesellschaftlichen Ordnung eingebunden ist bzw. diese repräsentiert. Mit dem
Körper beginnt die Einbeziehung des Einzelnen in die soziale Welt, so Pierre
Bourdieu. Der Körper stellt eine Öffnung zur sozialen Welt dar, die durch
permanenten Austausch in ihn eindringt (vgl. Bourdieu 2001: 180). Nach
Bourdieu richten sich die »strengsten sozialen Befehle […] nicht an den In-
tellekt, sondern an den Körper, der dabei als ›Gedächtnisstütze‹ behandelt
wird« (ebd.: 181).

Die soziale Welt ist für den Einzelnen nur erfassbar, »weil der Körper […]
dank seiner Sinne und seines Gehirns fähig ist, auch außerhalb seiner selbst
in der Welt gegenwärtig zu sein, von ihr Eindrücke zu empfangen und sich
durch sie dauerhaft verändern zu lassen« (ebd.: 174). Erfassen meint hier,
dass nur mit und durch den Körper die Welt erfahren und damit die soziale
Praxis erkannt und begriffen werden kann. Die praktische Erkenntnis ist
deshalb wesentlich eine körperliche Erkenntnis. Neben der aktiven gibt es
die passive Bedeutung: das Erfasstwerden. Der Körper wird von der äußeren
Welt erfasst, indem diese ihn umfängt, in sich aufnimmt und in der sozialen Welt lokalisiert (vgl. Barlösius 2011a: 36–41). Auch umgekehrt gilt, dass
die soziale Welt immer auch Produkt und Ergebnis körperlich ermöglichten
Handelns und Gestaltens ist, dass sie ohne Körperlichkeit überhaupt nicht
möglich wäre.

Der Körper ist auf zweifache Weise sozial präsent (vgl. Détrez 2002: 128).
Er dient zum einen als »Werkstoff«, wenn er sozial geformt wird und sich
auf diese Weise die soziale Welt mit ihm und durch ihn ausdrückt. Im Folgenden wird diese Art der Formung als *Verkörperlichung* bezeichnet. Verkörperlichung meint somit eine Archivierung sozialer Erfahrungen im Körper: die Inkorporierung der Gesellschaft. Der Körper selbst wird dabei sozial
strukturiert. Aber der Körper fungiert zum anderen auch als Sprachrohr gesellschaftlicher Formierungen (vgl. ebd.). So werden seine Gestalt, Mimik
und Gestik als Verkörperungen seiner sozialen Geschichte betrachtet. *Verkörperung* wird als zweiter Begriff eingeführt: Darunter sollen die sozialen
Wahrnehmungen und Bewertungen von Körpern gefasst werden. Auch die
Verkörperung besitzt strukturierende Eigenschaften, da die Art und Weise,
wie Körper gesellschaftlich gesehen werden, in die sozialen Interaktionen
einfließt. Ich unterscheide somit Verkörperlichungen, der körperliche Aus-

druck gesellschaftlicher Erfahrungen, und Verkörperung, deren Wahrnehmung und Bewertung.[20] Verkörperlichungen und Verkörperungen sind im Allgemeinen – wenngleich nicht immer – aufeinander bezogen, weil sie eigenen Regeln folgen können. So mag sich in einem dicken Körper die Erfahrung verkörperlichen, als Kind gelernt zu haben, dass nicht Menschen, sondern Süßigkeiten verlässlich trösten. Wahrgenommen wird er dagegen zumeist als Verkörperung geringer Selbstkontrolle und Leistungsbereitschaft. Solche Differenzen zwischen dem, was sich in einer Figur verkörperlicht, und dem, was darin gesehen und wie entsprechend sozial agiert und reagiert wird, sprechen dafür, diese beiden Weisen körperlicher Präsenz auseinanderzuhalten. Insbesondere die dickeren Jugendlichen – wie wir sehen werden – weisen immer wieder darauf hin, dass sie anders sind, als ihnen aufgrund ihres Körpers unterstellt wird, und sie mit ihrem Körper auch nicht so nachlässig umgehen, wie ihr Gegenüber ihnen vorwirft. Nur wenn Verkörperlichung und Verkörperung unterschieden werden, wird es möglich, die Jugendlichen so zu betrachten, wie sie sich selbst sehen und wie es aus ihrer Perspektive angemessen wäre.

Wenn Dicksein ohne Körperlichkeit nicht vorstellbar ist und wenn in dieser Studie Dicksein in Beziehung zu sozialer Klasse und gesellschaftlicher Ordnung gestellt wird, dann ist zu fragen, wie der Körper in diese beiden Arten sozialer Strukturierung einzubeziehen ist. Konkret ist zu erkunden, welche Anschlussstellen für Prozesse der sozialstrukturellen Positionierung und der Herstellung und Durchsetzung der gesellschaftlichen Ordnung sich identifizieren lassen. Dabei geht es nicht darum, Verkörperlichung und Verkörperung zum Ausgangspunkt theoretischer Konzeptionen von sozialer Klasse und gesellschaftlicher Ordnung machen zu wollen. Vielmehr ist es das Anliegen, eine überzeugende Antwort auf die Frage zu finden, wie soziale Klasse und gesellschaftliche Ordnung mit Körperlichkeit verknüpft sind.

Die Anschlussstelle von Körperlichkeit an soziale Klasse kann mit Pierre Bourdieu beschrieben werden. Den Körper charakterisiert er als »soziale Gedächtnisstütze«, weil sich in ihm die sozialen Erfahrungen verkörperlichen. Dies veranschaulicht Bourdieu mit dem Bild der »unauslöschlichen Tätowierungen«, die in den Körper eingestochen werden und ihm sein soziales Profil aufprägen. Dies gilt nicht nur für die äußere Erscheinung, etwa die Haltung

---

20 Verkörperlichung kann als Prozess der Einverleibung der sozialen Welt und Verkörperung als Entäußerung mittels Praktiken und Wahrnehmungsweisen verstanden werden. Bourdieu spricht von einem »doppelten Prozeß der Interiorisierung der Exteriorität und der Exteriorisierung der Interiorität« (Bourdieu 1976: 147).

und Gestik, in gleicher Weise trifft dies für die praktische, sprich körperliche Erkenntnis der sozialen Welt zu. Der Körper konserviert die Erinnerungen an die sozialen Konditionierungen – als äußeres Erscheinungsbild und die ihm eigenen inneren Repräsentationen der sozialen Welt. In der körperlichen Haltung drückt sich das eigene Verhältnis zur sozialen Welt aus: der zugewiesene und für sich selbst beanspruchte gesellschaftliche Ort. Nirgends kommt dieser klarer zum Ausdruck als darüber, »in welchem Ausmaß man sich berechtigt fühlt, Raum und Zeit des anderen zu okkupieren« (Bourdieu 1984: 739). Der durchgesetzte bzw. verweigerte Raumanspruch korrespondiert oft mit der sozialen Position, die man für sich als angemessen erachtet. Man denke nur an die Sitze in der ersten Flugzeugklasse. Dies ist ein anschauliches Beispiel dafür, dass die körperliche Haltung »eine praktische Weise der Erfahrung und Äußerung des eigenen gesellschaftlichen Stellenwerts darstellt« (vgl. ebd.). Diese Verbindung von Körperlichkeit und sozialer Position bildet die Anschlussstelle von sozialer Klasse zu Dicksein.

In ihrem Buch *La construction sociale du corps* (2002) hat Christine Détrez herausgearbeitet, dass nicht nur sozialstrukturelle Positionen verkörperlicht und verkörpert werden, sondern darüber hinaus viele grundlegende soziale Regeln, die die gesellschaftliche Ordnung ausmachen, körperlich repräsentiert sind. Auf keine andere Weise erlangen soziale Regeln und die gesellschaftliche Ordnung eine so starke Durchsetzung wie durch ihre Verkörperlichung und Verkörperung. Besonders gravierend zeigt sich dies für die Geschlechterordnung, die sich in den Körper disziplinierende Regeln übersetzt, beispielsweise für »richtiges Sitzen«, angemessene Stimmlage und Lautstärke etc. Durch die körperliche Abspeicherung wird die gesellschaftliche Ordnung gewissermaßen »naturalisiert« (vgl. Bourdieu 2005). Ihr sozialer Charakter wird so in vermeintlich naturgegebene Bestimmungen und Satzungen überführt.

Um von der Verkörperlichung und der Verkörperung zu einer theoretischen Konzeption der gesellschaftlichen Ordnung zu gelangen, lehne ich mich an das Werk *Die Gesellschaftliche Konstruktion der Wirklichkeit* von Peter L. Berger und Thomas Luckmann an. Der dort entwickelte Begriff der Typisierung bildet die Anschlussstelle vom Körper zur gesellschaftlichen Ordnung. Die Alltagswelt, in der sich die gesellschaftliche Ordnung ganz unmittelbar Geltung verschafft, wird nach Berger/Luckmann als »ein kohärentes und dynamisches Gebilde von Typisierungen wahrgenommen« (Berger/Luckmann 1987: 36). Typisierungen stellen eine allererste Stufe der Institutionalisierung dar, wodurch sie zu »Allgemeingut« (ebd.: 58) werden und alle Mitglieder der Gesellschaft erreichen. Typisierungen ist inhärent, zwischen dem zu unterscheiden, was gesellschaftlich als »normal« und was als »abweichend« gilt. In der Alltagswelt wird folglich »Unproblematisches« von »Problematischem« geschieden. Hier wird die Anschlussstelle deutlich: Die Typisierungen der Körper sind so aufgebaut, dass sie jene, die als »normal« gelten, von denen trennen, die als »problematisch« betrachtet werden. Und die Typisierung in »dünn« oder »dick« repräsentiert eine Variante der körperlichen Typisierung. Neben diesen eher theoretischen Aspekten stellt sich überdies eine empirisch-historische Frage. Wieso wird den Prozessen der Verkörperlichung und Verkörperung ein solches gesellschaftliches Gewicht beigemessen, dass sie sowohl an der sozialstrukturellen Positionierung als auch an der Durchsetzung der gesellschaftlichen Ordnung beteiligt sind? Diese Frage stellt sich insbesondere für Gegenwartsgesellschaften. Schließlich besitzt der Körper für die Arbeitsfähigkeit zunehmend weniger praktische Bedeutung, finden soziale Interaktionen immer häufiger virtuell statt, das heißt ohne körperliche Anwesenheit, und zudem gilt Bildung als die zentrale Ressource für die soziale Positionierung wie auch für die Teilnahme an der gesellschaftlichen Ordnung. Man sollte vermuten, dass Prozesse der Verkörperlichung und Verkörperung gesellschaftlich eher bedeutungsloser werden.

Diese Fragen sprechen das Grundverständnis der Soziologie des Körpers an. Hier können nur einige Aspekte der verwickelten und umfangreichen Debatten zu diesem Komplex vorgestellt werden. Ich beschränke mich auf jene, die dazu beitragen, die Prozesse der Verkörperlichung und Verkörperung in Bezug auf die sozialstrukturelle Positionierung und die gesellschaftliche Ordnung besser zu verstehen. In der Soziologie des Körpers besteht weitgehend Konsens darüber, dass die Ursache für die gesellschaftliche Bedeutung der Prozesse der Verkörperlichung und Verkörperung darin liegt, dass das Überleben der Menschen vom Wohlergehen des Körpers abhängt. Dies sei der Grund dafür, dass der Körper zum Ausweis all dessen wurde, was mit einem »guten Leben« assoziiert wird (vgl. Featherstone 1991: 186). Selbst die Körperlänge wird gesellschaftlich als Repräsentation körperlichen Wohlergehens interpretiert und scheint davon auch wesentlich bestimmt zu sein. In der Geschichte der Menschheit bis in die Gegenwart gilt, dass soziale Position und Körperlänge miteinander korrespondieren: je höher die sozialen Positionen, umso länger im Allgemeinen die Körper (Détrez 2002: 69). Diese Art der Verkörperlichung sozialer Ungleichheiten ist tief in den gesellschaftlichen Wahrnehmungs- und Bewertungsmustern verankert, weshalb die Körperlänge als Verkörperung sozialer Positionen gedeutet wird (vgl. ebd.).

Ganz schematisch lässt sich feststellen, dass große gesellschaftliche Wandlungsprozesse mit einem veränderten gesellschaftlichen Gebrauch des Körpers einhergehen und sich entsprechend in den Praktiken der Verkörperlichung und in den Wahrnehmungen der Verkörperungen niederschlagen. So haben die Industrialisierung der Arbeit, die Erfindung der Dampfmaschine und die Physikalisierung des Arbeitsbegriffs in der Mitte des 19. Jahrhunderts dazu geführt, die menschliche Muskelkraft wie eine »mechanische Apparatur der Krafterzeugung und -äußerung« zu betrachten. Es überrascht deshalb nicht, dass körperliche Arbeit in Analogie zur Dampfmaschine gesetzt und der Körper zur »Kalorienverbrennungsmaschine« erklärt wurde, der ebenfalls nach dem »Prinzip des ökonomischen Kraftverbrauchs« funktioniere (vgl. Barlösius 2011b: 57–59).

Diese Epoche der Betonung der körperlichen (Arbeits-)Kraft gehört in den meisten modernen Gegenwartsgesellschaften längst der Geschichte an. Hier interessiert vielmehr der Wandel, der den Aufschwung der Soziologie des Körpers in den 1990er Jahren angetrieben hat. In dem von Michael Featherstone, Mike Hepworth und Byran S. Tuner herausgegebenen Band *The Body* (1991) hat Featherstone diesen Wandel in seinem Aufsatz »The Body in Consumer Culture« anschaulich dargestellt.[21] Dort entwickelt er die These, dass seit den 1970er Jahren der Körper weniger als Dokument der Verkörperung sozialer Herkunft und damit als »sozialstrukturelles Schicksal« betrachtet wird. Stattdessen sind die Individuen zunehmend mit der gesellschaftlichen Auffassung konfrontiert, den Körper bewusst und absichtsvoll gestalten zu müssen und damit für die Prozesse der Verkörperlichung selbst verantwortlich zu seien. Dem entspricht, dass körperliches Aussehen als Verkörperung von Eigenverantwortlichkeit und Selbstkontrolle oder aber von Bequemlichkeit, geringem Selbstwertgefühl oder sogar von moralischem Versagen interpretiert wird (vgl. Featherstone 1991: 186).

Um diesen gesellschaftlichen Wandel zu veranschaulichen, unterscheidet Featherstone zwischen dem inneren und dem äußeren Körper (*inner and outer body*). Der innere Körper umfasst bei ihm die individuellen Haltungen gegenüber den gesellschaftlichen Aufforderungen, Selbstkontrolle und Eigenverantwortung zu übernehmen. Die Zustimmung zu diesen Geboten

---

21 Was er dort darlegt, findet sich in ähnlicher Weise in anderen zentralen Schriften, z.B. in Anthony Giddens Buch *Transformation of Intimacy. Sexuality, Love and Eroticism in Modern Society* (Giddens 1992).

sowie deren Ablehnung dokumentieren sich in der Gestalt des Körpers, zeigen sich nach draußen. Der äußere Körper meint das Aussehen, welches gesellschaftlich als Substantialisierung des inneren Körpers betrachtet wird. Featherstone vertritt die These, dass sich das Verhältnis der beiden Körper zueinander seit den 1970er Jahren verschoben hat. »Within consumer culture, the inner and the outer body become conjoined: the prime purpose of the maintenance of the inner body becomes the enhancement of the appearance of the outer body« (ebd.: 171). Während – wie oben angedeutet – in der aufkommenden Industriegesellschaft der äußere Körper als Ausweis der Arbeits- und Leistungsfähigkeit galt und sich darüber die sozialstrukturelle Position dokumentierte, sei in der Dienstleistungs- und Wissensgesellschaft der innere Körper in die Funktion gestellt worden, Auskunft über die Arbeits- und Leistungsfähigkeit wie über die soziale Position zu geben. In den Gegenwartsgesellschaften würde statt körperlicher Kraft von der Arbeitswelt die Fähigkeit zur Selbstdisziplinierung und -organisation verlangt. Ob jemand arbeits- und leistungsfähig ist, wird darüber geprüft, ob der äußere Körper auf eine ausreichende Eigenverantwortlichkeit und Selbstkontrolle schließen lasse.

Dieser gesellschaftliche Wandel erklärt auch das zeitgleiche Aufkommen und Erstarken der Gesundheits- und Fitnessbewegungen, der vielstimmigen Appelle und Programme, sich gesund und bewusst zu ernähren, regelmäßig Sport zu treiben und insgesamt mehr auf seine Gesundheit zu achten (Waskul/Vannini 2006). »Diet, asceticism and regimen are obviously forms of control exercised over bodies with the aim of establishing a discipline« (Turner 1991: 159). Auf den Punkt gebracht: Das Gebot permanenter körperlicher Prävention, um gesundheitliche Risiken zu minimieren und »nicht nur wirkliche, sondern auch mögliche Risiken« auszuschalten (Blumenberg 2007: 19), steht für den Wandel, wie Prozesse der Verkörperlichung und Verkörperung wahrgenommen und bewertet werden.

Zur Charakterisierung des Wandels spricht Monaghan (2005) von »bodyism«. Darunter versteht er, dass der Körper weit mehr als das Gesicht als Widerspiegelung des persönlichen Charakters bewertet wird (vgl. ebd.: 83). Es ist schwierig, diesen Begriff ins Deutsche zu übersetzen. Aus diesem Grund wird er in der deutschsprachigen Literatur – insbesondere in der zur Theorie der Intersektionalität und auch hier – nicht übersetzt (z.B. Winker/ Degele 2009).[22] »Bodyism« umfasst sowohl Praktiken wie gesunde Ernäh-

---

22 Darauf komme ich in Kapitel 3 zurück.

rung, Fitness und Maßhalten bei Genussmitteln wie Zigaretten und Alkohol als auch die gesellschaftliche Wahrnehmung und Beurteilung dieser Praktiken. Sich auf Praktiken und Wahrnehmungen zu beschränken hieße jedoch, den Umfang und den Grad der gesellschaftlichen Institutionalisierung der veränderten gesellschaftlichen Auffassung des Körpers zu unterschätzen. So arbeitet eine Reihe von Institutionen daran, diesen Wandel in die Praxis umzusetzen und zu legitimieren, beispielsweise der gesamte Bereich der Gesundheitsvorsorge, die Beratungsberufe, die Präventionsprogramme und nicht zuletzt die Medienformate, in denen Menschen vorgeführt werden, die sich nicht in diesem Sinne konform verhalten. Bereits Max Weber hat darauf hingewiesen, dass ein Zusammenhang bestehe zwischen der »Zunahme des ›Subjektivismus‹« – gemeint ist die Aufforderung, »sein Leben individuell zu gestalten« – und der »Zunahme« der »objektiven Sachverhalte« wie der Herausbildung von »Betrieben aller Art«, die die praktische Umsetzung dieser Aufforderung überhaupt erst ermöglichen (vgl. Weber 1980: 226f.).[23]

Was kann man aus dieser kurz dargestellten Entwicklung für die Verkörperlichung und Verkörperung von Dicksein lernen? Auf den letzten Seiten der historisch-empirischen Rekonstruktion des Wandels der gesellschaftlichen Vorstellung des Körpers war von Dicksein überhaupt nicht die Rede. Dies ist kein Zufall, vielmehr verdeutlicht sich darin abermals, dass, wenn über den Körper gesprochen wird – selbst wenn Soziologinnen und Soziologen den gesellschaftlichen Umgang mit dem Körper analysieren –, wie selbstverständlich Bezug auf jenen Körper genommen wird, der als gesellschaftlich erwünscht und erstrebenswert gilt. Auch wenn auf den vorangegangenen Seiten nicht ein einziges Mal die Worte »dünn« oder »schlank« verwendet wurden, so ist doch implizit stets von solchen Körpern berichtet worden. Selbstkontrolle und Eigenverantwortlichkeit sind so fest mit diesen körperlichen Eigenschaften assoziiert, dass es nicht des Aussprechens bedarf, um mitzuteilen, dass der gesellschaftliche Wandel der Prozesse der Verkörperlichung und Verkörperung das Verhältnis von Dick- und Dünnsein neu interpretierte. Und dies beinhaltet zwei wichtige Lehren.

Erstens wird man das gesellschaftliche Phänomen des Dickseins nur unzureichend verstehen, wenn man es nicht relational auffasst. Es ist immer in Bezug zu den gestiegenen gesellschaftlichen Aufforderungen, den Körper bewusst und absichtsvoll zu gestalten, zu setzen, und diese implizieren, nach einem *dünnen* Körper zu streben. Wenn in diesem Buch untersucht wird,

---

23 Diesen Zusammenhang verdeutliche ich in Kapitel 5.

wie Menschen gesellschaftlich erfahren, dass sie zu dick sind, und wie mit ihnen gesellschaftlich umgegangen wird, dann wird stets indirekt mitbehandelt, wie diese Menschen den gesellschaftlichen Umgang mit dem Dünnsein und mit dünnen Menschen erleben und bewerten.

Zweitens, und damit nehme ich die bereits bei der Darstellung des Forschungsstands formulierte Kritik wieder auf, ist es unzureichend, die Erfahrungen und Erlebnisse dickerer Menschen mit Konzepten der Diskriminierung, Stigmatisierung oder Ausgrenzung erfassen zu wollen. Diese gehen mehr oder weniger davon aus, dass es sich um ein abgrenzbares und unterscheidbares Phänomen handelt, beispielsweise um konkrete und abgrenzbare Erfahrungen und Umgangsweisen. Die Typisierung in »dick« und »dünn« besitzt jedoch in unserer Gesellschaft eine solche Allgegenwärtigkeit, dass eine solche Abtrennung weder möglich ist noch die grundlegende Qualität dieser Typisierung erkannt werden könnte.

## 1.3  Perspektivwechsel: Die Sichtweise der »Dicken«

Angesichts der Fülle an Forschungen über Dicksein – dies war ein wichtiges Resultat der Darstellung des Forschungsstands – erstaunt, dass die Perspektive der Menschen, die als Dicke behandelt werden, kaum repräsentiert ist. *Ihre* Erfahrungen und Erlebnisse, *ihre* Sichtweisen der gesellschaftlichen Wirklichkeit wie auch *ihre* Reaktionen auf den gesellschaftlichen Umgang mit *ihnen* sind wenig untersucht. Um *ihre* Perspektive nachzuvollziehen, genügt es nicht, sie nach den Gründen für *ihr* Dicksein, den Reaktionen auf *ihren* Körper und der Art und Weise, wie sie damit umgehen, zu befragen. Ebenso wenig reichen Aussagen darüber aus, welche Unterstützungs- und Präventionsmaßnahmen sie sich wünschen, oder Einschätzungen darüber, ob sie Dicksein als Krankheit behandelt haben möchten. Alle diese und weitere Fragen konzentrieren sich auf *ihren* Körper und betrachten diesen per se als »problematisch«. Damit duplizieren sie mehr oder weniger die gesellschaftlichen Typisierungen, Umgangs- und Behandlungsweisen mit dickeren Menschen. Sie laufen deshalb »Gefahr, die Wahrnehmungs- und Denkschemata als Erkenntnismittel zu verwenden«, obwohl sie diese »als Erkenntnisgegenstände zu behandeln hätten« (Bourdieu 2005: 197). Aus einem ähnlichen Grund eignet sich die Soziologie des Körpers nicht als theoretische Ausgangsbasis, weil zu ihrem ureigenen Selbstverständnis gehört, den Körper ins Zentrum zu stellen und ihn als Ursache und Resultat sozialer Interaktionen zu begreifen.

Um die sozialen Erfahrungen und Erlebnisse dickerer Menschen und ihre Sichtweisen der Prozesse sozialstruktureller Positionierung sowie der Herstellung und Durchsetzung der gesellschaftlichen Ordnung zu verstehen, ist ein umfassenderer Perspektivwechsel erforderlich. Es ist zu fragen, wie sie die gesellschaftlichen Typisierungen und Klassifikationen von »dünn« und »dick« gebrauchen, wie sie selbst ihr gesellschaftliches Verhältnis und ihre sozialstrukturelle Position bestimmen, wie sie sich zu den zentralen gesellschaftlichen Legitimationen positionieren, ob sie einen anderen Umgang mit dem Dicksein fordern und wenn ja welchen etc. Auf den Punkt gebracht: Die soziale Welt bzw. die Alltagswirklichkeit sind aus der Perspektive der dickeren Menschen zu verstehen und zu rekonstruieren.

»Verstehen« ist hier nicht im phänomenologischen Sinn als Hineinversetzen und Hineinprojizieren in den anderen gemeint, vielmehr geht es um ein nachvollziehendes Verständnis dafür, weshalb jemand zu einer bestimmten Sicht der sozialen Welt gelangt ist und welche sozial strukturierenden Prozesse sich dahinter verbergen. Dazu muss den Befragten die Möglichkeit gegeben werden, »*sich zu erklären* […], also ihre eigene Sichtweise von sich selbst und der Welt zu konstruieren, und jenen Punkt innerhalb dieser Welt festzulegen, von dem aus sie sich selbst und die Welt sehen, von dem aus ihr Handeln verständlich und gerechtfertigt ist, und zwar zuallererst für sie selbst« (Bourdieu et al. 1997: 792). Methodisch folgt daraus, die Betroffenen selbst ausgiebig zu Wort kommen zu lassen, um ihnen auf diese Weise eine Stimme zu geben.

Dies hat Folgen dahingehend, wie die beiden zentralen Kategorien soziale Klasse und gesellschaftliche Ordnung analysiert werden. Soziale Klasse, im Gegensatz zu der Mehrzahl der sozialstrukturellen Analysen, ist nicht objektivierend in dem Sinn zu rekonstruieren, dass nach vorher bestimmten Merkmalen wie Einkommen, Beruf, Bildung, Körpergewicht etc. die Gruppe derjenigen beschrieben wird, die sich gesellschaftlich als zu dick erfahren. Vielmehr geht es darum, nachzuzeichnen, wie Menschen, die sich als zu dick erfahren, ihre sozialstrukturelle Positionierung wahrnehmen, wie sie sich selbst sozialstrukturell positionieren, was sie tun, um eine bestimmte sozialstrukturelle Position einzunehmen. Besonderes Augenmerk liegt darauf, welche Bedeutung sie dabei ihrem Körper beimessen.

Ähnliches gilt für die Kategorie der gesellschaftlichen Ordnung. Auch hier kann nicht von vorgefertigten Vorstellungen darüber, was als konform und legitim, was als problematisch und abweichend gilt, ausgegangen werden. Es ist zu fragen, wie sich die gesellschaftliche Ordnung aus der Perspektive derjenigen darstellt, die als zu dick behandelt werden, wie sie sich dazu verhalten, dass ihr Körper als »problematisch« gesehen wird, welche gesellschaftlichen Legitimationen sie als dominant wahrnehmen und ob sie diese anerkennen etc. Dies bedeutet, die gesellschaftliche Ordnung aus ihrer Sicht zu rekonstruieren und ihre Stellungnahmen zu dieser zu analysieren. Selbstverständlich kann man danach nicht unmittelbar fragen. Es ist eine methodische Vorgehensweise zu wählen, die die Erhebung als soziale Situation einrichtet, um den Befragten die Möglichkeit zu eröffnen, sich selbst zu erklären. Am besten eignen sich dazu Methoden, die ein Gruppengespräch herstellen, also einen Austausch untereinander fördern. Auf diese Weise werden die »Wahrnehmungs- und Bewertungsschemata« sichtbar, »die die Akteure in ihrem Alltagleben anwenden« (Bourdieu/Wacquant 1996: 30).

## 1.4 Zur Empirie der Studie: Das Forschungsprojekt

Dieser Studie liegt ein vom Bundesministerium für Bildung und Forschung (BMBF) gefördertes Forschungsprojekt (2009–2012) zugrunde mit dem Titel »Verbesserung der Wirksamkeit der Adipositasprävention für sozial benachteiligte Kinder und Jugendliche – zielgruppenspezifische Strategien zur Stärkung der gesundheitsbezogenen Ressourcen Ernährungs- und Bewegungsverantwortung« (01EL0813).[24] Tatsächlich wurden in dem Projekt nur Jugendliche und keine Kinder einbezogen, weil letztere sich noch nicht in ausreichend reflektierter Art und Weise mit der sozialen Praxis und den gesellschaftlichen Legitimationen auseinandersetzen. Jugendliche wurde ausgewählt, weil für sie typisch ist, sich aktiv und grundsätzlich mit der Alltagswelt zu beschäftigen, weshalb für sie die Differenz von »problematisch« und »unproblematisch« besonders virulent ist. Von Erwachsenen unterscheidet sie, dass für sie ihre Erlebnisse und Erfahrungen mit der Alltagswelt noch nicht den Charakter von Routinen angenommen haben.[25] Zudem befinden

---

24 Wichtige Publikationen aus dem Projekt sind: Barlösius (2013); Barlösius et al. (2012); Barlösius/von Garmissen (2011); Barlösius et al. (2013); Rehaag et al. (2012); Weimer-Jehle et al. (2012); Zwick et al. (2011).

25 Dies zeigte sich auch in diesem Forschungsprojekt. Während den Eltern Strategien des Umgangs mit dem Dicksein zur Verfügung stehen, fehlen diese bei den Jugendlichen weit-

die Jugendlichen sich einer Lebensphase, die üblicherweise von einer intensiven Konfrontation mit den geltenden gesellschaftlichen Legitimierungen geprägt ist, weshalb von ihnen deutliche Stellungnahmen hierzu zu erwarten sind. Hinzu kommt, dass sich die Jugendlichen, die an unserer Studie teilgenommen haben, aufgrund ihrer schulischen Ausbildung – die meisten besuchten die Haupt- oder die Förderschule – bereits mit dem Übergang von der Schule ins Erwerbsleben beschäftigen. Sie befinden sich in der Phase ihres Lebens, in der ihnen bewusst wird, dass sie bald selbst für ihre soziale Position, Anerkennung und Teilhabe verantwortlich gemacht werden. Entsprechend gewinnen »Lebensentwürfe« und »Zukunftswünsche« für sie an Bedeutung, und es ist interessant zu erfahren, inwieweit sich sie dabei an den geltenden Legitimationen orientieren.

Im Rahmen des Projekts wurden drei Erhebungen durchgeführt, die die empirische Basis dieser Studie bilden. Erstens fanden Gruppendiskussionen mit Jugendlichen aus sozial benachteiligen Stadtteilen statt, zweitens wurden Gruppendiskussionen mit Eltern von übergewichtigen Kindern realisiert. Als dritte Erhebung wurde ein World Café mit Experten und Expertinnen aus der Präventionspraxis ausgerichtet. Diese Methode eignet sich besonders für die Erhebung kollektiver Wissens- und Erfahrungsbestände.[26] Über die Gruppendiskussionen liegen vollständige Transskripte vor; die Ergebnisse des World Cafés sind ausführlich schriftlich dokumentiert. Als wesentliche Methode wurden Gruppendiskussionen gewählt, weil sie sich in besonderer Weise dazu eignen, kollektive Orientierungs- und Erfahrungsmuster zu erheben (Bohnsack 1997). Auch Loos/Schäffer (2001) halten Gruppendiskussionen für sehr geeignet, um »kollektive Phänomene« adäquat zu erfassen. Moscovici/Doise (1992) betonen ebenfalls, dass aus ihnen kollektive Orientierungen herausgearbeitet werden können. Mit Gruppendiskussionen lassen sich die Wahrnehmungs- und Bewertungsschemata sichtbar machen, die die Akteure in ihrem Alltagsleben – also in der sozialen Praxis – gebrauchen. Damit ist diese Methode in besonderer Weise an die praxeologische Wissenssoziologie anschlussfähig.

Nach Loos/Schäfer (2001: 67) laufen Gruppendiskussionen üblicherweise in drei Schritten ab. Sie beginnen mit einer Proposition, danach erfolgt die Elaboration, bei der Beispiele angeführt werden, und die Gesprächssequenz

---

gehend (s. Kapitel 3).

26 Die Gruppendiskussionen mit den Jugendlichen fanden im Spätsommer 2009, die mit den Eltern im Frühsommer 2010 statt, und das World Café wurde im Sommer 2011 abgehalten.

endet mit einer Konklusion. Aus früheren eigenen Erfahrungen mit Gruppendiskussionen über Essen, Körper und Gesundheit (z.b. Barlösius 2007; Barlösius 2011b: 273–286) habe ich gelernt, dass bei diesem Themenkomplex im Allgemeinen ein anderer Ablauf stattfindet. Der Grund dafür ist, dass es sich um gesellschaftlich stark normierte, teilweise sogar hoch moralisierte Inhalte handelt (vgl. Barlösius/von Garmissen 2011). Die Reihenfolge entspricht dem Gesprächsverlauf, den Moscovici/Doise (1992) in ihren methodischen Ausführungen zu Gruppendiskussionen dargelegt haben. Nach ihnen werden zunächst common-sense- bzw. konsensfähige Sichtweisen zitiert, die allgemein anerkannt und vertraut sind und bei denen Gewissheit besteht, dass sie in der Gruppe auf Zustimmung treffen werden. Erst danach werden persönliche Überzeugungen geäußert, und schließlich berichten die Teilnehmer von ihren individuellen Praktiken.

Der Leitfaden der Gruppendiskussionen begann deshalb mit Impulsen, die nach Berger/Luckmann zur »objektiven Wirklichkeit der Gesellschaft« (1987) gehören, wie die gebräuchlichen Typisierungen, die Objektivationen der Alltagswelt und deren gesellschaftliche Legitimation. Im zweiten Teil zielten die Fragen auf die subjektiven Stellungnahmen zu den Legitimationen und den Lebensentwürfen, etwa auf ihre Kommentare zu den Stigmatisierungen dickerer Menschen, ihre Erwartungen an gesellschaftliche Teilhabe und ihre Zukunftswünsche. Der Leitfaden enthielt neben einfachen Fragen auch visuelle und akustische Stimuli, beispielsweise Comiczeichnungen und Worteinspielungen. Aus einer vorangegangenen Studie, in der ebenfalls dickere Jugendliche untersucht worden waren, hatten wir gelernt, dass diese Altersgruppe bereits die sozial erwünschten Antworten auf Fragen danach, was und wie sie essen, was sie mögen und nicht mögen, verinnerlicht haben (vgl. Barlösius/Philipps 2011). Aus diesem Grund haben wir in dem Leitfaden die Ernährung selbst nur wenig thematisiert.

## Gruppendiskussionen mit Jugendlichen

Es wurden acht Gruppendiskussionen mit den Jugendlichen durchgeführt, an denen insgesamt 60 Mädchen und Jungen teilnahmen.[27] Die Gruppen umfassten jeweils sechs bis zehn Jugendliche, und die Gespräche dauerten

---

27 Vor diesen Diskussionen fand ein Probe-Gruppengespräch statt, um zu prüfen, ob sich der Leitfaden in der Praxis bewährt. Nach der Auswertung der ersten Diskussionsrunde wurden nur kleinere Veränderungen vorgenommen.

anderthalb bis zwei Stunden. Die Diskussionen waren aufgeteilt nach Geschlecht, Abstammung (deutsch oder türkisch) und nach zwei Altersgruppen (11–13 Jahre und 14–16 Jahre). Die Jugendlichen wurden vorwiegend
aus solchen Stadtteilen rekrutiert, die laut Sozialberichterstattung eine überdurchschnittlich hohe Arbeitslosen- und Hartz-IV-Empfängerquote haben,
in denen Personen mit Migrationserfahrungen im Vergleich zu anderen
Stadtteilen überrepräsentiert sind, die eine hohe Quote mit Wohnungen
mit städtischem Belegungsrecht besaßen und in denen weitere Indikatoren
für sozialräumliche Benachteiligung negative Werte aufwiesen. Diese sozialräumliche Rekrutierung sollte sicherstellen, dass an den Gruppendiskussionen Jugendliche aus sozial benachteiligten Familien teilnahmen. Im Anschluss an die Gespräche haben die Jugendlichen einen kleinen Fragebogen
mit Angaben zu ihrem sozialen Status ausgefüllt, woran geprüft werden sollte, ob der Rekrutierungsmodus erfolgreich war.[28] Die Rekrutierung in den
Stadtteilen erfolgte über Flyer, die in den Schulen verteilt und in Institutionen der Jugend- und Kulturarbeit und der Gesundheitsförderung sowie bei
Kinder- und Jugendärzten ausgelegt wurden. Der Flyer war übertitelt mit
»Dicke Freunde?«. Die Zweideutigkeit erwies sich als sehr ansprechend. So
haben die Jugendlichen häufig den Titel in den Diskussionen von sich aus
zitiert. Ein kurzer Absatz in dem Flyer informierte darüber, was die Jugendlichen erwartet. In der Ansprache war es uns wichtig, die Jugendlichen nicht
auf ihren Körper zu reduzieren. Stattdessen sollte deutlich werden, dass in
den Gruppendiskussionen ihre Alltagserlebnisse und -erfahrungen im Mittelpunkt stehen würden:

»Worum geht es in dem Gruppengespräch? Alle reden über dicke Jugendliche, aber
keiner mit ihnen. Wir wollen es genau wissen und möchten mit Dir und anderen
übergewichtigen Jugendlichen über Euer Leben, Eure Meinungen, Erfahrungen,
Wünsche und Ziele sprechen. Wir wollen lernen, was Euch bewegt […] Sprich mit
uns über Deine Ansichten.«

An die Jugendlichen wurde mit den beiden Begriffen »dick« und »übergewichtig« herangetreten, allerdings ohne jegliche Präzisierung des Gewichts
oder Körperumfangs. Teilnehmen sollten Jugendliche, die sich selbst als dick
wahrnehmen. Dies entsprach der These des Projekts, dass Dicksein zuallererst eine gesellschaftliche Erfahrung ist. Dementsprechend wurden keinerlei

---

28 Abgefragt wurden unter anderem die Erwerbstätigkeit der Eltern, deren Bildungsabschlüs-
se, ob die Jugendlichen ein eigenes Zimmer haben, Geld für die Klassenfahrt vorhanden
ist etc. In Kapitel 3 findet sich die Auswertung der Fragebögen.

medizinische Kriterien angelegt. Die Mehrzahl der Jugendlichen, die an den Gruppendiskussionen mitgewirkt hat, wird nach medizinischen Kriterien[29] als übergewichtig und adipös klassifiziert werden, nur einige wenige als stark adipös. Ähnlich wurde mit der Zuordnung in deutsche oder türkische Herkunft verfahren. Die Jugendlichen haben sich selbst der einen oder anderen Gruppe zugeordnet, teilweise haben dies auch die Eltern bei der Anmeldung für die Jugendlichen getan. So gab es Jugendliche der zweiten und dritten Generation türkischer Migranten, die bei den »deutschen Gruppengesprächen« mitgewirkt haben, und andere, die bei den »türkischen Gesprächsrunden« anwesend waren. Die Ergebnisse aus den acht Gruppendiskussionen mit den Jugendlichen bilden das Fundament der gesamten Studie. Aus ihnen wird in allen Kapiteln des Buchs ausführlich zitiert.

*Gruppendiskussionen mit Eltern dickerer Jugendlicher*

Die soziale Herkunft wie die Lebenssituation der Jugendlichen wird durch ihre Eltern bestimmt. Die Gruppendiskussionen mit Eltern dickerer Jugendlicher sollten Auskunft darüber geben, wie sie ihre eigene und die Alltagswelt ihrer Kinder wahrnehmen, durch welche Möglichkeiten und Begrenzungen ihre sowie die Alltagswirklichkeit ihrer Kinder bestimmt ist, wie sie sich das Dicksein ihrer Kinder erklären und wie sie damit umgehen. Um die Perspektiven und Sichtweisen der Jugendlichen und der Eltern zueinander in Beziehung setzen zu können, wurde bei beiden Gruppen ein fast identischer Leitfaden zugrunde gelegt. Selbstverständlich wurde er für die jeweilige Altersgruppe sprachlich angepasst. Auch die Eltern wurden über Flyer rekrutiert. Die Flyer wurden über medizinische und soziale Einrichtungen verteilt (z.B. Kinder- und Jugendärzte, Spielparks, Kinderkrankenhäuser etc). Zusätzlich wurden die Eltern der teilnehmenden Jugendlichen angesprochen.[30] Die Ansprache erfolgte ähnlich wie bei den Jugendlichen:

---

29 In dem oben genannten Kurzfragebogen haben wir die Jugendlichen gebeten, ihr Gewicht und ihre Größe anzugeben. 48 der 60 Jugendliche haben dazu Angaben gemacht; klassifiziert man diese nach den WHO-Werten, dann haben an den Gruppendiskussionen vier normalgewichtige, 20 übergewichtige, 20 adipöse und vier stark adipöse Jugendliche teilgenommen.

30 Sofern sie sich – anlässlich ihres Einverständnisses über die Teilnahme ihrer Kinder an den Gruppendiskussionen – damit einverstanden erklärt hatten, nochmals angesprochen zu werden.

»Alle reden über dicke Kinder und Jugendliche, aber keiner redet mit ihnen und den Eltern. Wir wollen es genau wissen und möchten mit Ihnen und anderen Müttern und Vätern über Ihre Erfahrungen als Eltern von übergewichtigen Kindern und Jugendlichen sprechen.«

Es haben drei Gruppendiskussionen mit insgesamt 24 Müttern und Vätern stattgefunden. Die Gruppen setzten sich aus sieben bis neun Personen zusammen. Die erste Gruppe bestand aus acht Müttern deutscher Herkunft, die zweite aus neun Müttern sowohl deutscher als auch türkischer Herkunft und die dritte Gruppe aus sieben Vätern, die ebenfalls deutscher oder türkischer Herkunft waren. Auch bei den Elterngruppen haben sich die Mütter und Väter selbst als deutsch oder türkisch klassifiziert. Die Ergebnisse der Gruppendiskussionen mit den Eltern werden vorwiegend in dem Kapitel »Zu dick – wie eine soziale Klasse« vorgestellt. Dort steht die gesellschaftliche Erfahrung der Jugendlichen, wie Angehörige einer »sozialen Klasse« behandelt zu werden, im Zentrum.

## World-Café mit Präventionsexperten und -expertinnen

Für die dritte Erhebung wurde ein World Café mit Experten und Expertinnen aus der Präventionspraxis ausgerichtet. Teilgenommen haben 18 Personen aus der Gesundheitsförderung, wobei die Mehrzahl von ihnen sich speziell mit Jugendlichen und Familien in benachteiligten sozialen Lagen befassten. Sie waren entweder für die Konzeption von Präventionsmaßnahmen verantwortlich oder arbeiteten in der Präventionspraxis. Dem World Café lag die Forschungsfrage zugrunde, welche Sichtweisen, Wissens- und Erfahrungsbestände in der Präventionspraxis angewendet werden. Die Gesundheitsförderung bildet ein soziales Feld, ausgestattet mit professioneller Kompetenz sowie gesellschaftlicher Legitimation.

Mit Berger/Luckmann gesprochen, stellt die Gesundheitsförderung jene Institution dar, mittels der Gegenwartsgesellschaften »Therapie« organisieren. Die gesellschaftliche Aufgabe von Therapie ist es, zu »verhindern«, dass »wirkliche oder potentielle Abweichler« aus der »offiziellen Wirklichkeitsbestimmung« abwandern (Berger/Luckmann 1987: 121). Mit Bourdieu formuliert, stellt Prävention jenes soziale Feld dar, das mit der symbolischen Macht ausgestattet ist, als legitim angesehene Klassifikationen und Anforderungen, die auf Gesundheit Bezug nehmen, gesellschaftlich durchzusetzen. Für die dickeren Jugendlichen sowie deren Eltern repräsentiert die Prävention somit ein soziales Feld, das sie mit den gesellschaftlichen Wahrnehmungen und Umgangsweisen mit ihnen in besonders konzentrierter und zudem legitimierter Form konfrontiert. Die Methode des World Cafés ist darauf ausgerichtet, Wahrnehmungs- und Bewertungsmuster wie auch kollektive Sichtweisen freizulegen. In der Forschung wird diese Methode selten angewendet, dagegen ist sie dort verbreitet, wo Wert auf partizipative Entscheidungs- und Entwicklungsprozesse gelegt wird und es um kollektive Wissens- und Erfahrungsbestände geht. Sie ermöglicht es, große Gruppen miteinander ins Gespräch zu bringen, indem sie einen offenen Erfahrungsaustausch fördert (Brown/Isaacs 2005; Bunker/Alban 1997). Dabei basiert sie auf zwei Annahmen: »(a) The knowledge and wisdom we need are already present and accessible and (b) intelligence emerges as the system connects to itself in creative ways« (Fouché/Light 2011). Die Durchführung der Methode orientiert sich – dem Namen gemäß – an einem Kaffeehaus. Die Teilnehmenden finden sich zu gleich großen Gruppen an den Tischen zusammen und tauschen sich über ein konkretes Thema aus. Die Gesprächsergebnisse werden schriftlich festgehalten. Nach einer vorbestimmten Zeit endet die Gesprächsrunde, die Tischgruppe löst sich auf und die Teilnehmer wechseln an andere Tische, um dort neue Gesprächsgruppen zu bilden. Dies wiederholt sich, bis jeder an jedem Tisch war. Für jede Gesprächsrunde gibt es ein vorher festgelegtes Thema.

# 2. Soziale Praxis und Allgegenwärtigkeit des Körpers

Gesellschaftliche Ordnung und soziale Klasse stehen für zwei soziologische Perspektiven, die selten gleichgewichtig zur Analyse eines Phänomens herangezogen werden. Meist wird der einen oder der anderen Perspektive Vorrang eingeräumt, abhängig davon, ob den Prozessen der Herstellung und Durchsetzung der gesellschaftlichen Ordnung oder denen der sozialstrukturellen Differenzierung ein Übergewicht zuerkannt wird. In dieser Studie werden dagegen beide Perspektiven gleichrangig genutzt, ohne damit spezifische theoretische Absichten zu verbinden. Vielmehr werden mit dem gleichgewichtigen Gebrauch vornehmlich empirische Ziele verfolgt. Allerdings nimmt der gleichberechtigte Rückgriff auf die beiden Perspektiven die zu Beginn entwickelte These auf, dass, wenn Prozesse der sozialstrukturellen Differenzierung und der Herausbildung und Legitimierung der gesellschaftlichen Ordnung ineinandergreifen, sie sich gegenseitig verstärken, ihnen daraus eine gesellschaftsprägende Macht zuwächst. Zugegeben, die These kommt nicht ohne theoretische Bezüge aus, aber hier leitet sie sich von der empirischen Frage her, ob die gesellschaftliche Erfahrung »zu dick« zu sein Allgegenwärtigkeit besitzt und wie sich diese auswirkt.

Wie ebenfalls zu Beginn ausgeführt, rekurriere ich zur theoretischen Fundierung der Kategorie der gesellschaftlichen Ordnung auf Berger/Luckmann. Um den Begriff der sozialen Klasse theoretisch zu fundieren, greife ich auf Bourdieus Konzeption von sozialen Klassifikations- und Klassifizierungsprozessen zurück. Ich tue dies – wie bereits betont – in pragmatischer Absicht. Aus diesem Grund verzichte ich darauf, darzulegen, was die beiden Theorien kennzeichnet, in welcher Tradition sie stehen, was an ihnen kritisiert wird; auch alle Fragen bezüglich ihrer Gemeinsamkeiten und Differenzen behandele ich hier nicht. Antworten zu diesen und weiteren Fragen können der umfangreichen Sekundärliteratur, den vielfältigen Abhandlungen zur Geschichte der Soziologie und den unzähligen Einführungen in die soziologischen Theorien entnommen werden.

Ausgewählt habe ich diese beiden aus dem Fundus soziologischer Theorien, weil sie – trotz aller Verschiedenheiten – den Ausgangspunkt der Soziologie ähnlich konzipieren. Bei Berger/Luckmann ist dies die Alltagswirklichkeit und bei Bourdieu die soziale Praxis, die sie annähernd gleich charakterisieren, allerdings mit einem bedeutsamen Unterschied. Bei Berger/Luckmann vermittelt sich die Alltagswirklichkeit über »Wissen«, und bei Bourdieu wird die soziale Praxis über den Körper erfahren. Nach Berger/Luckmann hat deshalb die Soziologie »zuallererst [zu] fragen, was ›jedermann‹ in seinem alltäglichen, nicht- und vortheoretischen Leben ›weiß‹« (Berger/Luckmann 1987: 16, Hervorhebung E.B.). Dieses Wissen bestimmt die Alltagswirklichkeit und reguliert das Verhalten in ihr. Unter Wissen verstehen Berger/Luckmann »die Gewißheit«, dass die »Phänomene wirklich sind und bestimmbare Eigenschaften haben« (ebd.: 1). Alltagswissen ist jenes Wissen, »welches ich mit anderen in der normalen, selbstverständlich gewissen Routine des Alltags gemein habe« (ebd.: 26). Es besitzt damit gesellschaftlichen Charakter.

Die »sozialpraxeologische Soziologie« à la Bourdieu beginnt ebenfalls mit jenem Teil der sozialen Praxis, den die Menschen mehr oder weniger stillschweigend als gegeben voraussetzen, auf den sie in ihrem Handeln mehr oder weniger bewusst zurückgreifen, womit sie gleichzeitig zur Tradierung der sozialen Praxis beitragen. Daraus erwächst das »unmittelbare Verwachsensein mit der als ›natürlich‹ erlebten und als selbstverständlich vorgegebenen Welt der Überlieferung« (Bourdieu 1976: 325). Um die Eigenart dieser Welt zu kennzeichnen, spricht Bourdieu von der Doxa. Zu ihr gehört alles, was als gewiss gilt, keine Zweifel provoziert oder Nachfragen nach sich zieht. Aus der Doxa begründen sich die Routinen der sozialen Praxis, die sich insbesondere in den Körper einschreiben, weil wir nach Bourdieu zuallererst »durch den Körper« lernen (Bourdieu 2001: 181).[31] Für die Alltagswirklichkeit von Berger/Luckmann wie auch für die soziale Praxis bei Bourdieu ist kennzeichnend, dass über sie Gewissheit besteht, in ihnen ohne Theorie oder vortheoretisch agiert wird und sie weitgehend als gegeben hingenommen werden.

Ebenso teilen beide die Art ihrer Typisierung bzw. Schematisierung. »Die gesellschaftliche Wirklichkeit der Alltagswelt«, so Berger/Luckmann, »wird

---

31 Die Doxa bildet die zentrale Grundlage für Bourdieus Habitus-Konzept. Die Studie schließt jedoch nicht an das Habitus-Konzept an, weil hier der Körper im Zentrum steht und nicht die Abgestimmtheit von Praxisformen und Schemata der Wahrnehmung und Bewertung.

[...] als ein kohärentes und dynamisches Gebilde von Typisierungen wahrgenommen« (Berger/Luckmann 1987: 36). Ähnliches gilt für die soziale Praxis. Sie besteht aus »Wahrnehmungs- und Bewertungsschemata«, »die die Akteure in ihrem Alltagsleben anwenden« (Bourdieu/Waquant 1996: 30). Die Wahrnehmungs- und Bewertungsschemata bilden nach Bourdieu ein Geflecht von Relationen, das alles, was die soziale Welt ausmacht, zueinander in Beziehung setzt. Die Schemata »operieren mit Gegensatzpaaren« (Bourdieu 2013: 113) und bilden zusammen eine Ordnung »homologer Gegensätze« (Bourdieu 2005: 18). Das relationale Geflecht aus Wahrnehmungs- und Bewertungsschemata ähnelt dem Gebilde von Typisierungen nach Berger/Luckmann. Die Typisierungen wie die Schemata sind kategorial aufgebaut und relational zueinander geordnet und bestimmen sich folglich gegenseitig.

Ein wichtiger Unterschied besteht jedoch. Für Bourdieu besitzen die Schemata stets klassifizierende Eigenschaften, das heißt sie repräsentieren Über- und Unterordnungsverhältnisse. Das erklärt sich daraus, dass sie nach Bourdieu nahezu unausweichlich mit sozialstrukturellen Differenzierungsprozessen verwoben sind. Berger/Luckmann fassen dagegen Typisierungen genereller: Sie bilden einen essentiellen Teil der Alltagswelt, weil ohne sie soziale Interaktionen nicht gelingen können. Sie ermöglichen, den Ort des Individuums in der Gesellschaft zu bestimmen, und geben eine entsprechende gesellschaftliche »Behandlung« vor (Berger/Luckmann 1987: 43). In den Typisierungen drückt sich – wie bei Bourdieu – eine gesellschaftliche Beziehung aus, aber nicht unbedingt eine sozialstrukturelle Position. Um die Allgegenwärtigkeit der Typisierungen bzw. Schemata zu untersuchen, ist der Rückgriff auf die weiter gespannte Fassung hilfreich, weil mit dieser Bezüge sowohl zur gesellschaftlichen Ordnung als auch zu den sozialen Klassen hergestellt werden können. Aus diesem Grund wird dem Konzept der Typisierung der Vorzug gegeben.

Schauen wir uns nun genauer an, was Berger/Luckmann unter Typisierungen verstehen. Es handelt sich um Schablonen, die reziproke Qualität besitzen. Mit ihrer »Hilfe« wird einerseits die Wirklichkeit der Alltagswelt erkannt, andererseits geben sie die Reaktions- und Handlungsweisen mehr oder weniger vor, woraus sich ihre Reziprozität erklärt. Typisierungen umfassen verschiedene Formen gesellschaftlicher Interaktion. Sie reichen von sozialen Begegnungen wie Vis-à-vis-Situationen bis hin zu anonymen sozialen Beziehungen, wie sie beispielsweise für das Rechtssystem typisch sind. Der Prototyp aller gesellschaftlichen Interaktionen – so Berger/Luckmann – ist die fundamentale Erfahrung des anderen, der einem von Angesicht zu

Angesicht begegnet. Selbst so einfache, scheinbar ganz unmittelbare soziale Kontakte werden durch gesellschaftliche Typisierungen kanalisiert. Wie man das Gegenüber ansieht und von ihm angeschaut wird, wie Gestik, Mimik, körperliche Erscheinung und Bewegungen wahrgenommen werden, geben die typisierten Schablonen vor. Da in den Vis-à-vis-Situationen der Körper stets präsent ist, verwundert es nicht, dass viele Typisierungen auf körperliche Phänomene referieren. Auch Bourdieu macht darauf aufmerksam, dass ein großer Teil der Wahrnehmungs- und Bewertungsschemata beim Körper ansetzen. Der Körper bildet den Ausgangspunkt für Klassifikations- und Klassifizierungsprozesse, und die »gesellschaftliche Konstruktion der Körper« erfolgt mittels der Wahrnehmungs- und Bewertungsschemata (Bourdieu 2005: 17).

Je anonymer die sozialen Interaktionen, umso abstrakter werden die Typisierungen. Sie nehmen einen »objektiven Charakter« an und transformieren sich in »primäre Objektivationen«. Sie ermöglichen eine »Begreifbarkeit« des Gesellschaftlichen über Vis-à-vis-Situationen hinaus (vgl. Berger/ Luckmann 1987: 38). So werden beispielsweise Gefühle, Einstellungen oder Haltungen als typische physische Ausdrücke »objektiviert«. Eine gebückte Haltung kann dann als »Objektivierung« von Unterwürfigkeit gelten oder ein dicker Körper als »Objektivierung« von ungezügeltem Essen, geringer Selbstkontrolle und Disziplinlosigkeit angesehen werden. Die Typisierungen durchlaufen Prozesse der Objektivierung, bei denen sie sich immer mehr von den unmittelbaren Vis-à-vis-Situationen ablösen, einen abstrakteren Charakter annehmen. Teilweise werden sie zu sozialen Institutionen, teilweise lagern sie sich an andere Institutionen an, wie dies insbesondere bei den Legitimationen der symbolischen Sinnwelt der Fall ist.[32]

Werden die Typisierungen in der Alltagswelt nicht infrage gestellt, »so halten sie sich bis auf weiteres und bestimmen« das Verhalten in den jeweiligen Situationen (ebd.: 33). Erst wenn das von den Typisierungen angeleitete Verhalten problematisch wird, weil es nicht mehr den Anforderungen der Alltagswirklichkeit entspricht, oder das Gegenüber die Typisierungen »über den Haufen wirft« (ebd.: 33), sind Revisionen und Modifizierungen erforderlich. Die Typisierungen tragen nicht nur zur Abstimmung der Rezeptionen und der Reaktionen in der Alltagswirklichkeit bei, sie dienen auch dazu, »Unproblematisches« von »Problematischem« zu trennen. Dies liegt in

---

32 Die »symbolische Sinnwelt« stellt bei Berger/Luckmann (1987: 102) die Integration verschiedener »Sinnprovinzen« und der institutionalen Ordnung dar.

ihrem schablonenhaften Charakter begründet, wodurch Übereinstimmungen mit den Alltagsroutinen als »unproblematisch« und Abweichungen von diesen als »problematisch« erlebt werden. Entsprechend gibt es einerseits Typisierungen dessen, was als »normal« gilt, andererseits Typisierungen, die etwas als nicht zugehörig zur »Routinewirklichkeit der Alltagswelt« (ebd.: 27) identifizieren.

Im Folgenden wird entsprechend zu fragen sein, wie mit der Typisierung »zu dick« gesellschaftlich »operiert« wird. Welche Typisierung repräsentiert den Gegensatz? Wird mit dem Gegensatzpaar »Problematisches« von »Unproblematischem« getrennt? Welches Maß an Allgegenwärtigkeit besitzen diese Typisierungen? Erleben die Jugendlichen, die erfahren, dass sie gesellschaftlich als »zu dick« typisiert werden, dies als gesellschaftliche Ortsbestimmung? Nehmen sie ihre gesellschaftliche Behandlung als davon hergeleitet wahr? Die letzte Frage wird in diesem Kapitel noch nicht behandelt, sie skizziert aber bereits die Zielrichtung. Am Schluss dieser Studie, in der Konklusion, sollte sie beantwortet sein.

## 2.1 Typisierungen von Dicksein

In diesem Abschnitt werden die gesellschaftlichen Typisierungen von Dicksein, mit denen die Jugendlichen in der Alltagwirklichkeit konfrontiert sind, systematisch dargelegt. Um die Jugendlichen in den Gruppendiskussionen dazu zu bringen, diese Typisierungen zu schildern, haben wir ihnen gleich zu Beginn der Gruppendiskussion – nach der persönlichen Vorstellungsrunde – einen Comic auf eine Leinwand projiziert. Die Zeichnung zeigte dickere und dünnere Jugendliche vor einem Imbiss. Sie stellte eine typische soziale Begegnung der jugendlichen Alltagswelt dar und entsprach einer Vis-à-vis-Situation, in der nach Berger/Luckmann einfache reziproke Typisierungen entstehen und angewendet werden. Die Erzählaufforderung an die Jugendlichen zu dem Bild lautete: »Was geht Euch durch den Kopf, wenn Ihr dieses Bild seht?«[33] Mit der offen formulierten Frage sollte vermieden werden, dass sich die Jugendlichen gedrängt fühlten, über eigene Erlebnisse und Erfahrungen zu sprechen. Sie sollte ihnen die Möglichkeit eröffnen, sich als Beob-

---

33 Mögliche Nachfragen waren »Welche Geschichte fällt Euch dazu ein?« oder »Was passiert da gerade?«.

achter zu der auf der Zeichnung dargestellten gesellschaftlichen Interaktion zu äußern. Von dieser Möglichkeit haben die Jugendlichen, wie die Analyse des Verlaufs der Gesprächssequenz zeigen wird, zu Beginn durchaus Gebrauch gemacht (s. Abschnitt 3.2). Aber auch wenn sie sich als Beobachter präsentierten, referierten sie letztlich doch auf bekannte und vertraute – und das heißt: auf erfahrene – Typisierungen.

Die von den Jugendlichen bei der Beschreibung des Comics verwendeten Typisierungen können drei Gruppen zugeordnet werden, die sich nach dem Grad ihrer Abstraktion unterscheiden. Sie reichen von anschaulichen bis hin zu anonymen Typisierungen. Die erste Gruppe der Typisierung bezieht sich unmittelbar auf die Körper der dargestellten Personen und besitzt einen überwiegend deskriptiven Charakter. Es handelt sich um eine relationale Typisierung, bei der dickere als Gegensatz zu dünneren Körpern beschrieben werden. So sprechen die Jugendlichen – bis auf wenige Ausnahmen – immer zugleich von den »*Dickeren*« und den »*Dünneren*«, von »*dicker*« oder »*dünner werden*«, »*etwas dicker*« oder »*irgendwie dünner*« und »*etwas schmächtiger*«. Sie gebrauchen komparative Substantive, Adjektive und Adverbien, die vergleichend angelegt sind. Wie theoretisch zu erwarten, benutzen sie eine relationale Typisierung. Wenn die dickeren Jugendlichen die körperliche Gestalt, das Aussehen, typisieren, gebrauchen sie Bezeichnungen, die eine gegenseitige Bestimmung und Klassifizierung vornehmen und bei denen der relationale Charakter im Vordergrund steht. Aber die Typisierung in »Dickere« oder »Dünnere« bezeichnet nur unterschiedliche Ausprägungen von Körperlichkeit. Sie kennzeichnet keineswegs kategoriale Unterschiede.

Die zweite Gruppe der Typisierung umfasst Charakterisierungen der Haltungen und Umgangsweisen, die an die gesellschaftliche Wahrnehmung der Körper anschließen. Diese Typisierungen geben Auskunft darüber, wie die gesellschaftlichen Interaktionen zwischen den dickeren und den dünneren Jugendlichen ablaufen. Dafür verwenden sie ausdrucksstarke, abwertende Worte, allerdings beinahe exklusiv für die dickeren Jugendlichen. Beispiele sind: »*Fette*«, »*Fettsäcke*«, »*die Fetten [werden] gar nicht beachtet*«, »*die Fetten schämen sich*«. Nur an einer Stelle in den acht Gruppendiskussionen findet sich eine Charakterisierung der »*dünneren*« Jugendlichen, die zwar abfällig gemeint ist, aber gleichwohl aus anerkennenden Worten besteht: »*die coolen dünnen Alles-Checker*«. Abgesehen von dieser Ausnahme fällt auf, dass bei den Typisierungen der gesellschaftlichen Haltungen und Umgangsweisen nur solche benannt werden, die sich auf den gesellschaftlichen Umgang mit »Dickeren« beziehen. Für »Dünnere« fehlen sie – bis auf die obige Ausnahme

– gänzlich. Folglich spielt der Körper der »Dünneren« bei der Beschreibung ihrer sozialen Interaktionen keine Rolle: Über deren Haltungen und Umgangsweisen äußern sich die Jugendlichen in den Gruppendiskussionen gar nicht. Man könnte beinahe meinen, dass diese Gruppe von Typisierungen nicht relational, sondern einseitig aufgebaut ist und nur die dickeren Jugendlichen anspricht. Dies würde bedeuten, dass sie vom grundlegenden Prinzip, mit Gegensatzpaaren zu operieren, abweicht.

Die naheliegende Interpretation für das Fehlen des relationalen Gegenübers ist, dass die Haltungen und Umgangsweisen gegenüber den Dünneren für die dickeren Jugendlichen die gesellschaftliche »Normalität« repräsentieren, die sich von selbst versteht und deshalb nicht eigens ausgeführt werden muss. Die auf die Dickeren angewendeten Typisierungen wären dagegen solche, die Abweichung anzeigen. Während die Typisierungen der dünneren Körper nicht auf eine Vorstellung von »normal« referieren, scheint dies bei den Haltungen und Umgangsformen anders zu sein: Die Interaktionen der Dünneren untereinander und den Dickeren gegenüber werden als »normal« und aus diesem Grund als nicht erläuterungsbedürftig beurteilt. Die Typisierung der gesellschaftlichen Haltungen und Umgangsweisen gegenüber den Dickeren nimmt deren Körper zum Ausgangspunkt und rechtfertigt damit die abwertenden sozialen Interaktionen, denen sie gesellschaftlich ausgesetzt sind.

Bereits die zweite Gruppe der Typisierungen entfernt sich von dem, was auf dem Comic tatsächlich dargestellt ist: Die Haltungen und Umgangsweisen der Dünneren mit den Dickeren wurden hineininterpretiert. Die dritte Gruppe der Typisierungen löst sich vollkommen von der Darstellung. Sie besteht aus abstrakten Begriffen, die die gezeichnete Situation als Gesamtphänomen charakterisieren. Sie liefern eine Kurzbeschreibung des Dargestellten und sortieren es den gängigen gesellschaftlichen Ordnungs- und Behandlungsweisen zu. Hierbei greifen die Jugendlichen auf Fachtermini zurück, die ursprünglich aus Expertendiskursen stammen. »*Außenseiter*«, »*ausgeschlossen*« und »*Mobbing*« sind Beispiele für diese Gruppe der Typisierung.

Diese Begriffe abstrahieren von der körperlichen Gestalt wie von den Haltungen und Umgangsformen. Sie enthalten eine verallgemeinernde Sichtweise, die sich im Unterschied zu der zweiten Gruppe von Typisierungen zumeist auf Expertenwissen beruft. Es handelt sich vorwiegend um Fachtermini der therapeutischen Expertensprache, welche die gesellschaftliche Behandlung von dicken Menschen qualifizieren: Sie werden gemobbt und ausgeschlossen und zu Außenseitern gemacht. Und wie die anderen Typisierungen transportieren sie Wertungen, denn Mobben, Ausschließen oder Personen als Außenseiter zu behandeln sind Formen sozialer Interaktion, die als gesellschaftlich nicht legitim gelten. Entsprechend enthalten sie die Aufforderung, Stigmatisierungen, Ausgrenzungen und Schikanen zu beenden. Da sie auf Expertenwissen zurückgreifen, wird der in den Typisierungen enthaltenen Kritik am gesellschaftlichen Umgang mit dem Dicksein eine übergeordnete Geltung zuerkannt.

Wenn die dickeren Jugendlichen therapeutische Fachausdrücke verwenden, dann können sie sicher sein, in sozialen Interaktionen auf Zustimmung zu stoßen. Weiterhin können sie gewiss sein, dass ihre Sichtweisen als selbsterklärend angesehen werden. Ein Wort – beispielsweise »Außenseiter« – genügt, um den gesellschaftlichen Ort der Dickeren zu bestimmen. Der Rückgriff auf die therapeutische Expertensprache ermöglicht den dickeren Jugendlichen, sich über Dicksein auf eine selbstdistanzierende Art und Weise auszutauschen. Die Analyse des Verlaufs der Gesprächssequenzen wird zeigen, dass die dickeren Jugendlichen diese Typisierungen nutzen, um von ihren eigenen Erfahrungen und Erlebnissen zu abstrahieren. Hierdurch umgehen sie die Notwendigkeit, über sich selbst zu sprechen, obwohl sie sich beim Thema Dicksein stets angesprochen fühlen und dies von ihnen gesellschaftlich auch erwartet wird.

Ein typisches Beispiel dafür ist:

*»Vielleicht ist es so, wenn man dick ist, dass man von vielen ausgegrenzt wird, die gleich [vorneweg] so eine Einstellung haben: Dicke sind nicht cool, und also die wollen lieber unter sich bleiben.«* (MD 14–16)[34]

Mit diesem Satz beginnt die Gruppe der »deutschen Mädchen« im Alter von 14–16 Jahren sich darüber auszutauschen, was sie auf dem Comic sehen. Der

---

34 Die Zitate stammen aus den Gruppendiskussionen mit den Jugendlichen und den Eltern, die vollständig transkribiert vorliegen. Einige wenige Zitate wurde zum Zweck der besseren Verständlichkeit sprachlich korrigiert. Selbstverständlich wurde an keiner Stelle in den Inhalt oder die Ausdrucksweise eingegriffen. Aus den Transkripten wird folgendermaßen zitiert: J steht für Junge, M für Mädchen, T für türkisch, D für deutsch, die Zahlen geben das Alter an. Für die Eltern gilt: E steht für Eltern, V für Vater, M für Mutter, D für deutsch und T für türkisch. Hinter der Bezeichnung EVD verbirgt sich beispielsweise ein deutscher Vater. In den Transkripten ist allen Teilnehmern ein Kennbuchstabe zugeordnet, um kenntlich zu machen, dass unterschiedliche Personen sprechen. Da für die Auswertung – bis auf einige Ausnahmen – nicht wichtig ist, von wem welche Aussage stammt, wurde wegen der besseren Lesbarkeit in der Regel der Kennbuchstabe weggelassen. Bei Gesprächssequenzen wurden die Kennbuchstaben nicht gelöscht, um zu verdeutlichen, dass mehrere Personen miteinander sprechen.

Einstieg verdeutlicht, dass die Mädchen ebenso wie die anderen Gruppen ihr Gespräch über Dicksein so beginnen, als würden sie über die Erfahrungen anderer berichten. Sie schildern die Szene geradezu aus einer Beobachterperspektive, um eigene Erlebnisse nicht ansprechen zu müssen.

Durch ein Ausweichen in die therapeutische Expertensprache wird nicht nur vermieden, sich über seine eigenen Erfahrungen und Erlebnisse zu äußern. Es entmündigt auch das eigene Ausdrucksvermögen. Die Jugendlichen besitzen keine eigene Sprache für ihre Erfahrungen mit dem Dicksein. Über diese sprechen sie beinahe ausschließlich mittels angeeigneter Fachtermini. Die ihnen inhärente Abstrahierung und Distanzierung von der Alltagswelt – der tagtäglichen Erfahrung, als zu dick wahrgenommen und behandelt zu werden – macht es den Jugendlichen möglich, Geschehnisse knapp zu benennen. Die Verwendung der Fachtermini ermöglicht eine Distanzierung von den eigenen Alltagserfahrungen und zugleich deren Einbettung in einen objektivierten Kontext. So erklären die dickeren Jugendlichen die Ursachen ihres Dickseins mit den gesellschaftlich erprobten und legitimierten Begriffen wie Mobbing und Stress.

*G:»Stress müsste auf jeden Fall weg, weil wenn man Stress hat, dann kann man nicht abnehmen.«*

*C:»Da nimmt man eigentlich eher zu beim Stress.«*

*G:»Ja.«* (MD 11–13)

Wenn die dickeren Jugendlichen die Expertensprache übernehmen, dann adaptieren sie damit auch die Art und Weise, wie Themen und Inhalte gesellschaftlich zu sehen und zu behandeln sind. Das Vokabular des Expertendiskurses und die damit einhergehende hierarchisierende Bewertung der Probleme und Lösungen gibt eine gesellschaftlich legitimierte Sichtweise auf Dickere und Dicksein vor. Wenn die Jugendlichen dieses Vokabular in ihren Sprachgebrauch übernehmen, dann bestätigen sie, worin die Probleme mit dem Dicksein bestehen und wie und in welcher Reihenfolge diese zu lösen sind. Dies begründet ebenfalls, dass sie keine diskreditierenden Worte – keine Schimpfworte – für diejenigen haben, von denen sie abgewertet werden. Die Expertensprache tritt als neutrale Repräsentation auf. Und sie wird von den dickeren Jugendlichen als solche anerkannt, was sich darin zeigt, dass sie sie zur Zusammenfassung, das heißt zur Titulierung des gesamten Geschehens nutzen. Sie repräsentiert – das wird in den nachfolgenden Kapiteln immer wieder deutlich – die Sichtweise, die als objektivierte Wirklichkeit akzeptiert ist. Das nachfolgende Zitat veranschaulicht nochmals im Zusammenhang die drei Gruppen von Typisierungen und wie sie jeweils verwendet werden:

> *»Die können sich jetzt freuen, dass sie dünn sind, und die können die Dickeren auslachen, falls sie sie auf der Straße mal gesehen haben vorher und sagen: ›Haha, du bist fett‹ und halt ja, Mobbing, ne?«* (JT 11–13)

Die erste Gruppe der Typisierung wird zur körperlichen Unterscheidung verwendet. Hier finden sich häufig die Worte »dick« oder »dünn«, und die dickeren Jugendlichen nutzen zur körperlichen Beschreibung zumeist den Komparativ. Wenn sie die Haltungen und Umgangsformen schildern, dann zitieren sie vorwiegend abwertende Formulierungen, häufig Schimpfworte. Die dritte Gruppe von Typisierungen, die mehrheitlich der Expertensprache entstammen, werden von den dickeren Jugendlichen zusammenfassend – geradezu als Titulierung der Gesamtsituation – und auf Zustimmung zielend (*»ja, […] ne?«*) gebraucht.

Rekonstruiert man den Verlauf der Gesprächssequenz über den Comic, dann zeigt sich, dass in der Mehrzahl der Gruppendiskussionen zuallererst und sehr spontan Typisierungen der dritten Gruppe genannt werden.

D: *»Der Dicke ist ein Außenseiter.«* (JD 11–13)

A: *»Außenseiter.«*

C: *»Die dicken Leute sind also Außenseiter.«* (MT 11–13)

Danach erläutern sie die Körperlichkeit der gezeichneten Figuren und stellen die Dickeren den Dünneren gegenüber. Anschließend typisieren sie die Haltungen und Umgangsformen und beschreiben darüber die sozialen Interaktionen zwischen den Dickeren und den Dünneren. Sowohl die große Übereinstimmung über die acht Gruppendiskussionen hinweg bezüglich der drei Arten von Typisierungen als auch die Gleichförmigkeit des Ablaufs der Gesprächssequenz sind überzeugende Indizien dafür, dass diese für die Jugendlichen »objektiven Charakter« besitzen und als Repräsentationen der objektiven Wirklichkeit der Gesellschaft wahrgenommen werden. Mehrheitlich verneinen sie, jemals selbst mit herabsetzenden Typisierungen konfrontiert gewesen zu sein. Eine Gruppe der Mädchen spricht zwar an manchen Stellen von »ich« und »wir«, aber eigene Erfahrungen über das zu besitzen, was sie auf dem Comic sehen und wie sie es erläutern, leugnen sie. Ihre umfangreichen Ausführungen zum Bild – vor allem die, die weit über das hinausgehen, was tatsächlich abgebildet ist – belegen das Gegenteil. Zu Beginn der Gruppendiskussionen haben die Jugendlichen darauf geachtet, sich als distanzierte Beobachter zu äußern. Dies belegt, dass die gesellschaftliche Erfahrung, als zu dick behandelt zu werden, sie persönlich berührt. Im Laufe des Gesprächs, nachdem eine Vertrautheit entstanden war, haben sich die Jugendlichen ausführlich über ihre Erfahrungen, als zu dick behandelt zu werden, ausgetauscht. Insbesondere solche Fragen, bei denen kein offensichtlicher Zusammenhang mit dem Dicksein zu erkennen war, beispielsweise die Frage nach ihren Zukunftswünschen, beantworteten sie immer im Hinblick auf ihren dickeren Körper. Dies ist ein deutliches Indiz dafür, welche Allgegenwärtigkeit die gesellschaftliche Erfahrung, zu dick zu sein, für sie besitzt.

## 2.2 Die Allgegenwärtigkeit der Typisierungen

*»Ich habe mehrere Geschwister, [...] die sind nicht perfekt, also sind auch dicker als ich [...] und mein Bruder ist eben da extremer [...] wenn er irgendwo vorbeigeht, gucken ihn alle dann so an, als wäre er, was weiß ich, als hätte er [...] ein Huhn auf dem Kopf oder so was.«* (MD 11–13)

Die Erfahrung, als zu dick betrachtet zu werden, ist bei den von uns befragten Jugendlichen allgegenwärtig. Und dabei handelt es sich keineswegs nur um flüchtige Wahrnehmungen oder Andeutungen, sondern um bewusst auf sie gerichtete Blicke oder sogar um provokante Bemerkungen. Diese sozialen Interaktionen, wie unten anhand von Beispielen illustriert wird, prägen ihr gesellschaftliches Verhältnis und ihre Sichtweise der sozialen Welt. Ihre Praktiken, Verhaltens- und Handlungsweisen und selbst viele Dinge wie Kleidung, Nahrungsmittel etc. werden ihrer Erfahrung nach zunächst danach geordnet, ob sie selbst als dünner und normal oder als dicker und abweichend typisiert werden. Alle anderen Typisierungen, beispielsweise jung oder alt, arm oder reich, weiblich oder männlich, sind aus ihrer Perspektive nachrangig bei der Herstellung und Begründung von Unterschieden, also bei den Prozessen der Typisierung und Klassifizierung. Nicht nur bei den Wahrnehmungen und Bewertungen ist für sie die Unterscheidung in »dick« oder »dünn« die vorrangige Typisierung und Klassifizierung, die alle anderen dominiert, auch in ihrem Verhalten und Handeln reagieren sie permanent auf diese Typisierung. Selbst in solchen Interaktionen und Situationen, in denen die Unterscheidung in »dick« oder »dünn« für das unmittelbare Gegenüber oder die soziale Institution, in der man agiert, gar keine Relevanz besitzt, handeln sie so, als wären die Typisierungen und Klassifizierungen wirksam.

Die Typisierung in »dick« und »dünn« besitzt für die dickeren Jugendlichen die gleiche Allgegenwärtigkeit, Präsenz und Unterhinterfragbarkeit wie beispielsweise die gesellschaftliche Unterscheidung der Geschlechter (vgl. Bourdieu 2005). Und genau wie diese erscheint jene ihnen als das allernatürlichste der Welt, und sie kennt kein »Dazwischen«. Überall und stets zuallererst wird sie intuitiv erkannt, meist ohne ins Bewusstsein vorzudringen. So sind nahezu alle Bewegungen, Kleidungsstücke, Speisen, Sportarten, Tätigkeiten und Berufe einer dieser beiden Welten zugeordnet. In Anlehnung an die Vergeschlechtlichung der Welt[35] kann man von einer Verkörperung der Welt in »dick« oder »dünn« sprechen. Ihr Erfolg oder Misserfolg im Sport, ob sie sich in der U-Bahn hinsetzen oder stehenbleiben, in der Öffentlichkeit essen, eine enge Jeans oder ein weites Sweatshirt anziehen, all dies – so erleben sie die soziale Welt – wird auf ihren Körper bezogen. Dieser Allgegenwärtigkeit können sie – außer sie ziehen sich zurück – nicht entgehen. Und sogar dieser Rückzug wird als Folge wie als Ursache ihres Dickseins interpretiert.

Die Wirkungsmacht der Typisierungen lässt sich erst ermessen, wenn man sich vergegenwärtigt, dass eben nicht nur Körper, assoziierte Verhaltens- und Handlungsweisen und die Expertensprache, sondern beinahe alle Dinge und Praktiken, viele Vorschriften und Regeln, wesentliche Verpflichtungen und Sanktionen direkt oder indirekt auf die Differenz zwischen »dünn« oder »dick« verweisen. Für die dickeren Jugendlichen wird damit nicht nur eine Typisierung unter vielen vorgenommen; für sie repräsentiert diese Typisierung die Ordnungsweise, die allen anderen vorangeht. Das soll für einige Lebensbereiche exemplarisch dargestellt werden: Essen, sich kleiden, Sexualität und Liebe, mit Freunden unterwegs sein, Sport treiben. Ein Junge erzählt, wie er Mahlzeiten in der Schulverpflegung erlebt:

»Bei uns in der Schule kann man essen, und wenn jetzt auf einmal jemand kommt und sagt: ›Oh, du isst zu viel‹, oder so, dann nimmt man das natürlich

---

35 Vergeschlechtlichung meint, dass die Gesamtheit aller Dinge, Praktiken, Verhaltens- und Handlungsweisen etc. als weiblich oder männlich identifiziert und entsprechend auf sie reagiert wird.

*schon so als Drohung oder, nicht als Drohung, sondern irgendwie schon ganz nah [wahr].*« (JD 14–16)

Ein Mädchen legt dar, was ihr widerfährt, wenn sie zu McDonalds geht:

»*Stimmt, wenn man mal bei McDonalds sitzt, kriegt man auch so Sprüche von wegen: ›Ja, du sitzt ja jeden Tag hier‹. Das ist auch so schlimm, dass man sich gar nicht mehr traut, da richtig alleine reinzugehen, ne, voll doof.*« (MD 14–16)

Beide Zitate informieren über Bloßstellungen in der Öffentlichkeit. Ähnliches widerfährt ihnen am Familientisch. Dort werden sie aufgefordert, sich nicht so viel auf den Teller zu nehmen: »*Ja, dann nimm lieber nur die Hälfte davon*« (MD 14–16), »*Oh, bist du immer noch nicht satt?*« (MT 14–16). Beide – die öffentlichen wie die familialen Missbilligungen – beinhalten Herabsetzungen. Was jedoch unter der Allgegenwärtigkeit der Typisierungen verstanden werden soll, ist damit noch nicht erfasst. Die permanente und unhinterfragbare Präsenz der Typisierungen für die Jugendlichen zeigt sich erst in Situationen, in denen sie sich, obwohl keinerlei Bloßstellung oder Herabsetzung droht, trotzdem genötigt fühlen, ihre Kenntnis und prinzipielle Übereinstimmung mit den Typisierungen zu unterstreichen.

So sahen sie sich in den Gruppendiskussionen, in denen sie unter sich waren, dennoch aufgefordert, sich von den Stigmatisierungen und gesellschaftlichen Zuschreibungen abzusetzen. »*Ich mag sehr viel Obst essen; auch wenn man mir das nicht ansieht*« (MT 14–16). »*Davon esse ich jetzt eins als Abendbrot [...] halt ohne alles, und auch nicht in Fett gebraten*« (JD 11–13). Selbst in einer Gesprächssituation, in der sie sicher sein können, dass keine Diskreditierungen drohen, reagieren sie auf die Allgegenwärtigkeit dieser Typisierung.

Ähnliches gilt für den Kauf von Kleidung. Auch hier erfahren sie Beleidigungen und Herabsetzungen, die man zugleich als Missachtung auffassen kann. So wird ihnen in »angesagten« Modegeschäfts mitgeteilt, dass es für sie hier nichts gäbe. Die Allgegenwärtigkeit meint jedoch mehr.

»*Ich wünsche mir [...], dass man keine Übergrößen mehr halt braucht in den Klamotten, damit man auch wieder normale Klamotten tragen kann [...] und auch in der Unterwäsche, dass man halt normale wieder tragen kann.*« (MD 11–13)

»*Also, ich will bis zur Konfirmation ein paar Kilos wegkriegen, weil da will man ja auch mal so ein richtig schönes Kleid anziehen.*« (MD 11–13)

*»Ich will ja jetzt nicht so eine Magersüchtige sein, aber einfach nur, dass ich mich wohler fühle und shoppen gehen kann.«* (MT 14–16)

Die Jugendlichen, insbesondere die Mädchen, unterscheiden Kleidungsstücke, die »normal« und »richtig schön« sind, und solche, die sie tragen müssen, die aber nicht gut aussehen. Die Kleidung ist für sie geordnet in normale Garderobe, die für Menschen mit Körpern entworfen ist, die als normal gelten, und Bekleidung, die speziell für sie gefertigt ist und damit unterstreicht, dass sie zu dick sind. Aus ihrer Perspektive gibt es kein Garderobenteil, das nicht entweder »dick« oder »dünn« ausdrückt. Und jedes Mal, wenn sie »*shoppen gehen*«, fühlen sie sich zuallererst als »dicke Mädchen« angesprochen – nicht wie andere Mädchen, die als Jugendliche betrachtet werden, die einem Modetrend nachgehen.

Auch bei den Erfahrungen, die dickere Jugendliche mit der Liebe machen, genügt es nicht, nur die direkten Herabwürdigungen zu berücksichtigen, um zu verstehen, was Allgegenwärtigkeit meint. Von einer besonders verletzenden unmittelbaren Konfrontation berichtet ein Junge:

*»Und sie sagen: ›Du hast Brüste wie eine Frau‹ und so was.«* (JD 14–16)

Der Vorwurf, wie eine Frau auszusehen, ist für einen Jungen in der Pubertät verunsichernd und problematisch. Solche Beleidigungen werden in den sozialen Interaktionen zwischen den dickeren und den dünneren Jugendlichen direkt kommuniziert. Die Allgegenwärtigkeit besteht für die dickeren Jugendlichen aber vor allem darin, dass für sie, weil sie dick sind, nur schwer vorstellbar ist, es könne sich jemand in sie verlieben. Falls es doch passiert, neigen sie dazu, sich zurückzuziehen, um sich keinen Verletzungen auszusetzen, die aus ihrer Sicht aufgrund ihres Körpers geradezu unausweichlich sind. So erzählt ein junges Mädchen, das sie sich entgegen ihre Gefühle nicht auf eine Beziehung mit einem Jungen eingelassen hat, um den aus ihrer Perspektive unvermeidbaren kränkenden Kommentierungen ihres Körpers zu entgehen.

*»[Ein Junge], der hat mich so gemocht, wie ich bin, und der fand das auch nicht schlimm, dass ich dick bin. Aber […] ich habe mich so scheiße, also ich habe mich wirklich so gefühlt, weil jeder hat mich wegen meinem Aussehen verstoßen. Und dann kommt auf einmal er und macht alles anders. Und dann war ich sauer auf mich selber, weil ich damit nicht umgehen konnte, weil ich gedacht habe: ›Ja, wenn wir zusammen sind‹, dann sagt er: ›Oh, bist du dick‹ oder so. Damit*

*konnte ich nicht umgehen und habe halt so getan, als würde er mich nicht interessieren, obwohl ich eigentlich auch schon länger gehofft habe.*« (MD 14–16)

Und noch ein letztes Beispiel, um zu demonstrieren, dass die Allgegenwärtigkeit der Typisierungen in »dick« und »dünn« für die dickeren Jugendlichen bedeutet, dass nahezu alles, was ihnen widerfährt oder ihnen misslingt, sich aus ihrer Sicht zuallererst daraus erklärt, dass sie zu dick sind. In der Freizeit, beispielsweise beim Schwimmen, wenn sie in die Disco möchten oder mit Freunden unterwegs sind, immer behindere sie ihr Körper dabei, ihre Wünsche zu verwirklichen. Gefragt, was er sich wünscht, antwortet ein Junge:

*»[…] dass man halt überall rein darf, zum Beispiel in die Disco oder so, oder auch nicht, wenn man zum Beispiel zu einer Clique gehören will, dass man nicht, weil man vielleicht etwas anders ist, zum Beispiel etwas dicker, [dazugehören kann]. Man weiß ja noch nicht, wie derjenige ist, man sieht halt ja nur, dass der etwas anders ist, mächtiger, und man weiß halt auch immer noch nicht, wie der ist.*« (JD 14–16)

*»Wo wir halt zum Schwimmen gegangen sind, wollte ich mich nie ausziehen, weil man dann sieht, wie fett ich bin […] Letztens sind wir schwimmen gegangen, ich habe oben aus und so, habe gleich ein Handtuch über mich gemacht, weil ich das nicht mag, ich komme damit nicht klar oder ich gehe direkt ins Wasser, dann sieht man mich auch nicht.*« (JT 11–13)

Die Allgegenwärtigkeit der Typisierungen offenbart sich für die dickeren Jugendlichen nicht nur in Vis-à-vis-Begegnungen, in Substantialisierungen, etwa bei Lebensmitteln oder Kleidung, oder in verschiedenen Lebensbereichen wie Schule und Freizeit. Die Typisierungen sind zudem in den jugendspezifischen Medien präsent, wo sie ihre Idole, Stars und Vorbilder suchen und finden. Dort werden sie jedoch häufig als »Loser« abqualifiziert oder zur Unterhaltung des Publikums vorgeführt – so bei »The Biggest Loser«, »Liebling wir bringen unsere Kinder um«, »Alexa – Ich kämpfe gegen Ihre Kilos«. Mehrheitlich handelt es sich um international erfolgreiche TV-Formate. In ihrer Studie über diese TV-Formate hat Rich gezeigt, wie durch die Verbindung von »public pedagogy« und »reality media« Abwertungen und Diskriminierungen popularisiert und legitimiert werden (Rich 2011). Die Medien spitzen die Typisierungen weiter zu und stellen die Gegensatzpaare pointiert heraus, wodurch die von den Jugendlichen erlebte gesellschaftliche Wirklichkeit mit zusätzlicher Legitimation versehen wird. Sie wird objektiv, das heißt allgemein zugänglich, und sie wird subjektiv einsichtig gemacht, indem allen – via Fernsehen – vorgeführt wird, wie man mit Dicken umgehen darf, z.B. sie bloßstellen, zum Weinen bringen oder ihre Körper dem Spott preisgeben.

Für die dickeren Jugendlichen geben diese medialen Präsentationen vor, wie sie sich zu fühlen und ihr Leben zu bewerten haben, welche Wünsche sie äußern dürfen und welche Ambitionen sie für sich behalten sollten. Als Individuen – jenseits dieser Zuschreibungen – kommen sie kaum vor. Entsprechend dominiert eine generalisierte Betrachtungs- und Sprechweise: Die Dicken sind, haben, sollten … Dies trifft insbesondere für Sendungen zu, die sich an Jugendliche richten. Gerade diese zeichnen sich durch vielfältige Thematisierungen von Körperidealen und daran geknüpfte gesellschaftliche Haltungen und Umgangsweisen aus wie »Germanys next Topmodel«. Die medial verbreitete Botschaft heißt: Erfolg und Prominenz sind schlank:

»*Es gibt gar keine dicken Stars; die sind alle so dünn.*« (MT 11–13)

Die Allgegenwärtigkeit der Unterscheidung in »dick« und »dünn« und die eindeutige Abwertung von jedem und allem, was mit »dick« assoziiert ist, hat zur Folge, dass die dickeren Jugendlichen immerfort und allerorten damit konfrontiert sind, als zu dick bewertet zu werden. Die Alltagswelt signalisiert ihnen, dass ihr Körper als Zeichen gelesen wird: als physische Objektivierung ihres Abweichens von den erstrebens- und wünschenswerten Verhaltens- und Handlungsmustern der Alltagswirklichkeit. In jeder Vis-à-vis-Situation – sprich bei jeder Begegnung, jedem Kontakt, während jeglicher Anwesenheit – ist der Körper präsent.

C: »*Weißt du, das einzige, warum du es hasst, fett zu sein, ist, dass du dich vor den anderen …*«

E: »*Schämst?*«

C: »*Ja.*« (JT 11–13)

Die Erfahrung, zu dick zu sein – das verdeutlicht der kurze Dialog zwischen zwei Jungen –, wird durch die Wahrnehmung und die Interaktionen anderer geschaffen. Diese Erfahrung umfasst jedoch mehr als das, was im Allgemeinen mit den soziologischen Konzepten der Vorurteile, der Stereotypen und der Stigmatisierung abgehandelt wird (vgl. Abschnitt 1.1). Auch die Jugendlichen aus den Gruppendiskussionen berichten von Hänseleien, Beleidigungen und Fingerzeigen, die zu ihrer Alltagswelt gehören.

*C:*»*Die lachen dann auch immer.*«

*B:*»*Ja, und beleidigen auch sofort, ne.*«

*C:*»*Also, nicht vor uns lachen sie, man merkt, dass sie hinter …*«

*D:*»*Hinter, hinter dem Rücken?*«

*B:*»*Ja.*«

*A:*»*Zum Beispiel:* ›*Haha, du Fettsack, du schaffst das nicht*‹«. (JD 14–16)

*B:*»*In einem Klub, so einem Fußballverein oder irgendwas, da sprechen die meisten hinter deinem Rücken über uns:* ›*Guck mal wie fett der ist*‹ *und so, ja, weil ich kenne das aus eigener Erfahrung.*«

*A:*»*Ich auch.*« (JD 11–13)

Diese Erlebnisse sind für die Jugendlichen dramatisch. Aber sie können sich darüber in den Gruppengesprächen austauschen und sie gegenüber anderen als verwerflich zurückweisen. Und dabei haben sie Unterstützung: In die Typisierungen der dritten Gruppe, z.b. Mobbing, Außenseiter, ist eingeschrieben, dass es gesellschaftlich als nicht akzeptabel gilt, Personen zu stigmatisieren und auszugrenzen. Die Jugendlichen zitieren Begriffe wie Stigmatisierung und soziale Ausgrenzung, um die von ihnen erlittenen Erfahrungen anzuzeigen und zu tadeln, was sich als Anzeichen von Aufbegehren und Sich-wehren deuten lässt

Die soziologischen Konzepte der Vorurteile, Stereotypen und Stigmatisierung erfassen jedoch nur jene Reaktionen, Tätigkeiten und Handlungen, bei denen dicke Personen explizit herabgewürdigt und benachteiligt werden. Diese können zwar bewusst oder unbewusst erfolgen, entscheidend ist aber, dass sie von den dickeren Jugendlichen als absichtsvolle Adressierungen erlebt werden. Mit Allgegenwärtigkeit ist aus der Perspektive der dickeren Jugendlichen gemeint, dass für sie die abwertenden Typisierungen immer präsent sind und sie diese potenziell in allem und überall wahrnehmen, und zwar unabhängig davon, was sie tun und wo sie sich befinden. Vor allem aber spüren sie diese auch, wenn sie für nicht dicke Menschen überhaupt nicht präsent sind. Die aufgezählten soziologischen Konzepte reduzieren den gesellschaftlichen Umgang mit dem Dicksein jedoch auf Reaktionen, Tätigkeiten und Handlungen, die aus der Perspektive der als »normal« behandelten Personen spürbare und sichtbare, sprich distinkte Qualität haben. Pointiert formuliert: Die Distinktion zwischen »dick« und »dünn« rekonstruieren sie aus der Perspektive des Dünnseins, das heißt aus der Perspektive dessen, was gesellschaftlich als normal betrachtet wird.

Aus der Perspektive der Dicken stellt sich die Allgegenwärtigkeit ausschließlicher und drängender dar. Diese Qualität kann man sich am besten daran vergegenwärtigen, dass die dickeren Jugendlichen keine entsprechenden Worte, Haltungen und Umgangsformen haben, die Dünnen zu bezeichnen, zu begreifen und zu behandeln. Die Folge ist: Die Jugendlichen sind gewiss, zuallererst als zu dick behandelt zu werden, und davon leiten sie die Verhaltensweisen ihnen gegenüber ab. Mehr noch, selbst wenn sie sich in Interaktionen befinden, in denen nicht auf ihren Körper reagiert oder dieser überhaupt nicht angesprochen wird, agieren sie im Allgemeinen trotzdem so, wie es von ihnen – wie sie meinen – als Dicke gesellschaftlich erwartet wird. Dies zeigt sich beispielsweise darin, dass sie stets zu den Typisierungen Stellung nehmen und sich selbst von den daran geknüpften Assoziationen distanzieren (s. Kapitel 3). Die Allgegenwärtigkeit besitzt für sie eine solche Übermacht, dass es den Jugendlichen nicht möglich ist, sie in Worte zu fassen. Nicht ohne Grund wird Hilfe bei einem Bild gesucht – »*ein Huhn auf dem Kopf*« (MD 11–13) –, um diese Erfahrung auszudrücken.

Ihre Alltagswirklichkeit ist von diesen Erlebnissen und Erfahrungen durchfärbt, weshalb die Jugendlichen sich nichts mehr wünschen, als nicht mehr zuvorderst als zu dick wahrgenommen zu werden. Sie möchten abnehmen, aber nicht, um dünn zu werden, also ihren Körper zu verändern. Vielmehr bedeutet Abnehmen für sie die Möglichkeit, als normal und nicht mehr als »anders« betrachtet zu werden (vgl. Kapitel 6).

»*Ich bin jetzt nicht irgendwie anders, nur weil ich ein bisschen mehr drauf hab.*« (MT 14–16)

»*Weil man möchte schon so sein, dass wir zu einem passen, nicht, dass wir jetzt so anders aussehen.*« (MD 11–13)

Dies verdeutlicht: Dick zu sein ist für die Jugendlichen vor allem eine soziale Erfahrung und damit viel lebensnäher und erlebnisreicher als die Gewichtsanzeige auf der Waage. Diese Erfahrung beinhaltet für sie, nicht »normal« leben zu können und keinen üblichen Lebensverlauf vor sich zu haben; Abnehmen begreifen sie als Chance, ihr Verhältnis in der und zur Gesellschaft zu verändern.

Die Typisierungen in »dick« und »dünn«, so lautete die These, die diesem Kapitel zugrunde liegt, besitzen für diejenigen, die als zu dick klassifiziert und behandelt werden, eine ähnliche Allgegenwärtigkeit wie die Unterscheidung in die zwei Geschlechter. Dinge, Praktiken, Handlungen sind für sie zuallererst danach geordnet, ob sie mit Dicksein assoziiert sind. Die Typisierung und Klassifizierung der Geschlechterdifferenz, die die »männliche Herrschaft« (Bourdieu 2005) besiegelte und bis heute bestätigt, beruht auf der Behauptung der Überlegenheit eines Geschlechts gegenüber dem anderen. Dies gilt für die Typisierung von Dick- und Dünnsein ähnlich, aber diese geht noch einen Schritt weiter. Bei dieser Typisierung wird eine Ausprägung von Körperlichkeit gesellschaftlich als Normalität und die andere als Abweichung begriffen.

Abgesehen davon überwiegen die homologen Gemeinsamkeiten. Wie die Geschlechterunterscheidung ist die Oppositionsbestimmung in »dick« oder »dünn« Ergebnis von Machtdifferenzen, woraus sich erklärt, dass Auf- und Abwertungen an sie geknüpft sind. Und ebenso wie bei der Geschlechterdifferenz beziehen sich diese nicht nur auf den Körper, sondern weiten sich in die meisten Bereiche und Dimensionen des Lebens aus und bedingen damit die Allgegenwärtigkeit dieser wertenden Unterscheidung. Auf diese Weise findet eine gesellschaftliche Objektivierung von Dicksein als Abweichung statt, und diese wird zur allumfassenden gesellschaftlichen Wirklichkeit. In dem nachfolgenden Kapitel wird deshalb zunächst analysiert, wie die Typisierung von Dicksein mit Prozessen der sozialstrukturellen Positionierung verknüpft ist, anschließend, wie diese in die grundlegenden Prinzipien der gesellschaftlichen Ordnung eingelassen ist.

# 3. Zu dick – wie eine soziale Klasse

Dicksein ist eng mit sozialer Ungleichheit assoziiert, und zwar mit verschiedenen Strukturprinzipien. Damit tritt der Körper neben die typischen Strukturprinzipien wie soziale Klasse, Ethnizität oder auch Geschlecht.[36] Die bereits angeschnittene Frage, ob ein dicker Körper Ursache oder Wirkung sozialer Benachteiligungen ist, drängt an dieser Stelle nach Beantwortung, weil hier die Erfahrung sozialer Ungleichheiten im Zentrum steht. Für beide Antworten gibt es überzeugende Argumente: Wer aufgrund seiner sozialstrukturellen Position über wenig Ressourcen verfügt, kann sich nicht gesund ernähren, teure Sportaktivitäten ausüben etc., weshalb die Wahrscheinlichkeit steigt, dick zu werden. Man kann auch andersherum argumentieren: Wer als zu dick wahrgenommen wird, hat verminderte soziale Chancen – beispielsweise in der Schule und im Erwerbsleben –, weshalb er besonders von sozialen Benachteiligungen betroffen ist. Die Frage nach Ursache oder Wirkung lässt sich vermutlich weder theoretisch noch empirisch eindeutig klären. Für die Ungleichheitssoziologie stellt dies kein Problem dar – im Gegenteil. Nach der kausalen Richtung zu fragen setzt eine Annahme voraus, die zu hinterfragen ist. Diese besteht darin, dass der Körper nicht in die Reihe der anderen als machtvoll betrachteten Strukturprinzipien wie Klasse oder Geschlecht aufzunehmen ist. Vielmehr wird der Körper diesen gegenübergestellt, woraus folgt, dass er *entweder* als Ursache *oder* als Wirkung gedacht wird.

Für die anderen Strukturprinzipien – insbesondere soziale Klasse, Ethnizität und Geschlecht – ist als charakteristisch anerkannt, dass sie sowohl sozial strukturiert sind als auch sozial strukturierende Eigenschaften besitzen. Sozial strukturiert sind sie vor allem deshalb, weil sie Folgen für die Ausstattung mit materiellen wie immateriellen Ressourcen haben, und sozial strukturierend wirken sie, weil aus ihnen weitere soziale Benachteiligungen

---

36 Siehe dazu die Darstellung des Forschungsstands in Kapitel 1.

und Bevorzugungen resultieren können. Für das Geschlecht als Strukturprinzip bedeutet dies beispielsweise, dass mit dem Geschlecht soziale Bevorzugungen oder Benachteiligungen verknüpft sind, woraus sozial strukturier-
te Geschlechterlagen, angelehnt an den Begriff der Klassenlage, entstehen.
Das Strukturprinzip Geschlecht umfasst aber auch das sogenannte »doing
gender«, also die soziale Konstruktion von Geschlechtern durch Praktiken,
Wahrnehmungs- und Bewertungsmuster, an die sich soziale Benachteiligungen oder Bevorzugungen anschließen.

Die Frage, ob ein dicker Körper Ursache oder Wirkung sozialer Ungleichheiten ist, unterstellt im Gegensatz dazu, dass sich beim Körper jeweils
die Wirkungsrichtung sozialer Ungleichheiten identifizieren lässt und diese
die andere dominiert. Dies bedeutet, dass der Körper nicht als gleichermaßen und gleichzeitig sozial strukturiert und strukturierend erachtet wird. Im
Unterschied dazu wird hier der Körper in eine Reihe mit den anderen Strukturprinzipien gestellt und als Ergebnis sowie als Erzeuger sozialer Ungleichheiten betrachtet. In der im ersten Kapitel entwickelten begrifflichen Unterscheidung in Verkörperlichung als sozialer Strukturierung des Körpers und
Verkörperung als sozial strukturierende Eigenschaften des Körpers ist dies
bereits angelegt. Folglich soll der Körper – wie bei Winker/Degele (2009)
in ihrer Konzeption von Intersektionalität – als ein zentrales Strukturprinzip
sozialer Ungleichheiten neben Klasse, Geschlecht und Ethnizität konzipiert
werden.

Nach dieser ungleichheitstheoretischen Begründung, warum der Körper
hier als Strukturprinzip angelegt wird, sollen einige Erläuterungen folgen,
weshalb er in der sozialen Praxis nicht gleichermaßen als strukturiert und
strukturierend begutachtet wird. Mit Geschlecht und Ethnizität hat der
Körper gemeinsam, dass diese oft »biologisiert« bzw. »naturalisiert« werden.
Die aus und durch diese zwei Strukturprinzipien resultierenden sozialen Ungleichheiten werden dann nicht als sozial hergestellt, sondern als natürlich
und selbstredend angesehen und stehen damit außerhalb gesellschaftlicher
Legitimationserfordernisse. Für moderne Gegenwartsgesellschaften trifft
dies seltener und nicht mehr unhinterfragt zu, was sich daran ablesen lässt,
dass offensichtliche Ungleichheiten zwischen den Geschlechtern und zwischen ethnischen Gruppen nach gesellschaftlicher Rechtfertigung verlangen.
Beim (dicken) Körper als Strukturprinzip gilt dies offenbar nicht. Diskriminierungen und Benachteiligungen, die sich an Dicksein anschließen,
sind gesellschaftlich oftmals akzeptiert (vgl. Abschnitt 1.2; Brewis et al. 2011).
Und da ein dicker Körper nicht als naturgegeben, sondern als Ergebnis per-

sönlichen Verhaltens und Handelns interpretiert wird, ergibt sich daraus, dass die damit verquickten Benachteiligungen nicht oder nur bedingt als gesellschaftlich rechtfertigungsbedürftig gelten. Ungleichheitssoziologisch bedeutet dies: Mit Dicksein geht eine soziale Positionierung einher, und darin realisiert sich ein bestimmtes gesellschaftliches Verhältnis – eine soziale Benachteiligungslage. Für die gesellschaftliche Wahrnehmung und Umgangsweise ist dagegen charakteristisch, dass Dicksein weniger als soziales denn als persönliches Phänomen behandelt wird. Dies erklärt auch den Widerspruch, dass, obwohl in der Prävention die gesellschaftliche Genese von Dicksein anerkannt ist, die »Therapien« den Einzelnen und seine Familie behandeln (vgl. Kapitel 5). Empirisch dokumentiert sich dies darin, dass als Gründe für Dicksein vorwiegend mangelnde Selbstkontrolle und zu geringe Eigenverantwortlichkeit benannt werden und auf diese Ursachen abgestimmte gesellschaftliche Umgangsweisen vorherrschen. Mit anderen Worten: Gesellschaftlich wird der Körper – jedenfalls bei der Differenz von dickeren und dünnen Körpern – selten als Strukturprinzip aufgefasst.

Aus der Perspektive der Ungleichheitssoziologie irritiert dies, weil der Körper – wie im Einführungskapitel skizziert – in der Geschichte durchgehend und zweifelsfrei als Ergebnis und Ausdruck sozialer Ungleichheiten angesehen wurde. Körpergröße und -umfang, aber auch die Lebenserwartung repräsentierten sichtbare und leicht erschließbare Merkmale sozialer Ungleichheiten – Verkörperlichungen von Macht und sozialem Status. Mit dem veränderten gesellschaftlichen Gebrauch des Körpers beim Übergang von der Industrie- zur Wissens- und Dienstleistungsgesellschaft, dem Wandel des Verhältnisses zwischen dem äußeren und dem inneren Körper, der sich gesellschaftlich durchsetzenden Auffassung, dass der Körper kein »sozialstrukturelles Schicksal«, sondern persönlich zu verantworten sei (vgl. Abschnitt 1.2), war verbunden, dass er ungleichheitssoziologisch zunehmend als Ergebnis von Lebensstilpräferenzen analysiert wurde. Die sozialstrukturellen Wechselwirkungen zwischen dem Körper und der sozialen Klasse traten dagegen in den Hintergrund. Hier sollen sie im Mittelpunkt stehen.

## 3.1 Theoretische Konzeption: Intersektionalität und relationale Analyse

Aus vielen Studien ist bekannt, dass soziale Klasse, Ethniziät, Geschlecht und die Wahrscheinlichkeit, dick zu sein oder zu werden, auf vielfältige Weise miteinander korrelieren. Ganz generell lässt sich sagen: Je höher das Ausmaß der Benachteiligung, umso größer ist der Anteil dickerer Menschen. Häufig treffen Benachteiligungen durch soziale Klasse, Ethnizität, Geschlecht und Körper zusammen, überlappen und verstärken sich gegenseitig. Die verschiedenen Strukturprinzipien bilden dann ein Geflecht von Benachteiligungen, bei dem es nicht möglich ist und auch nicht der sozialen Wirklichkeit entsprechen würde, eines herauszulösen und für sich allein zu analysieren. Vielmehr sind die Überlappungen und gegenseitigen Verstärkungen angemessen zu gewichten, weil nur so die Dynamik der sozialen Ungleichheiten nachvollzogen werden kann. Genau damit befassen sich die Theorien der Intersektionalität. Im Allgemeinen konzentrieren sie sich auf Verflechtungen und Überlappungen des »klassischen Trios«: Klasse, Ethnizität (Rasse) und Geschlecht (z.B. Klinger et al. 2007). Winker/Degele (2009) beziehen jedoch den Körper als gleichgewichtiges Strukturprinzip mit ein, weshalb ich auf ihre Ausarbeitung zurückgreife. Die ungleichheitsgenerierenden Wirkungen der miteinander verwobenen Strukturprinzipien können nicht einfach mittels Addition der einzelnen Effekte bestimmt werden. Sie können sich – wie erwähnt – gegenseitig verschärfen oder auch abschwächen. Vergegenwärtigen wir uns dies exemplarisch. Um die Ungleichheiten von Menschen zu bestimmen, die mit den begrenzten materiellen Ressourcen einer unteren sozialen Klasse oder Schicht zurechtkommen müssen, die weiterhin mit kulturellen Abwertungen aufgrund ihrer ethnischen Herkunft konfrontiert sind und die zudem als dick wahrgenommen werden, genügt es nicht, die Beeinträchtigungen einfach zu summieren. Nach allem, was wir wissen, wirkt Dicksein hier verstärkend. Betrachtet man dagegen einen männlichen dicken Körper im Kontext einer privilegierten sozialen Klasse, dann wird das Dicksein – zumindest im Erwachsenenalter – vermutlich nur wenige benachteiligende Folgen haben.

Bei der Intersektionalität kommt etwas Weiteres hinzu. Die Strukturprinzipien können in ein hierarchisches Verhältnis zueinander treten. Dafür hat Thomas Schwinn den Begriff »Kompensationslogik« eingeführt. Darunter versteht er, dass »verschiedene Ungleichheitsdimensionen nach einer übergeordneten Vergleichseinheit verrechnet werden können« (Schwinn

2007: 282). Als Beispiel nennt er, dass »die Zugehörigkeit zur privilegierten deutschen Ethnie« einen »besseren ökonomischen Status« von Personen türkischer Herkunft »kompensieren« kann (ebd.). Wie solche Kompensationen ablaufen, dazu äußert er sich nicht. Um dies zu verstehen, ist zu beachten, dass aus dem Zusammenwirken der Strukturprinzipien einerseits Legierungen spezifischer Ungleichheitslagen erwachsen und andererseits – und hier kommt die »Kompensationslogik« ins Spiel – die Bedeutsamkeit der Strukturprinzipien bei den spezifischen Ungleichheitslagen gesellschaftlich unterschiedlich gewichtet wird.

So wirkt sich Dicksein je nach sozialer Klasse verschieden aus. In unteren sozialen Klassen wird es in der sozialen Praxis als Verkörperlichung und Verkörperung der sozialstrukturellen Position interpretiert und als Beleg für geringe Selbstkontrolle und Eigenverantwortlichkeit gedeutet. In höheren sozialen Klassen steigt dagegen die Wahrscheinlichkeit, darin eine persönliche Vorliebe für gutes Essen zu erblicken und dies möglicherweise sogar als eine Spielart kulturellen Kapitals auszulegen. An die ungleichen Bewertungen des gleichen Merkmals knüpfen sich weitere soziale Benachteiligungen bzw. Bevorzugungen. Kommt die ethnische Herkunft als weiteres Strukturprinzip hinzu, dann ist in der sozialen Praxis zu beobachten, dass die ethnische Herkunft als vorrangig gewichtet wird, während die soziale Klasse im Vergleich dazu als eher unbedeutend gilt. Dicksein wird so zu einem ethnischen Phänomen, kurz: Es wird ethnisiert. Ähnliches lässt sich studieren, wenn soziale Klasse, Geschlecht und Körper zusammentreffen. In diesem Fall erfolgen Prozesse der Vergeschlechtlichung von Dicksein sowie dessen Klassifizierung als Klassenphänomen.

Die Theorien der Intersektionalität analysieren somit die Ausstattung mit materiellen wie mit immateriellen Ressourcen und die Art und Weise, wie diese für Prozesse der sozialen Positionierung genutzt werden können, also die Strukturiertheit sozialer Ungleichheiten. Sie betrachten ebenfalls die gesellschaftlichen Wahrnehmungen, Bewertungen und Repräsentationen sozialer Ungleichheiten, die sozial strukturierende Eigenschaften besitzen (vgl. Barlösius 2005). Winker/Degele (2009) unterscheiden drei Ebenen. Die erste Ebene bildet die der Sozialstrukturen, inklusive der Institutionen und Organisationen. Die zweite Ebene beschäftigt sich mit Prozessen der Identitätsbildung und ist dementsprechend auf der Mikroebene angesiedelt. Auf der dritten Ebene befinden sich die symbolischen Repräsentationen, wozu beispielsweise Legitimationen, Normenbildungsprozesse und Ideologien gehören.

Im Rahmen dieser Studie können nicht alle drei Ebenen gleichermaßen berücksichtigt werden, zumal die Ebene der symbolischen Repräsentationen nicht nur soziale Ungleichheiten, sondern auch die gesellschaftliche Ordnung mit Rechtfertigungen und Legitimationen versorgt. Für die Ebene der Strukturen wird in diesem Kapitel untersucht, welche sozialstrukturelle Position die Jugendlichen innehaben, wie sie die Prozesse ihrer sozialstrukturellen Positionierung erfahren, wahrnehmen und bewerten. Für die Ebene der Identitätsbildung soll ihre subjektive Wirklichkeit – konkret: wie sie ihren gegenwärtigen und zukünftigen Lebenslauf deuten und entwerfen – rekonstruiert werden (Kapitel 6). Ein erster Schritt zur Analyse kultureller Symbole wurde bereits anhand der Typisierungen von Dicksein begonnen (Kapitel 2). In Kapitel 4 werde ich auf diese Ebene nochmals zurückkommen, allerdings nicht mit Blick auf soziale Ungleichheiten, sondern auf die »Legitimationen der gesellschaftlichen Ordnung«.

Zur Erinnerung, die Grundthese der gesamten Studie lautet: Dicksein ist zuallererst eine gesellschaftliche Erfahrung, die durch soziale Interaktionen sowie die physische Welt vermittelt wird. Bei der begrifflich-theoretischen Konzeption wie bei der empirischen Erhebung wurde deshalb so weit wie möglich auf substanzielle Erfassungen von Dicksein wie Gewichtsmessungen und objektivierende Maßstäbe wie den Body Mass Index (BMI) verzichtet. Vielmehr ist es das Anliegen der Studie, immer wieder darzulegen, dass es sich beim Erfassen wie Feststellen von Dicksein um ein relationales Geschehen und damit um wechselseitige Bestimmungen handelt. Die Typisierungen von Dicksein – das war Gegenstand des vorangegangenen Kapitels – verweisen immer auch auf die von Dünnsein und, darin enthalten, auf das, was als normal gesetzt ist. Um dies in den Blick zu bekommen, ist eine relationale Analyse erforderlich, insbesondere auch, um das mit dem Dicksein assoziierte Ungleichheitsgeschehen untersuchen zu können. Ansonsten kann nicht nachgezeichnet werden, wie die dickeren Jugendlichen die Prozesse der sozialstrukturellen Positionierung erleben, wie sie dazu Stellung nehmen und sich selbst positionieren. Würde man sich darauf beschränken, ihre soziale Position rein substanziell zu bestimmen, insbesondere über die Ausstattung mit materiellen und immateriellen Ressourcen, dann blieben ihre ungleichheitsrelevanten Erfahrungen und Reaktionen weitgehend außen vor. Ihr gesellschaftliches Verhältnis, so wie es sich aus ihrer Perspektive darstellt, könnte dann nicht geschildert werden.

Pierre Bourdieu hat, auch wenn dies von der (deutschen) Ungleichheitssoziologie oftmals übersehen wurde, immer wieder auf eine seiner Grundüberzeugungen aufmerksam gemacht. Sie heißt: Das »Reale ist relational und die Soziologie muß aus diesem Grund relational denken« (Bourdieu 1998: 15; Bourdieu/Wacquant 1996: 262). Die soziale Welt, das steht hinter dieser Aussage, wird von den Menschen durch wechselseitige Klassifikationen und Klassifizierungen geschaffen. Wie dies geschieht, haben wir für die Typisierungen, die bei Bourdieu stets den Charakter von Klassifikationen und Klassifizierungen haben, gesehen. Speziell für soziale Ungleichheiten gilt, dass die sozialen Positionen »durch die gegenseitige Exklusion oder Distinktion« (Bourdieu 2001: 172) zugewiesen werden und genau dadurch die unterschiedlichen sozialen Positionen definiert sind. Aus den Exklusionen und Distinktionen – allgemeiner formuliert: den wechselseitigen Positionsbestimmungen – entsteht der soziale Raum und damit das Gesamtgefüge der sozialen Klassen. Um die Exklusionen und Distinktionen erkennen zu können, sind die sozialen Praxisformen, mit denen Unterschiede hergestellt und in distinkte Zeichen transformiert werden, zu untersuchen. Dabei ist darauf zu achten, welche Praxisformen mit symbolischer Macht ausgestattet sind, weil sich mit diesen ungleichheitsgenerierende wie -legitimierende Unterschiede verknüpfen. Mit anderen Worten: Die Distinktionen und Exklusionen erhalten Benennungs- und Repräsentationsmacht, werden quasi offiziell.

Für die soziale Klasse impliziert eine relationale Konzeption, zuallererst beim soziologischen Gebrauch des Begriffs anzuerkennen, dass er Produkt sozialer Kämpfe um Ungleichheiten und Ungerechtigkeiten ist und diese Geschichte stets transportiert. Werden soziale Klassen bestimmt, dann wird diese kämpferische Vergangenheit immer mit angesprochen. Insofern sind Diskussionen darüber, ob und wie die Soziologie »den Begriff der sozialen Klasse« einsetzen soll, immer »politischer Natur« – so Bourdieu (2013: 113). Die feste Assoziation von sozialer Klasse und sozialem Kampf macht es schwer, das soziologische Anliegen zu verwirklichen, eben nicht auf vorgefertigten Annahmen über die soziale Welt aufzubauen. Andererseits ist der Begriff der sozialen Klasse per se relational angelegt, weil er ein gesellschaftliches Verhältnis angibt, indem er den »Platz innerhalb einer Ordnung« im Verhältnis zu anderen Plätzen bestimmt (Bourdieu 2001: 169). Diese relationale Lokalisierung gibt den Standort an, den die »individuellen Mitglieder« einnehmen und von dem aus sie die soziale Welt erfahren und wahrnehmen: Es ist ihr *relationaler* Standort innerhalb des Klassengefüges.

Selbstverständlich bezieht Pierre Bourdieu substanzielle Unterschiede, etwa die ungleiche Ausstattung mit materiellen und immateriellen Ressourcen, sprich die Kapitalausstattung, in seine Analyse der Klassenbeziehungen mit ein. Die Kapitalzusammensetzung, z.b. eine Kombination aus ökonomischem und Variationen kulturellen Kapitals, dient ihm dazu, »objektive«, »theoretisch« hergeleitete soziale Klassen zu identifizieren (Bourdieu 2013: 114). Um zu verstehen, über welche Ressourcen die Einzelnen wie soziale Gruppen überhaupt verfügen, um soziale Distinktionen und Exklusionen vornehmen zu können, ist eine substanzielle Analyse unerlässlich. Allerdings können nach Bourdieu »reale« soziale Klassen nur durch eine relationale Analyse erkannt werden.

Legt man diese Konzeption sozialer Klasse zugrunde, dann folgt daraus für die Operationalisierung, dass es nicht ausreicht, die soziale Position der dickeren Jugendlichen substanziell, sprich »objektiv« zu bestimmen, weshalb sich eine relationale Analyse anzuschließen hat. Dazu ist zu prüfen, ob die von uns befragten dickeren Jugendlichen Distinktionen und Exklusionen ausgesetzt sind, die strukturell homolog zu jenen sind, mit denen soziale Klassen geschaffen werden. Vor allem aber sind die ungleichheitsrelevanten Erfahrungen der Jugendlichen und ihre Reaktionen darauf zu analysieren. Daraus kann geschlossen werden, ob die interviewten Jugendlichen die soziale Erfahrung machen, wie eine Klasse behandelt zu werden, also in der sozialen Praxis als Klasse zu gelten. Gruppendiskussionen eignen sich zur Beantwortung dieser Fragen in besonderer Weise, weil dort ein Gespräch über die Erlebnisse und Sichtweisen von sozialer Ungleichheit angeregt werden kann. Die Art und Weise, wie die Ungleichheitserfahrungen gedeutet werden, kann als relationale Schilderung aufgefasst werden.

Bei der substanziellen Positionierung stellt sich das Problem, dass Jugendliche weder eigenes Einkommen noch bereits einen Bildungsabschluss haben oder schon erwerbstätig sind. Ihre gegenwärtige soziale Position wie die der näheren Zukunft ist von der ihrer Eltern abhängig. Der Kurzfragebogen, der nach der Gruppendiskussion an die jugendlichen Teilnehmer verteilt wurde, beinhaltete Fragen zur Ausstattung der Eltern mit materiellen wie immateriellen Ressourcen. Er war so aufgebaut, dass sich daraus grob die sogenannte »meritokratische Triade« von Bildung, Beruf und Einkommen rekonstruieren lässt, worauf die »Ungleichheitshierarchie« im Wesentlichen fußt. So wurde nach dem Bildungsabschluss und der Erwerbstätigkeit der Eltern gefragt, weiterhin gab es einige Fragen, aus denen sich eventuelle finanzielle Knappheiten errechnen lassen. Die Jugendlichen wurden in sozialräumlich benachteiligten Stadtteilen rekrutiert, auch daraus können Aussagen über ihre soziale Lage hergeleitet werden.

Viel bedeutsamer für eine sozialstrukturelle Positionierung der Jugendlichen ist jedoch, die familialen Sozialisationsbedingungen zu erschließen. Es gehört zum soziologischen Grundkonsens, dass »eine familiale Sozialisation in einer Unterschichtenfamilie oder einer ethnischen Minderheitenfamilie keine guten Voraussetzungen [bietet], erfolgreich in Bezug auf die meritokratische Triade zu sein« (Schwinn 2007: 273). Diese Überzeugung rekurriert auf die substanzielle Ausstattung und legt eine geradezu materialistische Determinierung der Sozialisationsbedingungen nahe. In Abgrenzung dazu wird hier analysiert, wie sich die Eltern selbst sozialstrukturell positionieren, wie sie auf Distinktionen und Exklusionen reagieren und zu ihnen Stellung nehmen. Aus einer solchen relationalen Analyse kann indirekt erschlossen werden, welche sozialen Chancen und Grenzen den Jugendlichen durch ihre Eltern vermittelt werden, und dies bestimmt wesentlich ihre Sozialisationsbedingungen.

Am wichtigsten ist jedoch, zu untersuchen, wodurch die Jugendlichen ihre soziale Position bestimmt sehen. Drei Fragen stehen dabei im Vordergrund. (1) Welche Einstellung haben die dickeren Jugendlichen zur meritokratischen Triade, insbesondere zu dem darin verankerten Leistungsprinzip? (2) Welche sozialstrukturellen Erfahrungen machen sie in den für sie zentralen sozialen Institutionen wie der Schule, aber auch in der Familie? (3) Erleben sie den gesellschaftlichen Umgang mit ihnen ähnlich wie den mit einer sozialen Klasse? Dies würde bedeuten, dass sie ihr gesellschaftliches Verhältnis vorwiegend durch ihren Körper festgelegt sehen und dass das Leistungsprinzip für sie unterlaufen wird.

## 3.2 »Objektive« soziale Klasse

Auf den folgenden Seiten werden die sozialstrukturell relevanten Angaben aus den Kurzfragebögen ausgewertet. Da die forschungspraktische Funktion des Bogens darin bestand, zu überprüfen, ob die Jugendlichen, wie intendiert, aus sozial benachteiligten Verhältnissen stammten, wäre es unangemessen, eine quantifizierende sozialstrukturelle Auswertung vorzunehmen. Entsprechend wird hier weitgehend auf Prozentangaben verzichtet. Zwischen Jugendlichen deutscher und türkischer Herkunft – wobei es sich, wie bereits ausgeführt, um Selbstklassifizierungen handelt – unterscheide ich nur, wenn tatsächlich Unterschiede zu beobachten sind. Gleiches gilt für

Mädchen und Jungen. Auf diese Weise soll vermieden werden, Differenzen zu konstruieren, wo in der sozialen Praxis keine oder nur minimale Unterschiede bestehen, die nicht von empirischer Relevanz sind.

Die Jugendlichen wurden überwiegend sozial-räumlich über Schulen rekrutiert.[37] Die Rekrutierung erfolgte in vier Hannoveraner Stadtteilen: Vahrenheide, Vahrenwald, Ricklingen und Limmer.[38] Laut Sozialbericht der Stadt Hannover (2008) weisen diese Quartiere eine überdurchschnittliche Quote an Transferleistungen zur Sicherung des Lebensunterhalts auf und haben eine hohe Arbeitslosigkeitsrate. Es gibt in diesen Vierteln eine besonders hohe Quote an Wohnungen mit städtischem Belegungsrecht (Landeshauptstadt Hannover 2008: 54 und 84). Der Anteil der Personen, die in Armut leben, ist in diesen Stadtteilen vergleichsweise groß, insbesondere der von Kindern. Ungefähr ein Drittel der Bevölkerung lebt in Einkommensarmut, der Anteil der Personen, die Transferleistungen zur Lebenssicherung (Hartz IV) erhalten, liegt bei 20–35 Prozent (ebd.: 54). Bei Kindern ist die Einkommensarmut noch höher, von ihnen beziehen ca. 25–50 Prozent Leistungen nach Hartz IV (ebd.: 55).

Kommen wir nun zum sozio-ökonomischen Status der Eltern. Dabei ist zu bedenken, dass dieser aus den Angaben der Jugendlichen erschlossen wurde, die eventuell nicht ganz korrekt sind, weil sie es nicht besser wussten oder – was nicht ungewöhnlich ist – sie die substanzielle Ausstattung ihrer Familie wie sozial erwünscht präsentierten. Nach den Angaben der sich als deutsch klassifizierenden Jugendlichen hat ungefähr die Hälfte der Eltern als Schulabschluss das Abitur, was jedoch nicht zu den von den Jugendlichen notierten Erwerbstätigkeiten passt. Dies ist gewiss erklärungsbedürftig, wobei verschiedenste Ursachen in Betracht kommen. Vielleicht stimmt die Angabe, und die Eltern weisen eine Statusinkonsistenz bei Bildungsabschluss und Erwerbstätigkeit auf, was ganz unterschiedliche Gründe haben kann. Oder der Bildungsabschluss ist nicht korrekt angegeben, entspricht jedoch den Wünschen der Jugendlichen. Wie später dargestellt wird (Kapitel 6), möchte die überwiegende Mehrheit der Jugendlichen – beinahe alle – ein Abitur

---

37 Einige wenige Jugendliche wurden in Therapiemaßnahmen gegen Übergewicht angesprochen.

38 Die offiziellen Stadtteile sind Vahrenheide-Bothfeld, Vahrenwald-List, Ricklingen und Linden-Limmer. Wie man aus den drei Doppelnamen leicht ersehen kann, handelt es sich um Zusammenlegungen, teilweise von einem »reichen« und einem »armen« Quartier. Wir haben bei der Rekrutierung darauf geachtet, Schulen aufzusuchen, die vorwiegend Schülerinnen und Schüler der »ärmeren« Viertel unterrichten.

ablegen. Bei den türkischen Eltern bestehen große Unterschiede zwischen dem Bildungsabschluss der Mütter und der Väter. Die Mütter haben oftmals keinen Schulabschluss, während die meisten Väter einen Haupt- oder Realschulabschluss haben.

Bei der Erwerbstätigkeit der Eltern ist aufschlussreich, dass etwa die Hälfte der Mütter berufstätig ist, allerdings mit einem starken Übergewicht bei den deutschen Frauen. Schaut man auf die konkreten Tätigkeitsangaben, dann reicht das Spektrum von Reinigungskräften (überwiegend türkische Mütter) über Verkäuferin und Kassiererin bis hin zu einfachen Bürotätigkeiten und der Arbeit in Kindertagesstätten. Es handelt sich mehrheitlich nicht um Ausbildungsberufe, die meisten Frauen üben Anlerntätigkeiten aus. Von den Vätern sind zwei Drittel erwerbstätig. Sie gehen vorwiegend angelernten Tätigkeiten, beispielsweise als Hausmeister und Taxifahrer, oder handwerklichen Berufen wie Bäcker und Maurer nach.

Um ein ungefähres Bild von der finanziellen Ausstattung der Familien zu erhalten, haben wir die Jugendlichen gefragt, ob am Ende des Monats das Geld knapp wird und ob sie ein eigenes Zimmer haben. Die erste Frage haben – wie zu erwarten – nicht alle beantwortet. Die Hälfte der Jugendlichen gab darüber Auskunft, davon hat ein Drittel notiert, dass das Geld knapp wäre. Die zweite Frage wurde von allen Jugendlichen beantwortet. Die Mehrheit der türkischen Jugendlichen teilen sich ihr Zimmer mit einem Geschwister, die deutschen Jugendlichen dagegen nur sehr selten. Dies scheint vorwiegend darin begründet zu sein, dass die meisten türkischen Jugendlichen unserer Gruppendiskussionen mit drei bis vier Geschwistern aufwachsen, während die deutschen Teilnehmerinnen und Teilnehmer zwischen zwei und drei Geschwister haben.

Die Jugendlichen lebten überwiegend mit Geschwistern zusammen, viele in relativ großen Familienhaushalten, wenn man dies mit den repräsentativen Angaben des Statistischen Bundesamts vergleicht.[39] Nur sechs der 60 Jugendlichen aus unserem Sample waren Einzelkinder. Die meisten hatten somit Geschwistererfahrungen. Aus der Literatur ist bekannt, dass die dickeren oftmals von den dünneren Geschwistern beschimpft werden, zu dick zu sein, und sie von ihnen gemaßregelt werden, weniger zu essen und sich mehr zu bewegen (vgl. Kapitel 1; Barlösius/von Garmissen 2011). Die Mehrheit der

---

39 So leben laut Statistischem Bundesamt in Familienhaushaushalten mit Migrationshintergrund zu 47 Prozent ein Kind, zu 38 Prozent zwei Kinder und zu 15 Prozent drei Kinder, in den Familienhaushalten ohne Migrationshintergrund leben zu 55 Prozent ein Kind, 36 Prozent zwei Kinder und zu 9 Prozent drei Kinder (Statistisches Bundesamt 2012).

deutschen Jugendlichen lebte mit beiden Elternteilen zusammen, ein Viertel nur mit der Mutter, die restlichen Jugendlichen mit ihrer Mutter und deren Partner, bei ihrer Oma oder ihrem Vater. Bei den türkischen Jugendlichen lebten fast alle mit ihren Eltern zusammen. Die meisten Jugendlichen unseres Samples besuchten die Gesamtschule und dort die Zweige der Haupt- und einige wenige der Realschule. Beinahe jeder zweite Jugendliche war auf einer Förderschule.

Auch ohne quantifizierende Analyse und sozialstatistische Zuordnung zu sozialen Klassen genügen diese wenigen sozio-demografischen Angaben, um einen Eindruck darüber zu gewinnen, welche sozialstrukturelle Position die Jugendlichen – vermittelt über ihre Eltern – innehaben. Man mag darüber streiten, welcher sozialen Klasse sie zugehören. Vermutlich würden sich die Eltern und die Jugendlichen selbst der unteren Mittelschicht zugehörig sehen. Berücksichtigt man dagegen nur die materielle und immaterielle Ausstattung, dann scheint in vielen Fällen eine tiefere sozialstrukturelle Positionierung angemessener.

## 3.3 Gemeinsam essen – relational betrachtet

Am Beispiel, wie die Eltern und die Jugendlichen während der Gruppendiskussionen über Familienmahlzeiten gesprochen haben, soll veranschaulicht werden, weshalb eine relationale Analyse unerlässlich ist, um zu verstehen, wie die Jugendlichen soziale Ungleichheiten erfahren und welchen Platz in der Sozialstruktur sie für sich beanspruchen. Weiterhin soll demonstriert werden, dass die Schilderungen vorwiegend als Stellungnahmen zu und Auseinandersetzungen mit den gesellschaftlichen Exklusionen und Distinktionen zu begreifen sind. Die relationale Analyse fußt aber auch auf einer methodischen Überlegung. Gruppendiskussionen eignen sich bei sozial umkämpften Themen wie soziale Ungleichheiten und Ungerechtigkeiten oder den Gründen und Verantwortlichkeiten für Dicksein kaum dazu, die realen Praxisformen zu rekonstruieren. Beispielsweise sind Fragen, wie oft in den Familien gekocht wird, ob gemeinsam an einem Tisch gegessen und ob bei den Mahlzeiten auf Regeln geachtet wird, so durchdringend sozial normiert, dass die meisten Antworten als Stellungnahmen oder Rechtfertigungen zu erfahrenen oder vermuteten Distinktionen zu interpretieren sind.

Die Mahlzeit bietet sich zur Veranschaulichung an, schließlich ist ihr originärer Zweck die Nahrungsaufnahme, womit Dicksein mittelbar angesprochen ist. Darüber hinaus aber handelt es sich um eine universelle soziale Institution mit einem hohen Grad an sozialer Verbindlichkeit. Die Mahlzeit als Institution ist dadurch bestimmt, dass nicht allein, sondern gemeinsam und auch nicht mit beliebigen Personen, am gleichen Ort und zur gleichen Zeit gegessen wird. Zu ihr gehört weiterhin ein Set spezifischer Verhaltens- und Handlungsregeln. Kaum eine andere Institution symbolisiert in ähnlicher Weise Gemeinschaft, Zugehörigkeit und Anerkennung. Umgekehrt stehen ihr Verlust und Verfall für Einsamkeit, Ausgrenzung und geringe Wertschätzung, weshalb ein Rückgang der Anzahl gemeinsamer Mahlzeiten oder ihre Verkürzung auf bloße Nahrungsaufnahme als deutliches Anzeichen für schwindende Sozialität interpretiert werden (Barlösius 2011b: 172–201).

Dies gilt in besonderer Weise für die Gemeinschaftlichkeit der Familie: Ihr Urbild ist die Gemeinschaft bei Tisch. Nach Jean-Claude Kaufmann wurde die Mahlzeit in der bürgerlichen Gesellschaft des 19. Jahrhunderts »zum Sinnbild für die Familie als treibende Kraft der sozialen Ordnung« (Kaufmann 2006: 99). Dementsprechend musste »unter dem Druck der Gesellschaft […] die Familie geschaffen und die Ordnung festgelegt werden, und dies mithilfe der Mahlzeiten« (ebd.). Daraus begründet sich, dass die »Mahlzeit als Bollwerk gegen die Auflösung der Familie« beschworen wird (ebd.: 102). Familienmahlzeiten werden mit gelungener familiärer und sozialer Integration gleichgesetzt. Finden zuhause nur selten oder gar keine gemeinsamen Mahlzeiten statt, dann wird dies als untrügliches Indiz für familiale Desintegration interpretiert.

In vielen zeitdiagnostischen Kommentaren, aber auch in manchen fachwissenschaftlichen Darstellungen ist der Befund zu finden, dass die Familienmahlzeit kaum mehr stattfände, manche Familien nicht einmal einen Esstisch hätten.[40] Mehrheitlich verfassen sie einen vernichtenden Zustandsbericht über die Familie: Statt sich gemeinsam bei Tisch zu versammeln, sei zunehmend zu beobachten, dass die Familienmitglieder »ihren Appetit asynchron, mittels Griff in den Kühlschrank stillen und dabei allenfalls zufällig vor dem Fernsehgerät zusammenkommen« (Lincke 2007: 11). Auch wenn dies selten ausgesprochen wird, diese Dramatisierungen meinen nicht die »bürgerliche Familie«, sie wird nur indirekt adressiert. Sie fokussieren jene

---

40 So schlicht stimmt dies nicht. Leonhäuser et al. (2009) haben gezeigt, dass die Dauer der Mahlzeiten sich teilweise verlängert hat und insbesondere »bürgerliche Familien« sehr darauf achten, dass zusammen gegessen wird.

Familien, denen abgesprochen wird, ihre Kinder verantwortungsvoll zu erziehen und sich für ihren Bildungsweg zu interessieren (vgl. Bude 2008 und 2011). Hier werden soziale Kämpfe mit Exklusions- und Distinktionspotenzial geführt. Je populärer diese Diagnose, umso deutlicher tritt die Mahlzeit als verbindliche soziale Institution hervor, umso stärker steht sie »dem Menschen als äußeres zwingendes Faktum gegenüber« (Berger/Luckmann 1987: 62), und umso mehr kann mit ihr soziale Klassifizierungsmacht ausgeübt werden. Darüber werden auch »bürgerliche Familien« angesprochen, für welche die Mahlzeit eine noch größere soziale Verbindlichkeit erhält, was die Macht zur Distinktion steigert (Leonhäuser et al. 2009).

Wenn Familien keine oder nur wenige Mahlzeiten in der sozial verbindlichen Art und Weise zu sich nehmen, ist dies gesellschaftlich begründungspflichtig. Die Gründe sollten als legitim anerkannt sein, wie ein Mangel an Zeit aufgrund von Schulpflichten und Erwerbstätigkeiten. Zu bekunden, keinen Wert auf die Familienmahlzeit zu legen, sie für überflüssig zu halten, zieht negative, sprich abwertende Klassifizierungen nach sich. Von solchen und ähnlichen (Fern-)Verdächtigungen sind besonders Familien betroffen, deren soziale Position und gesellschaftliche Zugehörigkeit prekär oder gefährdet sind. Da der Rückgang oder das Fehlen von Mahlzeiten zudem für eine ungesunde Ernährungsweise und für Übergewicht verantwortlich gemacht wird, sind Eltern dickerer Kinder wie auch dickere Jugendliche mit derartig herabsetzenden Klassifizierungen oft und in drastischer Weise konfrontiert.

Der Leitfaden für die Gruppendiskussionen enthielt eine Frage dazu, was für die Teilnehmerinnen und Teilnehmer »richtiges Essen« sei. Wie zu erwarten, wurde hier sogleich die gemeinsame Mahlzeit benannt. Aus den Antworten wird im Folgenden rekonstruiert, wie Eltern und Jugendliche über die Mahlzeit sprechen, ob sie ihre häuslichen Praktiken vor dem Hintergrund der sozialen Institution schildern und damit deren Verbindlichkeit – mit Bourdieu ausgedrückt: symbolische Macht – anerkennen. Besonderes Augenmerk liegt darauf, wie sie sich einerseits innerhalb ihrer Gesprächsgruppe präsentieren, also gegenüber Personen, die offensichtlich eine ähnliche sozialstrukturelle Position innehaben, und wie sie andererseits zu der Mahlzeit als soziale Institution Stellung nehmen, also gegenüber den gesellschaftlichen Erwartungen. Ich beginne mit den Präsentationen der Eltern.

Den Eltern ist es ein Anliegen, zu betonen, dass sie auf gemeinsames Essen achten. Sie unterstreichen die große Bedeutung von Mahlzeiten für das Zusammenleben in der Familie. Dies begründen sie übereinstimmend mit deren gesellschaftlicher Wertschätzung, der sie vollkommen zustimmen. Auffällig für die deutschen im Gegensatz zu den türkischen Eltern ist, dass sie in ihren Erzählungen die familiale Gemeinschaftlichkeit auf die Zubereitung – das gemeinsame Kochen – ausweiten. Die Darstellungen der Mahlzeiten von den türkischen Eltern und Jugendlichen folgen anderen Klassifikationen, sie werden von ihnen explizit als typisch türkisch gekennzeichnet, also von den Teilnehmern selbst ethnisiert. Aus diesem Grund werden die Gruppen getrennt analysiert.

Deutsche Eltern streichen bei der Beschreibung von Familienmahlzeiten heraus, wie entscheidend es sei, auf die Wünsche und Bedürfnisse der Kinder einzugehen und sich intensiv mit ihnen auszutauschen.

*»Für uns ist es so, dass wir, wenn wir uns was Schönes oder Leckeres kochen wollen, dass wir uns auch die Zeit dafür nehmen. Wir haben eine relativ große Küche, wo wir alle sitzen können, da kann man sich unterhalten, da ist das Kochen nicht so eine Nebensache, wenn wir das alles zusammen machen, dann macht das einfach mehr Spaß.«* (EVD)

*H:»Beieinander sein, zusammensitzen.«*

*F:»Vielleicht auch gemeinsam das zuzubereiten, das macht total viel Spaß.«*

*H:»Wollte ich gerade sagen, genau – den Tisch schön decken oder so.«*

*F:»Genau.«*

*H:»Wenn man sich das mal so besonders schön macht. Dann macht das mal der und mal der, und Servietten dazu kommen, also, das machen wir nicht immer so, nicht, dass hier jeder denkt, ne, aber wenn man es sich so schön macht, dass jeder mal so einen Teil übernehmen kann.«* (EMD)

Auf den ersten Blick könnte man meinen, die Väter und die Mütter berichteten von einem Essalltag, der sich just an der mit symbolischem Kapital ausgestatteten Institution der Mahlzeit orientiert: sich Zeit nehmen, sich unterhalten, Essen ist keine Nebensache, man macht alles zusammen, den Tisch schön decken. Schaut man jedoch genauer hin, dann bemerkt man, dass in die Präsentationen gleichzeitig Distanzierungen von der Alltagspraxis und damit von den gesellschaftlichen Aufforderungen eingewoben sind. Nur wenn es etwas »Schönes und Leckeres« gibt, wird das Regelwerk des gemeinsamen Essens in die Praxis umgesetzt. Um sich nicht von den anderen Müttern der Gruppendiskussion abzuheben, um nicht so zu wirken, als wollte sie Distinktionsmacht ausüben, relativiert die Mutter aus dem Zitat sogleich: »*Also, das machen wir nicht immer so, nicht, dass hier jeder denkt, ne [...]*«.

In beiden Erzählungen wird die Mahlzeit als verbindliche soziale Institution, nämlich als Vorbild dafür, wie Familien essen sollten, anerkannt. Es ist den Teilnehmern der Gruppendiskussionen bewusst, dass diese Schilderungen von Familienmahlzeiten sozial klassifizieren. Man klassifiziert sich selbst als Familie, die den gesellschaftlich anerkannten Praktiken entsprechend Familienessen organisiert, und man klassifiziert indirekt alle anderen Gesprächsteilnehmer, zu deren Alltagspraxis dies möglicherweise nicht gehört. Indem in den beiden Zitaten sogleich die Relativierung vorgenommen wird, dass es sich bei den Darstellungen um besondere Mahlzeiten handelt, wird die klassifizierende Wirkung zurückgenommen. Sozialstrukturell bedeutet dies, gegenüber der gesellschaftlichen Distinktionsmacht Zustimmung zu signalisieren; gegenüber den anderen Teilnehmern, die eine ähnliche sozialstrukturelle Position innehaben, möchte man dagegen keineswegs die darin enthaltende soziale Klassifizierung vornehmen. Man distanziert sich somit von der Distinktionsmacht einer solchen Praxisform, das heißt davon, sozialstrukturelle Distanz herzustellen.

An einem weiteren Punkt präsentieren die deutschen Eltern Zustimmung zu den gesellschaftlichen Erwartungen. Sie fassen Essen als eine gemeinsam zu gestaltende und zu erlebende Familienaufgabe auf, die alle damit verbundenen Tätigkeiten umfasst und an der sich alle Familienmitglieder gleichberechtigt zu beteiligen haben. Weder sprechen sie sich für eine traditionelle geschlechtsspezifische Arbeits- und Aufgabenaufteilung aus noch dafür, dass sich die Kinder ihren Vorstellungen zu beugen haben. Vielmehr orientieren sie sich in ihren Präsentationen davon, was richtiges Essen sei, an dem gesellschaftlich als vorbildlich angesehenen Konzept einer modernen »Aushandlungsfamilie« (Häußler 2007). Die Aushandlungsfamilie tradiert nicht die althergebrachte familiale Mahlzeit, die von einem hierarchischen Geschlechterverhältnis sowie von durch elterliche Autorität geprägten Beziehungen zu den Kindern bestimmt war. Vielmehr gibt sie vor, sich der Geschlechtsspezifik entledigt zu haben und Kinder als gleichberechtigt zu behandeln.

Dies findet sich in den beiden Zitaten wieder. Es werden Mahlzeiten geschildert, bei denen der Vater (das erste Zitat) mehrfach wiederholend von »wir« spricht, während die Mütter (zweites Zitat) offener lassen, wer die Tätigkeiten ausführt. Erst bei der Distanzierung von einer alltäglichen Praxisform geht die Mutter in das »Wir« über. Auch bei diesem Punkt ist es den Eltern wichtig, zu verdeutlichen, dass ihnen der gesellschaftlich positiv klassifizierte Umgang mit Kindern vertraut ist und sie sich um eine Arbeitsteilung im Haushalt bemühen, bei der beide Geschlechter die gleiche Verantwortung übernehmen. Wenig erfährt man aus den Gesprächen indes über die Alltagspraktiken. Dies ist nicht sonderlich überraschend, weil die Praktiken des Essens stark klassifiziert und klassifizierend sind. Dies ist den Eltern bekannt. Hinzu kommt, dass sie sich als Eltern dickerer Kinder unter besonderer gesellschaftlicher Beobachtung bezüglich ihrer Esspraktiken sehen. In den Gesprächspassagen finden sich kaum Aussagen über die tatsächlichen Esspraktiken, aber auch nicht darüber, warum es ihnen in der sozialen Praxis nicht möglich ist, Essen stets als Familienmahlzeit stattfinden zu lassen. Es war zu erwarten, dass sich die Eltern mit anerkannten Begründungen, gemeinsame Mahlzeiten ließen sich beispielsweise nicht mit den Schul- und Arbeitszeiten vereinbaren, gegen dieses sie klassifizierende Gebot stellen. Warum dies – im Gegensatz zu den Gruppendiskussionen mit den Jugendlichen – nicht geschehen ist, darüber kann man nur Vermutungen anstellen. Möglicherweise fürchteten sie bei einer zu deutlichen Relativierung des Gebots, sich selbst negativen Klassifizierungen auszusetzen, zumal bei solchen Klassifizierungen der Übergang von respektierlichen zu despektierlichen Bewertungen droht.

Schauen wir uns nun die Ansichten der Jugendlichen über »richtiges Essen« an. Mit »richtigem Essen« verbinden sie eine warme Familienmahlzeit, alle finden sich am Tisch ein, besonders wichtig sind die Gespräche bei Tisch, bei denen man sich austauscht und die als familiale Gemeinschaftlichkeit erlebt werden.

*»Dann ist es halt richtiges Essen, wenn ich mit der Familie an einem Tisch sitze.«*
(JT 11–13)

Oft illustrieren die Jugendlichen diese Tischgemeinschaften anhand »außeralltäglicher Mahlzeiten« (Barlösius 2011b: 201–210) wie Festessen anlässlich von Geburtstagen oder Hochzeiten. Solche Zusammenkünfte stellen für die Jugendlichen Mahlzeiten dar, bei denen die gesellschaftlichen Regeln des gemeinsamen Essens aus ihrer Sicht weitestgehend eingehalten werden.

*»Also, wenn es jetzt zum Beispiel ein besonderer Anlass ist, Geburtstag, Hochzeit oder Weihnachten, dass man sich dann mit der Familie an einen Tisch setzt und dann in Ruhe isst, das finde ich ein richtiges Essen.«* (JD 14–16)

Über alltägliche Mahlzeiten finden sich dagegen – speziell bei den deutschen Jugendlichen – derartige Schilderungen kaum. Noch stärker als bei den Eltern scheinen für die Jugendlichen Familienmahlzeiten, die ihren Vorstellungen von »richtigem Essen« entsprechen, besonderen Anlässen vorbehalten zu sein. Trotzdem ist es den Jugendlichen wichtig, darzulegen, dass sie mit der Mahlzeit als soziale Institution vertraut sind und sie diese schätzen. Dazu ein kurzer Dialog zwischen zwei Jungen, der beispielhaft für viele ähnliche Beschreibungen ausgewählt wurde.

D: »*Meine Familie, wir futtern immer zusammen, nur nicht an einem Tisch.*«

C: »*Wir auch nie, wir verteilen uns immer.*« (JD 11–13)

Es wäre soziologisch voreilig, würde man hier allein den Verlust der Familienmahlzeit konstatieren. Nähme man einzig eine solche Interpretation vor, dann schlösse man sich der gesellschaftlich dominanten Klassifizierung an, dass es den Familien der Jugendlichen an kulturellem Kapital mangele. Bemüht man sich, die Perspektive der Jugendlichen relational zu rekonstruieren, ist viel bedeutsamer, dass die Jugendlichen – unabhängig davon, wie ihre Alltagspraxis aussieht – sich auf die mit symbolischem Kapital ausgestattete soziale Institution der Mahlzeit beziehen. Es ist ihnen offenbar wichtig, zu unterstreichen, dass auch ihre Familie Mahlzeiten praktiziert, wenngleich in einer veränderten Form. Dass das wesentliche Merkmal der ihnen gegenüberstehenden gesellschaftlichen Perspektive, nämlich über die bloße Nahrungsaufnahme hinweg Gemeinsamkeit herzustellen, fehlt, scheinen sie nicht zu bemerken oder zu wissen. Im Hinblick auf die Prozesse der sozialen Klassifizierung von Praktiken, bei denen sie einer allzu negativen Bewertung zu entgehen versuchen, hat dies eine umgekehrte Wirkung zur Folge. Sie geben ihre Alltagspraktiken einer abwertenden sozialen Klassifizierung preis, weil sie offenbaren, den Kern der Familienmahlzeiten, worauf sich das kulturelle Kapital bezieht, nicht zu kennen oder nicht verstanden zu haben.

Kommen wir nun zur Zubereitung des Essens. Die deutschen Jugendlichen sind es gewohnt, sich selbst etwas zuzubereiten, allein zu essen oder sich außerhäuslich zu versorgen.

G: »*Na ja, bei uns ist es meistens so, weil meine Mutter ganz oft arbeiten muss, dass wir uns dann einfach Essen nehmen.*« (MD 11–13)

Die Arbeitszeiten der Eltern und ihr Stundenplan ließen es nicht zu, zusammen zu essen. Viele von ihnen erläutern, dass bei ihnen zuhause häufig abends warm gegessen wird. Dazu, ob gekocht und das Essen gemeinsam eingenommen wird, äußern sie sich nicht.

Von Situationen, allein zu essen oder sich selbst zu versorgen, berichten die türkischen Jugendlichen nicht. Ihr Essalltag scheint durch gemeinsame Familienmahlzeiten bestimmt zu sein. Die türkischen Eltern wie Jugendlichen schildern Familienmahlzeiten, wobei es ihnen wichtig ist, darauf hinzuweisen, dass dies typisch für türkische Familien sei. Sie stellen ihre Praxisform des gemeinsamen Essens in Abgrenzung zu deutschen Familien dar, bei denen dies weniger üblich wäre. Insofern besteht für sie die gegenseitige Bestimmung über Ethnizität und nicht wie bei den deutschen Eltern innerhalb des sozialstrukturellen Gefüges im Vordergrund. Der aus ihrer Sicht deutlichste Unterschied sei, dass mit »Essen« stets die Zusammenkunft der Familie gemeint ist. Allein zu essen assoziieren sie mit deutschen Familien, für die dies nicht untypisch sei. Besonders die türkischen Mütter betonen die Bedeutsamkeit außeralltäglicher Mahlzeiten anlässlich von Familienfesten oder religiösen Feiern. An diesen nähme die ganze (Groß-)Familie teil:

C: *»Alle Verwandten, Freunde, alles.«*

B: *»Familie, Männer, Frauen.«*

C: *»Alles, Familie, Freunde, alles gemischt, ist so.«*

G: *»Kinder, alle gehören zusammen, weil es geht nicht einzeln [...], wenn schon, dann die ganze Familie einladen.«*

C: *»Wo mein Sohn 18 wurde, alles, alles.«*

G: *»Wir haben ja Ramadan, wir gehen dahin oder die kommen zu uns, und dann immer jeden Tag drei, vier, fünf Familien, und die sind schon über 15 Leute.«*

C: *»Bei uns auch, wenn mein Mann zu seiner Familie geht, sind ja auch sieben Kinder, ganze Familie, Enkelkinder, ja, ist groß, alle bei Oma oder bei Schwiegermutter, dann ist alles voll.«* (EMT)

Bei feierlichen Mahlzeiten gilt das soziale Gebot der Fülle und Üppigkeit, nicht nur quantitativ, auch qualitativ: Aufzutafeln ist eine Vielfalt genussvoller und aufwändig zubereiteter Speisen. Dies betonen die türkischen Frauen und wollen damit eine Differenz gegenüber den deutschen Müttern markieren. Dagegen thematisieren sie nicht, dass Kochen Frauenarbeit ist, und zwar gleichermaßen der Mütter wie der Töchter. Auch die türkischen Väter sprechen dies nicht an. Einerseits ist es für sie so selbstverständlich, dass sie es nicht als erwähnenswert betrachten. Die geschlechtsspezifische Aufgabenzuteilung zu problematisieren kommt ihnen nicht in den Sinn. Andererseits scheint ihnen dies auch keine bemerkenswerte Differenz gegenüber den deutschen Haushalten zu sein. Während in den Erzählungen der deutschen Eltern empfohlen wurde, Kochen und Essen gemeinsam zu erledigen, trennen die türkischen Eltern die Nahrungszubereitung von der Mahlzeit: Kochen ist eine rein weibliche Aufgabe, Essen etwas Familiales und Gemeinschaftliches.

Abgesehen von der umfangreichen Einbindung der Mädchen in die Haushaltstätigkeiten – bei weitgehender Befreiung der Jungen – gibt es einen weiteren Unterschied, der ebenfalls nicht zur Distinktion gegenüber den deutschen Familien genutzt wird. Dieser betrifft die Art und Weise, wie das Eltern-Kind-Verhältnis beim Essen gedacht wird. So wird die Mahlzeit weniger als »gleichberechtigte Gesprächsgemeinschaft« geschildert, sondern als Zusammenkunft aller, die gemeinsam essen und die dabei geltenden sozialen Regeln pflegen.[41]

Dieser Abschnitt über das gemeinsame Essen sollte exemplarisch illustrieren, dass aus den Gruppendiskussionen nur bedingt Aussagen über die realen Praxisformen zu gewinnen sind. Dies ist vor allem methodisch begründet, weil Gruppendiskussionen dazu anregen, sich über Sichtweisen und Stellungsnahmen zu verständigen. Genau dies war mit der Wahl der Methode intendiert: die Perspektive dickerer Jugendlicher und die ihrer Eltern auf die soziale Welt zu rekonstruieren. Weiterhin hat das Unterkapitel demonstriert, dass sich die gegenseitigen Exklusionen und Distinktionen nicht von selbst aus den Gesprächen zu erkennen geben, sondern diese aus den Darstellungen und Argumenten freizulegen sind. Letztendlich bleibt eine relationale Analyse ein schwieriges und heikles Unterfangen. Aber – und dies spricht für sie – wenn das Reale relational ist, und dies hat der Abschnitt anhand einiger Schilderungen belegt, dann wird man die Prozesse der sozialen Positionierung mittels sozialer Klassifizierung und die Reaktionen darauf nur nachvollziehen können, wenn man mit dieser Vorgehensweise fortfährt.

---

41 Dies hat Folgen für die Bereitschaft und Fähigkeit, auf dickere Kinder beim Essen zu reagieren. Darüber gibt ein späterer Abschnitt Auskunft.

## 3.4 Aus der Perspektive der Eltern: Eine Welt der Knappheiten

»Ohne die Eltern geht es nicht« lautet die Kernaussage eines Leitfadens für Eltern übergewichtiger Kinder und Jugendliche, herausgegeben von der Bundeszentrale für gesundheitliche Aufklärung, einer staatlichen Behörde, die zum Bundesgesundheitsministerium gehört (BZgA 2009: 28). Mit ähnlichen Sätzen und Aufforderungen sind Eltern dickerer Jugendlicher permanent konfrontiert, in der KITA, der Schule, beim Kinder- und Jugendarzt, in zahlreichen TV-Sendungen etc. Überall und ständig wird von ihnen gefordert, dafür Sorge zu tragen, dass ihr Kind abnimmt. Allerorten und fortwährend bekommen sie zu hören, dass sich die gesamte Familie zu engagieren habe, weil sich sonst kein Therapieerfolg einstellen könne. Indirekt – relational gedacht – beinhalten die Appelle an die Eltern, dass sie, wenn sie die Gebote nicht befolgen, dafür verantwortlich sind, wenn ihre Kinder dick bleiben oder noch weiter zunehmen. Das Dicksein des Nachwuchses wird dahingehend interpretiert, dass sie ihren elterlichen Pflichten nicht genügen.

Die Vorhaltung, der elterlichen Verantwortung nicht nachzukommen, ist in den Auseinandersetzungen um soziale Ungleichheiten weit verbreitet. Ihr wohnen abwertende soziale Klassifizierungen inne. Der an die Eltern gerichtete Aufruf, sich dafür einzusetzen, dass ihre Kinder abnehmen, zielt auf mehr als nur auf das Gewicht der Kinder. Er ist fest mit sozialen Klassifikationen und Klassifizierungen und damit mit Prozessen der sozialstrukturellen Positionierung verwoben. Die Eltern haben dafür ein ausgeprägtes soziales Gespür, und mit ihren Stellungnahmen reagieren sie darauf. Daraus erklärt sich, weshalb die Eltern in den Gruppendiskussionen – ohne dass sie eigens darauf angesprochen wurden – zu dieser Vorhaltung Stellung bezogen haben. Sie haben sich über Argumente und Sichtweisen ausgetauscht, die darüber Auskunft geben, wie sie sich zu dem relationalen Ungleichheitsgeschehen verhalten, insbesondere wie sie zu den in den Aufforderungen enthaltenen sozialen Klassifizierungen Stellung nehmen, sie abwehren und zurückweisen.

Es war zu erwarten, dass die Eltern, die alle ähnliche Erfahrungen gemacht haben und sich zudem in vergleichbaren sozialstrukturellen Positionen befinden, die Gruppendiskussionen dazu nutzen, sich über eine gemeinsame Perspektive zu verständigen. Somit – und dies wird sich im Weiteren bestätigen – sind die Gruppendiskussionen, weil sich die Eltern mit den an sie gestellten Anforderungen auseinandersetzen, per se relational angelegt. Die Stellungnahmen geben nicht nur Aufschluss darüber, welche Standpunkte die Eltern gegenüber den mit symbolischem Kapital ausgestatteten Erwartungen beziehen, sie informieren indirekt über die Sozialisationspraktiken und darüber, welche Sichtweisen auf die soziale Welt die Jugendlichen in ihrer Familie kennenlernen.

Die Eltern schildern ihre Alltagspraxis als bestimmt von vielfältigen und teilweise schwerwiegenden Problemen, die für sie dringlicher, fordernder und häufig auch existenzieller sind als ihr zu dickes Kind. Sie verweisen auf soziale Beschränkungen und eine ungenügende Ressourcenausstattung, die sich aus ihrer sozialstrukturellen Position ergeben. Arbeitslosigkeit, geringe Berufschancen, Angewiesenheit auf staatliche Zuwendungen sind die wichtigsten Merkmale, die sie zur Kennzeichnung ihrer prekären sozialstrukturellen Position aufzählen. Um zu begründen, weshalb es ihnen nicht möglich sei, der an sie gerichteten gesellschaftlichen Erwartung nachzukommen, ihre Kinder beim Abnehmen zu unterstützen, argumentieren sie mit verschiedensten Ausprägungen von Knappheit, die aus ihrer sozialen Lage resultieren. Bei ihren Stellungnahmen handelt es sich um relational konzipierte Argumente, weil sie sowohl die gesellschaftlichen Anforderungen aufnehmen als auch darauf antworten. Drei Arten von Knappheiten führen die Eltern immer wieder an. Ich berichte hier und im Weiteren vorwiegend von den deutschen Eltern, der Sichtweise der türkischen Eltern, präziser der türkischen Mütter, wende ich mich in einem Exkurs zu.

Als stärkstes Hindernis, einen Essstil zu praktizieren, der als gesund anerkannt ist, führen die Eltern die beschränkten finanziellen Mittel an, mit denen sie wirtschaften müssen. Gerade gesunde Lebensmittel seien überaus teuer. Mit dem Preis der Lebensmittel begründen sie, dass sie nicht vorwiegend nach gesundheitlichen Vorgaben einkaufen. Bevor dieses Argument genau analysiert wird, ist festzuhalten, dass sie der Aufforderung, sich gesund zu ernähren, prinzipiell zustimmen und zu wissen meinen, worin ein solcher Essstil besteht. Ansonsten würden sie sich nicht genötigt fühlen, zu begründen, warum es ihnen nicht möglich ist, diesem Gebot nachzukommen.

A: »Obst und Gemüse ist teuer.«

B: »Ja, es ist teuer.«

C: »Ja, da kannst du besser ein Stück Fleisch kaufen, wie dass ich jetzt sage, ich kaufe mal so eine richtig große Schale Obst und Gemüse. Das kann ich mir nicht leisten, also wenigstens nicht in der Winterzeit.«

C:»*Das sind ja Überlegungen, wenn du ein Stück Fleisch kaufst, ne, für 2,99 Euro im Angebot, wie viel Obst kriegst du dafür?*«

E:»*Weintrauben 2,99 das Kilo.*«

C:»*Ja, ja.*«

E:»*Himbeeren 1,49, das läppert sich dann so zusammen.*«

C:»*Ja genau, dann überlegt man schon, ne, was ist jetzt besser.*« (EMD)

Zunächst fällt bei dieser Gesprächssequenz auf, dass sich daran vier Mütter beteiligen und sich gegenseitig ihre Argumente bestätigen. So verdeutlichen sie, dass es sich nicht um eine persönliche, sondern eine gemeinsame Sichtweise handelt, womit sie indirekt auf ihre ähnliche soziale Lage verweisen. Worin besteht die Übereinstimmung? Dass sie Obst und Gemüse Fleisch gegenüberstellen, um zu argumentieren, dass eine gesunde Ernährung für sie zu teuer ist, ist keineswegs Zufall. Obst und Gemüse werden beinahe immer aufgezählt, wenn es darum geht, besonders gesunde Lebensmittel zu benennen. Sie repräsentieren geradezu die Signatur eines gesunden Essstils, der sich zudem zum Abnehmen eignet und außerdem eng mit Natur- und Tierschutz assoziiert ist. Fleisch steht dagegen genau für das Gegenteil. Es gilt als ungesund und ökologisch problematisch, davon zu viel zu essen. Obendrein setzt preiswertes Fleisch Massentierhaltung voraus. Um das Gegensatzpaar von Obst und Gemüse versus Fleisch zu verstehen, ist ein Blick in die Geschichte hilfreich. Traditionell war der Genuss von Fleisch nur privilegierten sozialen Klassen vorbehalten; somit war der Konsum von Fleisch eine eindeutig sozial klassifizierende Praxis. Obst und Gemüse hochzuhalten, dagegen auf Fleisch zu verzichten, obwohl man es sich leisten kann und es einem aufgrund seines sozialen Status zusteht, repräsentiert ein altbewährtes soziales Zeichen, ethischen Protest und kulturelle Überlegenheit, sprich Distinktionsmacht, für sich zu beanspruchen.[42]

Wenn die Frauen dieses Gegensatzpaar zitieren, um zu verdeutlichen, dass sie aus finanziellen Gründen den gesunden Essstil nicht übernehmen können, reagieren sie – auch wenn ihnen vermutlich dieses Hintergrundwissen nicht bekannt ist – mit sozialem Gespür. Sie spüren, dass es nicht

---

42 Ein historisches Beispiel sind die Pythagoreer, die sich weigerten, das ihnen während der staatlichen Opferfeste zugeteilte Fleischstück zu essen, und auf diese Weise ihren politischen Protest ausdrückten. Ein anderes Beispiel sind die vegetarischen Bewegungen des 19. Jahrhunderts, die Teil der Lebensreformbewegung waren (s. Barlösius 1997, 2011b: 118–122).

nur darum geht, sich gesünder zu ernähren, sondern vor allem darum, einen ihnen kulturell fernen Essstil zu übernehmen und ihre Essgewohnheiten und Vorlieben abzulegen – womit diese kulturell abgewertet werden. Um zu begründen, warum dies für ihre Familien nicht »besser« wäre, weisen sie darauf hin, dass Weintrauben und Himbeeren, gerade in der Winterzeit, viel teurer sind als Fleisch. Das heißt, sie ziehen als Beispiele für Obst und Gemüse genau solche Sorten heran, die überaus viel kosten, speziell außerhalb der Erntesaison. Im Vergleich zu dieser Obstwahl kann Fleisch als preisgünstiger dargestellt werden. Und damit können sie erklären, warum es für ihre Familien »besser« ist, das wenige ihnen zur Verfügung stehende Geld in Fleisch und nicht in Obst und Gemüse zu investieren.

Betrachten wir den Dialog mit diesen Erläuterungen nochmals. Die Mütter führen finanzielle Knappheiten an, um zu rechtfertigen, weshalb sie sich nicht gesund ernähren können. Dazu konstruieren sie ein Beispiel, das ihre Sichtweise stützt. Tatsächlich geht es in dieser Gesprächssequenz weniger um finanzielle Knappheit als vielmehr darum, dass sie sich gegen einen Essstil wehren, der für ihre Familie bedeuten würde, dass sie sich von ihren bisherigen Esspraktiken distanzieren müssten. Kurz: Es geht aus ihrer Sicht darum, sich gegen eine Abwertung ihrer kulturellen Praxis zu wehren.

Mit einem ähnlichen Argumentationsmuster rechtfertigen sie, dass sie ihren Kindern keine aktive und »bewegte Freizeit« ermöglichen können.

*»Der Zoo ist unbezahlbar, ist aber vor der Haustür. Es gibt verschiedene Sachen, die man machen könnte, es ist aber alles teurer geworden, und die Kinder sitzen mehr zuhause.«* (EMD)

*»Ich hätte auch gerne, was alle gerne hätten, Zeit für Sport- und Freizeitangebote, was auch wieder mit Geld zu tun hat. Das Geld muss man erst noch haben, um den Sport machen zu können oder die Freizeit zu finanzieren.«* (EMD)

Abermals erkennen die Mütter die gesellschaftliche Erwartung an, nämlich dass sich ihre Kinder in der Freizeit bewegen sollten und sie dafür zu sorgen haben. Wie bei der Umstellung des Essens geben sie aber an, dass ihnen dazu die finanziellen Mittel fehlen. Ähnlich wie dort nennen sie als Beispiel eine kostenintensive Freizeitgestaltung, um zu erklären, weshalb es ihnen nicht möglich ist, ihre Kinder in der freien Zeit außerhalb der eigenen vier Wände zu beschäftigen. Vereine, Schwimmbad, Park oder andere weniger teure Möglichkeiten außerhäuslicher Aktivität erwähnen sie nicht. Um zu verstehen, wieso die Mütter so argumentieren, muss man sich vergegenwärtigen, dass sie sich permanent dem Vorwurf ausgesetzt sehen, sich nicht ausreichend um ihre Kinder zu kümmern. Somit ist auch hier die Begründung zu knapper finanzieller Mittel vor dem Hintergrund zu verstehen, dass sie sich Vorhaltungen über die Art der Fürsorge ihren Kindern gegenüber verbitten. Mit der Rechtfertigung, dass ihre sozialstrukturell bedingten Ressourcenknappheiten ein anderes Verhalten nicht möglich machen, nutzen sie ein gesellschaftlich akzeptiertes Gegenargument. Indem sie dieses zur Abwehr gegen drohende und reale Abwertungen ihrer Praktiken in Anschlag bringen, ist es ihnen möglich, ihre grundsätzliche Anerkennung der gesellschaftlichen Erwartungen an sie zu bekräftigen und diese gleichzeitig zurückzuweisen. Mit dem Rückgriff auf ein sozialstrukturelles Argument und eben nicht mit der bloßen Ablehnung der gesellschaftlichen Forderungen oder dem Eingeständnis eigenen Unvermögens wählen sie eine als legitim betrachtete Form der Zurückweisung, womit sie der Gefahr entgehen, soziale Anerkennung zu verlieren.

Eine zentrale gesellschaftliche Anforderung an die Eltern ist, sich mehr Zeit für die Kinder zu nehmen, um besser dafür Sorge tragen zu können, dass diese abnehmen. Gegen eine solche Ermahnung spricht aus der Sicht vieler Eltern, dass ihr Alltag von vielen Zeitknappheiten bestimmt ist und sie tagtäglich vielfältige, teilweise nicht miteinander zu vereinbarende Herausforderungen zu bewältigen haben. Oftmals seien ihre Tage übervoll mit Aufgaben und Sachzwängen, weshalb sie nicht wüssten, woher sie die nötige Zeit und vor allem Konsequenz hernehmen sollen, diese zusätzliche Pflicht zu bewältigen.

*»Gott sei Dank habe ich die Kinder in den Ferien gut untergebracht, dass ich auch mal ein bisschen Luft hab. Ich habe meine Kinder über alles lieb und will sie nicht weg- oder abschieben. Aber mal drei Wochen oder zwei Wochen ohne meine Tochter, die in der Pubertät ist, ey super, dann hätte ich nur noch die kleine Vierjährige zuhause, aber die ist pflegeleicht, das mache ich mit links.«* (EMD)

Zusätzlich sehen sie sich tagtäglich mit einer Fülle von Problemen konfrontiert, die allesamt auf Behandlung und Lösung drängen. Berichtet wird von der anstrengenden und komplizierten Bewältigung des Alltags, von Krankheits- und Sterbefällen innerhalb der Familie, von Scheidungen und Schwangerschaften ihrer minderjährigen Kinder. Diese Aufzählung macht sofort deutlich, dass aus der Perspektive der Eltern das Übergewicht ihres Kindes oftmals nicht die erste Priorität der zu lösenden Alltagsprobleme besitzt. Nicht alle Erwartungen und Probleme erfordern ihrer Meinung nach sofortige und absolute Aufmerksamkeit. Einige können ihrer Ansicht nach zeitlich zurückgestellt werden, andere – so hoffen sie – werden sich von selbst lösen, sich bestenfalls »auswachsen«. So manifestieren sich beispielsweise mögliche gesundheitliche Risiken aufgrund von Übergewicht im Kindes- und Jugendalter mehrheitlich erst in späteren Lebensjahren.[43]

Die Eltern erleben ihre Lebenssituation als überladen von einem Übermaß an unmittelbar anstehenden Aufgaben, unerledigten und aufgeschobenen Pflichten und Aufträgen. Sie erklären, dass ihnen die Ressourcen und Voraussetzungen fehlen, die erforderlich sind, um frühzeitig oder gar im Vorhinein eine Angelegenheit anzugehen, die »noch nicht gegenwärtig ist« und deshalb »noch keine akute Notwendigkeit besitzt« (Blumenberg 2007: 17). Dazu gehört beispielsweise, in ihrem Familienalltag bereits heute dafür Sorge zu tragen, dass ihr Kind in einer späteren Zukunft nicht aufgrund seines Übergewichts erkrankt. Prävention verlangt eine solche Vorausschau. Die Eltern, die die Allgegenwart vieler Probleme unterstreichen, setzen dazu einen Kontrapunkt.

Ausnehmend stark sehen sich die Eltern mit Erwartungen konfrontiert, wie sie ihre Kinder zu erziehen haben. Dies gilt in besonderem Maße für die sogenannte Ernährungserziehung. Die Fähigkeit, sich selbst beim Essen zu disziplinieren und darauf zu achten, dass ihre Kinder nicht zu viel zu sich nehmen und sich gesund ernähren, wird dabei als entscheidend angesehen. Die meisten Eltern, die an den Gruppendiskussionen teilgenommen haben, sahen sich außerstande, ständig zu überwachen, was und wie viel ihre Kinder essen, und auf sie einzuwirken, weniger und vor allem nichts Süßes zu essen.

»Man kauft ja auch schon fettreduziert, soll ich jetzt wirklich jede Scheibe Salami zählen, wenn er sich auf eine Scheibe Brot drei Scheiben macht, also diese kleinen, da kann ich doch nicht sagen: Komm, nimm zwei runter.« (EMD)

»Gut, o.k., mein Sohn, der wiegt 106 Kilo mit seinen 13 Jahren, das ist ein bisschen viel, und deswegen versuchen wir alles, aber man kann einem Kind nicht 24 Stunden am Hintern hängen, um drauf zu achten, was das Kind sich so reinschaufelt.« (EVD)

---

43 Erkranken dagegen die Väter, rückt die Bewältigung der Krankheit an die erste Stelle. »Jetzt durch meinen Mann müssen wir uns sowieso komplett umstellen. Mein Mann, der hat Diabetes und hatte jetzt auch einen Herzinfarkt, und der MUSS jetzt auf jeden Fall komplett umstellen, die ganze Nahrung.« (EMD) Es wäre sicherlich interessant zu analysieren, wieso sich hier die traditionelle familiale Hierarchie einstellt.

Wie die Zitate belegen, weisen die Eltern diese Aufforderung nicht grundsätzlich zurück. Sie bekunden, sich zu bemühen, fettreduzierte Lebensmittel und »kleine« Wurstscheiben zu kaufen, alles versucht zu haben, aber in der Alltagspraxis ließen sich diese Richtlinien nicht konsequent umsetzen. Die Schilderungen der Eltern aus ihrem Familienalltag zeigen, dass das Gebot, ihre Kinder stärker zu kontrollieren, weit mehr umfasst als nur darauf zu achten, dass ihre Kinder nicht zu viel und die richtige Nahrung zu sich nehmen. Mit seiner symbolischen Macht greift dieser Appell tief in die Eltern-Kind-Beziehung ein, die als private und intime Beziehung gilt und vor äußeren Eingriffen weitgehend geschützt ist. Für die Eltern, aber auch für die Jugendlichen folgt daraus, sich bei als persönlich empfundenen Angelegenheiten Regeln und Maßgaben zu fügen, die als von außen kommend wahrgenommen und beherrschend erfahren werden. Die Reglementierung des Essens wird von den Kindern wie von den Eltern deshalb als Eingriff in ihre allerpersönlichste Beziehung erlebt, weil über das Essen auch Zuneigung und Liebe ausgedrückt wird und weil die Durchsetzung eines ungeliebten und abgelehnten Essstils in der Familie zu massiven innerfamilialen Konflikten führen kann. Hinzu kommt, dass trotz geringer finanzieller Mittel es den Eltern – insbesondere den Müttern – mit dem gewohnten Essstil möglich ist, ihren Kindern eine Freude zu bereiten. Dies können sie kaum auf andere Art und Weise kompensieren. Der Alltag birgt für diese Familien, speziell für ihre Kinder, viele Enttäuschungen, und ein Großteil ihrer Wünsche bleibt unerfüllt. Die Umstellung auf ein anderes Ernährungsverhalten beinhaltet für die Eltern also weit mehr, nämlich Anlass für Streit, Missstimmung und Frustration.

Abgesehen davon fällt den Eltern die geforderte Selbstdisziplin schwer. Auch wenn sie wissen, dass sie Vorbild für ihre Kinder sein sollten, fühlen sie sich selbst häufig vom Widerspruch zwischen gesunder Ernährung und ihren eigenen Essvorlieben und -gewohnheiten überfordert.

*B: »Ich muss ganz ehrlich sagen, ich sage auch immer wieder: Ich möchte gerne abnehmen, aber dann sehe ich wieder irgendwas …«*

*A: »Leckeres?«*

*B: »… ja, so wie ein dickes, fettes Stück Sahnetorte, oder bei Schwarzwälder Kirschtorte kann ich sowieso nicht nein sagen, weil, ne, wegen … lecker, lecker.«*
(EMD)

Die Eltern äußern sich an vielen Stellen, dass ihnen die Selbstdisziplin beim Essen, beim vorgenommenen Sportprogramm und auch beim Vorsatz, mit ihren Kindern gemeinsam etwas zu unternehmen, oft fehlt. Sie erklären dies mit den vielen Dingen, die sie gleichzeitig zu erledigen haben, und den vielen ungelösten Problemen, die sie viel Kraft kosten. Sie haben soziale Erfahrungen damit gesammelt, dass ein dicker Körper gesellschaftlich als Verkörperung geringer Selbstdisziplin und Eigenverantwortung interpretiert wird. So wie sie für sich selbst nicht wissen, wie sie lernen könnten, sich beim Essen mehr zurückzuhalten und ihre Vorsätze konsequenter umzusetzen, so wenig wissen sie, wie sie dies ihren Kinder vermitteln sollen. Dabei wird deutlich, dass strikte Regel- und Grenzsetzungen nicht zu ihrem selbstverständlichen Erziehungsrepertoire gehören, auf die sie bei Bedarf zurückgreifen können.

## Exkurs: Professionell und extern – Wünsche türkischer Eltern zur Ernährungsumstellung ihrer Kinder

Wie in dem Abschnitt über die Mahlzeit dargestellt, werden die Praxis und die Wahrnehmungs- und Bewertungsmuster vieler Aspekte und Tätigkeiten des Essens von den türkischen Familien als typisch für ihre ethnische Herkunft klassifiziert. Dies wirkt sich auf die Wahrnehmung und den Umgang mit der Aufforderung aus, dafür zu sorgen, dass ihr Kind abnimmt. Auch hier zeichnet sich eine Differenz ab, die allerdings die türkischen Mütter und Väter selbst nicht als ethnisch klassifizieren. Während die deutschen Eltern diese Aufforderungen als sozial klassifiziert und klassifizierend erfahren und mit ihren Stellungnahmen auf die sozialen Klassifikationen und Klassifizierungen reagieren, trifft dies für die türkischen Eltern kaum zu. Der Unterschied zeigt sich besonders deutlich bei der Aufforderung, dass das Dicksein innerhalb ihrer Familie zu problematisieren und dort so weit wie möglich zu lösen ist. So bekunden die deutschen Mütter, von den professionellen Hilfsangeboten in ihrer eigenen familialen Arbeit lediglich unterstützt werden zu wollen. Dies entspricht den an sie gerichteten Erwartungen. Dagegen äußern die türkischen Mütter, dass sie die Umstellung des Verhaltens und der Ernährung ihrer Kinder gerne an Experten delegieren würden.

*»Und wenn wir dann nämlich umstellen und endlich diese Grütze wie Butter und Sahne und so ein Zeug weglassen, es gibt super Alternativen, die funktionieren. Das ist unser Job, dass wir es umstellen müssen.«* (EMD)

*»Ich würde mein Kind ganz klar zur Kur schicken. Weil es dort eine gute Umstellung macht, mit diesem Tagesablauf und allem. Und wenn es von da zurückkommt, kann man nämlich dann wirklich bei Null anfangen und sagen: So, jetzt ist es schon gewöhnt. Weil ich glaube, es ist für uns zuhause in den vier Wänden sehr schwierig, Gewohnheiten wegzulassen. Also für das Kind ist es auch schwierig.«* (EMT)

Dies kann in mindestens zwei Richtungen interpretiert werden: in Bezug auf die soziale Praxis des Essens in den türkischen Familien und weiterhin im Hinblick auf Prozesse der sozialen Klassifikation und Klassifizierung. Die Praxis des Essens stellt sich für die türkischen Mütter unserer Studie so dar, dass es für sie aus ihrer Sicht kaum möglich ist, die familial und ethnisch anerkannten Praktiken zu verändern, ohne die Wertschätzung innerhalb dieser Zugehörigkeiten zu gefährden. Würden sie eine solche Umstellung vornehmen, dann hätte dies zur Folge, die positiv bewerteten ethnischen Klassifikationen und Klassifizierungen aufzugeben, die als distinkte Zeichen gegenüber der Mehrheitsgesellschaft fungieren. So wäre beispielsweise von einer solchen Umstellung des Essstils die ganze Familie betroffen – und noch mehr: Die gesamte Sichtweise davon, was eine Familie ausmacht, wie sie zusammenzuleben hat, würde infrage gestellt. Die Übernahme des propagierten Erziehungs- und Essstils würde die Praxis der eigenen ethnischen Regeln und Institutionen außer Kraft setzen, kurz: Es würde ein Prozess der Ent-Ethnisierung in Gang gesetzt. Gerade das Essen gehört jedoch zu jenen Praktiken, über welche die eigene Identität in der Fremde aufrechterhalten wird (vgl. Barlösius 2011b: 162–171).

Eine Ausrichtung des familialen Speiseplans nach den professionellen Vorgaben, die nicht zur gewohnten Praxis der Speisenzubereitung passen und gleichzeitig eine Fokussierung auf das zu dicke Kind fordern, würde das gesamte familiale Gefüge neu ordnen. Der Ort jedes Einzelnen innerhalb der Familie würde infrage gestellt, die bestehenden Familienstrukturen gefährdet. Für die Frauen würde dies eine Entwertung ihres Selbstverständnisses als türkische Mutter nach sich ziehen. Die Antwort einer türkischen Mutter erscheint vor diesem Hintergrund verständlich:

*»Ich denke, heutzutage sind die Ärzte auch richtig informiert. Die geben ja auch diese Vorschläge, und dann hält man sich eigentlich dran. Macht man auch für*

*sein Kind. Nebenbei kann man natürlich für die Familie normal weiterkochen.«*
(EMT)

Die Wortwahl des »Umstellens« der Kinder bzw. ihrer Ernährungsgewohnheiten versinnbildlicht die Vorstellung einer mechanischen Umgewöhnung. Darin blitzt der Pragmatismus der Mütter auf, wie sie sich idealerweise ein Lösungsangebot wünschen. Dieser Wunsch ist der gewohnten und anerkannten Praxis geschuldet, wie die häuslichen und familialen Verpflichtungen zu bewältigen sind. In dieser sozialen Praxis ist eine Konzentration auf die Probleme eines einzelnen Kindes nicht vorgesehen, sofern es dafür erforderlich ist, die kulturellen und sozialen Regeln und Institutionen zu übergehen. Im Unterschied zu den deutschen Eltern, für die die Erwartungen an sie sozialstrukturell klassifiziert und klassifizierend sind, beurteilen die türkischen Familien die gleichen Aufforderungen als Abwertungen ihrer Wahrnehmungs- und Bewertungsmuster und als Eingriff in ihre Praktiken, das heißt als negative Klassifikationen und Klassifizierungen ihres ethnischen Kapitals und ihrer ethnischen Herkunft.

### 3.4.1 Standpunkte der Eltern

Die Eltern nehmen nicht nur zu den an sie herangetragenen Aufforderungen und den darin transportierten sozialen Klassifikationen und Klassifizierungen Stellung, sie beziehen auch eigene Standpunkte und vertreten Auffassungen darüber, weshalb ihre Kinder zu dick geworden sind und was Abhilfe schaffen würde. Diese Ansichten sind relational konzipiert, da sie auf Klassifikationen und Klassifizierungen reagieren und gegen deren beherrschenden Charakter aufbegehren. Es war den Eltern während der Gruppendiskussionen ein wichtiges Anliegen, darzulegen, dass sie eigene Erklärungen und Strategien dafür haben, warum ihre Kinder dick sind, was zu passieren hat, damit sie beginnen abzunehmen, und wie sie besser mit ihrem Dicksein zurechtkommen würden. Aus der Sicht der Eltern ist die wichtigste Ursache für das Übergewicht ihrer Kinder, dass diese bei sie überwältigenden Gefühlen ohne jegliche Selbstkontrolle essen. Als typische Gefühle nennen sie Frust, Langeweile und Wut.

*»Ich bin seit fünf Jahren geschieden, ich und meine beiden Kinder sind alleine zuhause, und das ist ein richtiges Problem. Mein Sohn, er isst sehr viel, und bei jedem aggressiv- oder Wutanfall isst er viel.«* (EMT)

*»Der kann satt sein, er kann gegessen haben, fünf Minuten guckt er Fernsehen, dann sagt er: ›Ich habe Hunger, will mir was zu schnökern holen‹ – aus Langeweile, aus Frust, mehr ist das nicht, statt rauszugehen zum Spielen sitzt er den ganzen Tag vor der Glotze. Das macht er natürlich aus Langeweile.«* (EMT)

Von ihrem Standpunkt aus sind weniger der Essstil oder andere familiale Praktiken ursächlich für das Dicksein ihrer Kinder. Die wesentlichen Auslöser sehen viele Eltern bei den Jugendlichen selbst. Sie könnten ihre Gefühle nicht kontrollieren, Essen helfe ihnen, negative Gefühle auszugleichen. Solche Gefühle, die sie – wie wir vorne gesehen haben – selbst kaum regulieren können, identifizieren die Eltern als wesentliche Ursache dafür, dass die Jugendlichen zu viel essen. Wie sie ihre Kinder bei der Bewältigung unterstützen können, wissen sie nicht. Viele Eltern halten sich auch nicht für zuständig, ihren Kindern dabei zu helfen, mit negativen Gefühlen anders umzugehen. Sie meinen, dass sich die Fähigkeit, übermächtige Gefühle regulieren zu können, von selbst einzustellen hat, weshalb man als Eltern gar nicht eingreifen könne.

*»Ja! Und das ist Frustessen, weil sie halt Probleme haben, weil sie damit nicht klarkommen.«* (EMD)

Die Eltern ziehen nicht in Betracht, dass die Bevorratung von Lebensmitteln im Haushalt – speziell von Süßigkeiten – Essen aus Frust, Langeweile, Wut oder Aggression begünstigt. Ebenso wenig gestehen sie sich ein, dass sie mit ihrem Einkaufsverhalten die Voraussetzungen für Frustessen schaffen und es in ihrer Macht sein könnte, diese familiale Praxis zu verändern.

*»Weil, auch ich esse gerne Süßes, und, ja, das sieht man auch.«* (EMD)

*»Wir haben schon versucht, die Süßigkeiten zu verstecken, aber er sucht die ganze Küche durch, [lacht] aus Langeweile wissen sie gar nicht, was sie machen wollen.«* (EMT)

Die beiden Zitate illustrieren nochmals, dass die Eltern die Aufgabe, das Verlangen nach Süßem und übermäßigem Essen zu bremsen und sich selbst zu kontrollieren, weitgehend an die Kinder delegieren. Darauf zu achten, das Angebot an »ungesunden« Lebensmitteln und Süßigkeiten zuhause möglichst zu verringern, scheint aus der Sicht der Eltern nicht sinnvoll oder erstrebenswert. Es würde bedeuten, dass sie sich selbst einschränken müssten, obwohl nicht sie, sondern ihr Kind abnehmen soll.

Es muss bei den Kindern »Klick machen«, ansonsten sind die Anstrengungen, sie zum Abnehmen zu bewegen, vergeblich. Davon berichten die Eltern, und sie unterlegen dies mit vielen Beispielen aus ihrer Familie. Ihre Erfahrung ist, dass jegliche Bemühung zunächst von den Jugendlichen selbst ausgehen müsse und sie in der Praxis kaum Einfluss darauf haben, dass ihre Kinder die Bereitschaft entwickeln, ihr Ernährungs- und Bewegungsverhalten zu verändern. Sofern ihre Kinder nicht selbst zu der Einsicht gelangen, dass sie, um dünner zu werden, ihre Gewohnheiten aufzugeben haben, blieben ihre Anstrengungen folgenlos.

*»Also, mein Sohn, der war bei 105 Kilo und ist jetzt bei 90 Kilo, aber das hat bei ihm [Fingerschnipsen] Klick gemacht, ne, es hat einfach gefunkt, und er hat gesagt: ›Ich will.‹ Durch die Mädchen oder so kommt es.«* (EMD)

*»Der Vater Staat kann nicht dafür sorgen, dass wir Korpulenten abnehmen, solange man nicht selber was tut und dass es irgendwo im Kopf auch Klick macht. Wenn ich jetzt so mit meinem Sohn drüber rede, sage ich, André, hör mir zu, bei dir im Kopf muss es Klick machen.«* (EVD)

Das Bild »Klick machen« veranschaulicht die Auffassung der Eltern, dass, wenn die Kinder in sich selbst den »Schalter« umlegten, sie gleichzeitig die Bereitschaft aufbringen würden, ihren Körper ihren Wünschen entsprechend zu verändern. In dieser Auffassung ist zum einen enthalten, dass dieses Ereignis von den Eltern nicht beeinflussbar oder gar zu verantworten sei. Zum anderen bedürfe es keiner weiteren Hilfestellung ihrerseits: Alle Hemmnisse und Hinderungen verflüchtigen sich von selbst, hat es nur erst einmal »*klick gemacht*« und wenn der »*Kopf mitmacht*«.

*»Er isst gerne, und das ist auch nicht gut; der Kopf muss mitmachen, und wenn der nicht mitmacht, dann ...«* (EMT)

Der Wunsch nach einer spontanen Lösung des Problems ohne Dazutun der Eltern erklärt sich nicht aus Unbesorgtheit, mangelndem Mitgefühl oder Desinteresse an dem Dicksein ihrer Kinder. Vielmehr dokumentiert sich darin die von den Eltern wahrgenommene Überforderung. Zudem wehren sich die Eltern damit gegen eine negative gesellschaftliche Bewertung darüber, wie sie ihrer elterlichen Verantwortung nachkommen. Denn es ist naheliegend, ihnen vorzuwerfen, dass sie diese an ihre Kinder delegieren, indem sie sie selbst dafür verantwortlich machen, ob es bei ihnen »Klick macht« oder nicht. Man könnte aber auch fragen, ob die Verantwortlichkeit und Zuständigkeit tatsächlich einzig bei den Eltern liegt. Sie könnte ebenso auf die Produzenten solcher Lebensmittel verlagert werden, die dafür bekannt sind, dick zu machen. Weiterhin wird nicht hinterfragt, ob diese Familien aufgrund ihrer sozialstrukturellen Position überhaupt in der Lage sind, die an sie gerichteten Anforderungen zu erfüllen. Dies gilt insbesondere für die Fähigkeit und Möglichkeit zur präventiven Voraussicht, das heißt auf einen planbaren Lebensverlauf rekurrieren zu können.

Vor allem aber wird übersehen, dass die Eltern auf die in den Anforderungen enthaltenen sozialen Klassifikationen und Klassifizierungen reagieren, indem sie diesen ihren eigenen Standpunkt entgegensetzen. Mit anderen Worten: Es wird nicht beachtet, dass die Eltern einen sozialstrukturell begründeten Standpunkt beziehen und sich über ihre Kinder eben nicht unabhängig von ihrer sozialstrukturellen Position äußern.[44] Dies gilt insbesondere für die Ansicht der Eltern, dass es ihren dickeren Kindern helfen würde, wenn sie mit mehr Selbstbewusstsein in der Öffentlichkeit auftreten könnten.

*»Ja, ich merke das, wenn er auf so eine Gruppe zugeht, sein Blick ist nur auf den Fußboden gerichtet: ›Also, wenn ich die nicht sehe, dann sehen die mich auch nicht‹ – so ungefähr habe ich das Gefühl.«* (EMD)

*»Selbstbewusst sein, man muss selbstbewusster sein, selbstbewusster.«* (EVT)

Aus der Sicht der Eltern würden ihre Kinder mit den gesellschaftlichen Haltungen und abwertenden und ausgrenzenden Behandlungsweisen, die sie tagtäglich in der Alltagswelt erfahren, besser umgehen können, wenn sie hierauf mit mehr Selbstbewusstsein reagieren könnten. Darin sehen sie eine Umgangsweise, die ihre Kinder beherrschen sollten, um die Herabsetzungen aufgrund ihres Dickseins nicht an sich herankommen zu lassen und um ihren Anspruch auf soziale Zugehörigkeit und Anerkennung durchzusetzen.

*E: »Das Problem, denke ich, bei den dickeren Kindern ist auch, dass die dieses Selbstbewusstsein noch gar nicht haben.«*

*B: »Ja.«*

*E: »Wenn die mehr hätten, dann würden sie sich auch viel stärker behaupten können gegenüber den, ich sage mal, den normalen Menschen, die normal gebaut sind. Und dadurch entsteht auch diese Ausgrenzung. Die kapseln sich ab,*

---

44 Allerdings – darauf komme ich noch zurück – ist die Perspektive der Kinder eine andere.

*stellen sich daneben und fügen sich nicht in die Gruppe ein, teilweise schon von sich aus nicht.«* (EVD)

Abermals vertreten die Eltern den Standpunkt, dass die Kinder mit ihrem Verhalten und Handeln mitverantwortlich dafür sind, wie es ihnen geht und ob sie wegen ihres Dickseins diskriminiert werden. Manche Eltern vertreten diese Sichtweise noch konsequenter. Die Jugendlichen würden, weil es ihnen an Selbstbewusstsein mangelt, versäumen, eine gleichberechtigte Teilhabe und Partizipation für sich einzufordern. Stattdessen würden sie sich den sozialen Auseinandersetzungen nicht stellen und sich auf diese Weise – zumindest teilweise – selbst ausgrenzen.

### 3.4.2  Das Gespür für die eigene soziale Stellung

Angesichts der vorangegangenen Schilderungen scheint nichts naheliegender, als zu dem Schluss zu kommen, dass die Eltern ihrer Verantwortung gegenüber ihren Kindern nur unzureichend nachkommen. Eine solche soziologische Interpretation bliebe jedoch in die gesellschaftlichen Auseinandersetzungen verstrickt, die den Stellungsnahmen und Standpunkten zugrunde liegen. Sie würde nicht nur verkennen, dass die Sichtweisen und Überzeugungen der Eltern Teil der gesellschaftlichen Auseinandersetzungen sind, vor allem würde sie sich den mit symbolischer Macht und Legitimität ausgestatteten Forderungen anschließen, indem sie diese als Ausgangsbasis setzt und darauf aufsattelnd die Frage stellt, warum die Eltern sich nicht an die Vorgaben halten. Die eigentliche soziologische Aufgabe besteht jedoch darin, nach dem sozialen Geschehen zu fragen, das diesen Konfrontationen zugrunde liegt. Damit soll keineswegs infrage gestellt werden, dass die praktische Umsetzung der an die Eltern gerichteten Aufforderungen mit dazu beitragen würde, dass es den Kindern möglich wird, abzunehmen.

Ein weiterer, ähnlich naheliegender Schluss wäre, die Antworten und Reaktionen der Eltern, die überwiegend auf ihre beschränkten Mittel aufgrund ihrer sozialstrukturellen Position verweisen, ausschließlich als direkte Kennzeichnung der objektiven Lebensbedingungen zu interpretieren und nicht als das, was sie in diesem Kontext insbesondere sind: Stellungnahmen und Standpunkte, die auf ihre sozialstrukturelle Position rekurrieren. Dass viele der Eltern, die an den Gruppendiskussionen teilgenommen haben, mit beengten finanziellen Mitteln wirtschaften müssen und von weiteren sozialen Benachteiligungen betroffen sind, soll damit nicht negiert oder relativiert werden, auch nicht, dass der Ressourcenmangel es ihnen beträchtlich erschwert, bestimmte gesellschaftliche Aufforderungen praktisch umzusetzen. Aber die Art und Weise, wie die Eltern ihre Argumente aufbauen und anführen, lässt sich darauf nicht zurückführen. Diese sind relational konstruiert, also als Entgegnung auf die Gebote.

Vergegenwärtigen wir uns nochmals kurz, was mit der Konfrontation mit den Aufforderungen in der Alltagspraxis gemeint ist. Die Eltern werden beständig und vielerorts ermahnt, dafür Sorge zu tragen, dass ihre Kinder abnehmen. In der KITA werden Regeln aufgestellt, was die Kinder zu essen bekommen, was im Frühstücksbeutel sein soll und welche Speisen und Getränke dort nicht erwünscht sind. In der Schule, auf der Klassenfahrt, setzt sich dies fort. Kinder- und Jugendärzte, die Krankenkasse und viele andere fordern von den Eltern sehr deutlich, dass das Kind an Gewicht zu verlieren habe. Dies sind direkt an die Mütter und Väter gerichtete Anweisungen. Die Blicke der Verwandten und der Nachbarschaft und die Unzufriedenheit ihrer Kinder kommen hinzu.

Die beschriebenen Anforderungen an die Eltern scheinen einzig das Gewicht ihrer Kinder zu betreffen. Sie sollen sie davon abhalten, zu viele Süßigkeiten zu essen, sich darum kümmern, dass sie sich mehr bewegen, gesünder kochen, mehr Zeit mit ihnen verbringen etc. Diese Gebote sind vermeintlich sozialstrukturell neutral formuliert, tatsächlich handelt es sich jedoch um sozial klassifizierte und klassifizierende Praxisformen, und auf diese Weise sind sie mit den Prozessen der sozialen Positionierung verwoben. Sie geben deutlich vor, »was man ›sich erlauben‹ darf«, und sie signalisieren, was es einzuhalten und zu respektieren gilt (Bourdieu 1985: 18). Praxisformen werden abhängig von der eigenen sozialen Stellung als sozial klassifiziert und klassifizierend wahrgenommen und danach bewertet, ob sie einem selbst sozial nah oder fern sind. Bei diesen Praxisformen handelt es sich um solche, die von den Eltern als sozialstrukturell fern erfahren werden. Zudem sind sie mit großer Distinktionsmacht ausgestattet, weil sie – propagiert mit medizinisch-wissenschaftlicher Expertise – als einzig legitime Praktiken angesehen sind. Dies war die Begründung dafür, die Stellungnahmen und Standpunkte der Eltern relational zu rekonstruieren und zu analysieren.

Das soziale Gespür der Eltern, das heißt ihr Sinn für die eigene soziale Stellung, schließt ein, *dass* sie diese Aufforderungen prinzipiell anerkennen. Sie spüren – mit Berger/Luckmann formuliert: sie wissen –, *dass* sie es sich nicht erlauben können, schlicht mit Ablehnung zu reagieren. Sie haben zu verdeutlichen, *dass* sie die ihnen gestellte Aufgabe respektieren, und sie haben zu rechtfertigen, warum es ihnen nicht möglich ist, ihrer Pflicht nachzukommen. *Dass* die Eltern ein soziales Gespür dafür haben, *dass* die Aufforderungen sozial klassifiziert und klassifizierend sind, zeigen ihre Antworten und Reaktionen, wie sie begründen, *dass* sie diese Praxisformen, obwohl sie ihnen grundsätzlich zustimmen, nicht zu ihren eigenen machen können. Sie antworten und reagieren, indem sie auf ihre sozialstrukturelle Position hinweisen, die sie dazu nötigt, mit begrenzten materiellen und immateriellen Ressourcen ihren Alltag zu bestreiten. Um die geforderten Praktiken realisieren zu können, fehlt es ihnen an nötigen finanziellen und anderen Mitteln ebenso wie an einer langfristigen und abgesicherten Lebensplanung. Das heißt: Die Begründungen der Eltern sind sozialstrukturell hergeleitet. Sie reagieren auf diese Weise auf die in den sozialen Klassifikationen und Klassifizierungen eingewobenen sozialstrukturellen Positionierungen und bringen Gegenargumente, die präzise auf die Klassifikationen und Klassifizierungen abgestimmt sind.

Nähme man diese Gegenargumente nicht als das, was sie sind: Stellungnahmen und Standpunkte im relationalen Ungleichheitsgeschehen, sondern würde sie als substanzielle Charakterisierungen ihrer objektiven Lebensbedingungen lesen, dann hieße dies, die Perspektive der Eltern auf die soziale Welt und ihren sozialen Sinn für die eigene Stellung nicht ernst zu nehmen. Konkret würde dies beispielsweise bedeuten, zu behaupten, dass die Sozialisation der Jugendlichen durch die sozialstrukturelle Position der Eltern determiniert ist, weil sich die mangelnde Ressourcenausstattung direkt in bestimmten Praktiken, Wahrnehmungen und Bewertungen der sozialen Welt niederschlägt. Erstens entspricht eine derartig schlichte deterministische Erklärung nicht der sozialen Wirklichkeit. Sie unterschätzt, zweitens, dass die gesellschaftlichen Aufforderungen wie auch die Stellungnahmen und Standpunkte der Eltern auf vergangene gesellschaftliche Auseinandersetzungen zurückgreifen. Drittens würde sie die Eltern wie die Jugendlichen indirekt »entmündigen«, weil ihnen die Fähigkeit, einen eigenen Standpunkt zu beziehen und zur sozialen Welt Stellung zu nehmen, abgesprochen würde.

Daraus ergibt sich für die soziologische Analyse, dass ihr Anliegen nicht sein darf, die Stichhaltigkeit der elterlichen Argumente, der Stellungnahmen und Standpunkte »objektiv« zu überprüfen. Natürlich wäre auch mit den beschränkten Mitteln ein gesünderer Lebensstil möglich, würden die Familien weniger Geld für dick machende Lebensmittel ausgeben, Obst und Gemüse der Saison einkaufen, ihre Kinder im örtlichen Sportverein anmelden und dafür Sorge tragen, dass weniger Zeit vor dem Fernseher oder am Computer verbracht wird. Aber wie die Analyse der Sichtweisen und Stellungsnahmen der Eltern gezeigt hat, leiten sich diese weniger direkt von ihren begrenzten Ressourcen her, sondern sind zumeist die unmittelbare Antwort auf die Anforderungen, mit denen sie konfrontiert sind. Ihre Stellungnahmen und Standpunkte lassen sich mit Bourdieu als eine Art von Repräsentationsarbeit verstehen, mit der die Eltern »ihre Weltsicht bzw. Auffassung von ihrer eigenen Stellung in dieser Welt, mit anderen Worten: ihre gesellschaftliche Identität, durchzusetzen versuchen« (Bourdieu 1985: 16).

Die Sicht der sozialen Welt sowie seiner eigenen Stellung in dieser referiert einerseits auf die »objektive« Position und andererseits auf die Wahrnehmungs- und Bewertungsschemata. Wenn die Eltern verschiedene Ausprägungen von Knappheit – Geld, Zeit und Kontrollmöglichkeiten – anführen, dann argumentieren sie mit ihrer »objektiven« Position. Wie wir gesehen haben, sind die Argumente relational konzipiert, also kein direkter Ausfluss ihrer »objektiven« Position. Daraus ergibt sich die Frage, warum sie in ihren Stellungnahmen und Sichtweisen mit ihrer »objektiven« Position – und zwar in einer objektivierenden Art – argumentieren. Dies kann man sich verständlich machen, wenn man bedenkt, dass die Wahrnehmungs- und Bewertungsschemata »das Produkt symbolischer Auseinandersetzungen darstellen und in mehr oder minder umgewandelter Form den Stand der symbolischen Kräfteverhältnisse zum Ausdruck« bringen (ebd.).

Vor diesem Hintergrund ist erklärlich, dass die Eltern vorwiegend mit den zu knappen Ressourcen argumentieren, insbesondere mit solchen Ressourcen, bei denen gesellschaftlich anerkannt ist, dass ein Mangel derselben die Möglichkeiten des Handelns und des Planens des eigenen Lebenslaufs stark einschränkt. Mit anderen Worten: Die Eltern greifen in ihren Stellungnahmen und Standpunkten jene gesellschaftlichen Sichtweisen über soziale Ungleichheiten und die daraus resultierenden Beschränkungen und Grenzen auf, die durch vergangene soziale Auseinandersetzungen zu anerkannten und legitimen Begründungen geworden sind. Dies verdeutlicht nochmals, dass es um wesentlich mehr geht als um einige Kilos zuviel. Es geht um Prozesse sozialer Klassifikation und Klassifizierung und um das Abwehren von weiteren Abwertungsprozessen, die zur Rechtfertigung zusätzlicher sozialstruktureller Benachteiligungen genutzt werden könnten.

All dies darf und sollte nicht davon ablenken, dass die Familien tatsächlich in sozial benachteiligten Verhältnissen leben, mit wenigen Ressourcen wirtschaften müssen. Die »objektive Seite« ihres Lebens stand hier aber nicht im Zentrum, weil die gesellschaftliche Auseinandersetzung über die Gründe und Ursachen dafür, dass ihre Kinder zu dick sind, relational geführt wird: mit Distinktionen und Herabsetzungen und mit Abwehrkämpfen und Gegenargumenten. Dies wird in den weiteren Abschnitten, in denen die Perspektive der Jugendlichen im Zentrum steht, bestätigt.

## 3.5 Aus der Perspektive der Jugendlichen: Nur der Körper zählt

*»Ja, so kann man sich das ganze Leben verhauen, wenn man nichts macht, wenn man dicker ist und sich nichts traut, man zieht sich nur runter, wird depressiv, das bringt einen ja dann auch nicht weiter.«* (MD 11–13)

Dies ist nur eine unter vielen Äußerungen aus der Studie, die belegt, dass sich die Jugendlichen Sorgen um ihre Zukunft machen und diese als durch ihren Körper bestimmt erleben. »Etwas machen« und »sich etwas trauen« stehen dabei für ihren Zukunftswunsch, eine sozial angesehene Position zu erlangen und sich und ihrer zukünftigen Familie ein ausreichendes Einkommen zu sichern. Die Chancen, dass ihnen dies gelingen wird, schätzen sie als gering ein. Ihre Einschätzung beruht einerseits auf ihren persönlichen Erfahrungen, wie mit ihrem Dicksein gesellschaftlich umgegangen wird, und andererseits auf ihren Beobachtungen der Alltagswirklichkeit, wo sie wahrnehmen, dass Leistung und Erfolg mit einem dünnen Körper assoziiert sind. Insbesondere in Institutionen wie der Schule und in der beruflichen Ausbildung, in Organisationen wie in Sportvereinen, aber auch in den Medien sammeln sie diese Eindrücke (vgl. Kapitel 6).

Die Jugendlichen leben mit ihren Eltern in sozialstrukturell benachteiligten Verhältnissen. Wie die Analyse der Stellungnahmen und Standpunkte der Eltern gezeigt hat, ist ihr Alltag von verschiedensten Knappheiten bestimmt. Hinzu kommt, dass sie permanent in Auseinandersetzungen um soziale Anerkennung stecken und Abwehrkämpfe gegen Entwertungen zu führen haben. Die sozialstrukturelle Klassifikation sowie die sozialen Klassifizierungen teilen die Jugendlichen miteinander. Sie bilden die Basis ihrer gemeinsamen Erfahrungen sozialer Ungleichheiten. Zusätzlich teilen sie das gesellschaftliche Wissen, dass ihr Körper als zu dick bewertet wird. Allerdings unterscheiden sie sich nach ethnischer Herkunft und Geschlecht.[45] Zu erwarten wäre, dass die Jugendlichen ihre sozialstrukturelle Position als Amalgam der jeweils für sie spezifisch wirksamen Strukturprinzipien schildern und von unterschiedlichen gesellschaftlichen Gewichtungen ihrer Benachteiligungen berichten. Es gibt solche Differenzen, aber sie scheinen marginal im Vergleich zu der von ihnen gemeinsam geteilten gesellschaftlichen Erfahrung: der sozialen Klassifikation ihres Körpers, der damit assoziierten sozialen Klassifizierungen und genau daraus resultierenden sozialen Zurücksetzungen. Obwohl die Jugendlichen in sozial benachteiligten Verhältnissen leben und die Hälfte von ihnen einen Migrationshintergrund hat, erwähnen sie beides mit keiner Silbe. Ebenso wenig weisen sie auf geschlechtsspezifische Ungleichheiten hin. Für sie ist ihr Körper ursächlich für ihre verminderten sozialen Chancen, die sie sehr deutlich erleben, unter denen sie leiden und durch die sie ihre Zukunft bestimmt sehen. In der sozialen Klassifikation ihres Körpers sehen sie die Gründe dafür, dass sie von sozialen Klassifizierungen betroffen sind, die ihre sozialstrukturelle Positionierung langfristig bedrohen. Sie fürchten, auf eine soziale Position verwiesen zu werden, die ihnen weder ein auskömmliches Einkommen noch soziale Anerkennung sichern wird. Gegenwärtig erleben sie die Folgen einer solchen Position bereits in der Schule, bei der vergeblichen Suche nach einem Ausbildungsplatz, den Schwierigkeiten, Freunde zu finden, und den Unsicherheiten, mit dem anderen Geschlecht in Kontakt zu kommen.

*»Für mich wäre Abnehmen an erster Stelle [...] danach mehr Freunde finden.«* (JD 11–13)

Ihrer gesellschaftlichen Erfahrung nach ist ein Körper, der als nicht dick wahrgenommen wird, unerlässliche Vorbedingung dafür, sein Leben nach eigenen Vorstellungen gestalten zu können und in der Schule, der Ausbildung, privat wie in der Liebe erfolgreich zu sein. Ist diese Vorbedingung erfüllt, dann – davon sind sie überzeugt – würden sich alle anderen Benachteiligungen verflüchtigen. Ein solcher Körper wird von den dickeren Jugendlichen als »gesund« beschrieben. Übereinstimmend mit den gesellschaftlichen Zuschreibungen repräsentiert auch für sie ein dünner Körper »Leistungsfähigkeit« und »Zielgerichtetheit«.

---

45 Sie unterscheiden sich auch nach Alter, aber dies ist eine zeitliche und keine strukturelle Differenz, weshalb sie hier nicht behandelt wird.

*A: »Wenn man gesund ist, kann man auch Erfolg im Leben haben, wenn man dafür arbeitet und sich wirklich feste Ziele gesetzt hat, dann kann man wirklich eigentlich fast alles machen, und dann kann man auch reisen und Spaß im Leben haben, deshalb ist für mich persönlich Gesundheit am wichtigsten.«*

*C: »Also, ich finde auch Gesundheit wichtig, weil, wenn man nicht gesund ist, kann man auch nicht seine Ziele oder Wünsche erfüllen sozusagen.«*

*E: »Richtig.«*

*B: »Deswegen finde ich Gesundheit ganz wichtig, sozusagen am wichtigsten.«*

*G: »Ich auch.«*

*E: »Das wollte ich auch sagen; ich meine, wenn man gesund ist, kann man auch alles andere schaffen, ja.«*

*F: »Das finde ich auch.«* (MT 14–16)

Die Jugendlichen haben gelernt, dass der Körper als ultimatives soziales Distinktions- und Klassifizierungszeichen fungiert (Barlösius 2011b: 273–290). Im Alltag erleben sie, dass es in der sozialen Praxis als legitim gilt, einen raschen Blick auf den Körper des Gegenübers zu werfen, um eine soziale Klassifikation – eine Zuordnung zu sozialen Positionen – und eine Einschätzung von sozialen Chancen vorzunehmen. Während jedoch soziale Klasse, Herkunft und Geschlecht als strukturelle Ursachen für soziale Ungleichheiten anerkannt sind, für die keine oder nur eine begrenzte Eigenverantwortlichkeit besteht – schon gar nicht für Jugendliche –, wird dies beim Körper ganz anders gesehen. Er wird als Produkt persönlicher bzw. elterlicher Verantwortung betrachtet und damit jenseits strukturell verursachter Ungleichheiten gestellt.

*»Okay, ich bin fett, man denkt, ich mache keinen Sport, aber ganz ehrlich, wenn ich nicht irgendwas arbeiten könnte, also wenn ich die ganze Zeit nur vor dem PC sitzen oder … voll lange schlafe, dann habe ich ja gar nichts mehr vom Tag.«* (JT 11–13)

Die Erfahrung, dick zu sein, durchdringt die gesamte Alltagswirklichkeit, insbesondere dann, wenn es um Leistungsbereitschaft und -vermögen geht. Aus der Perspektive der Jugendlichen formuliert, handelt es sich dabei um Tätigkeiten, bei denen es gilt, sich anzustrengen, um anderen und sich selbst zu beweisen, was man leisten kann. Die Jugendlichen besitzen ein soziales Gespür dafür, dass darin das gesellschaftlich institutionalisierte Leistungsprinzip aufscheint. Sie haben erfasst, dass es darauf ankommt, Leistungsbereitschaft und -vermögen zu signalisieren, weil das zumeist Vorbedingung für das ist, was gesellschaftlich als erstrebenswert anerkannt ist und was auch sie erreichen möchten: eine geachtete sozialstrukturelle Position, soziale Anerkennung und Teilhabe wie auch persönliches Glück. Und sie haben erfahren, dass ein dicker Körper als Manifestation von Leistungsunwillen oder -verweigerung ausgelegt wird.

Den Jugendlichen, speziell den älteren, ist bewusst, dass sie sich in der Phase ihres Lebens befinden, in der sie in absehbarer Zeit für ihre eigene sozialstrukturelle Position und für die sozialen Klassifizierungen, die ihnen zugeschrieben werden, einzustehen haben. Sie spüren, dass sie in Kürze für ihre soziale Anerkennung und Teilhabe wie auch für ihr persönliches Glück verantwortlich gemacht werden. Erfolg im Beruf und in der Liebe sind dafür Garanten, das wissen sie, und die Älteren von ihnen teilen dies mehr oder weniger ausführlich mit. Dicksein – dies erzählen uns die Jugendlichen – wird mit *»faul«*, *»antriebsarm«* und *»kontaktarm«* gleichgesetzt. Diese Gleichsetzung repräsentiert den illegitimen – den gesellschaftlich verachteten – Gegenpol zu *»fleißig«*, *»selbstverantwortlich«* und *»integriert«*.

*»Dass man seine Stärken nicht zeigen kann, wenn man nicht fleißig ist«* (JT 14–16), das macht ihnen zu schaffen. Dies erleben sie im Sport, in der Schule, auf der Suche nach einem Ausbildungsplatz und an vielen weiteren Stellen. Sie beklagen, dass selten überhaupt darauf geachtet wird, was sie leisten wollen und können, wie rege sie sind und wie sie sich bemühen. Sie leiden darunter, dass ihre Bemühungen und Anstrengungen kaum honoriert werden, dass ihr Wunsch, sich zu fordern und aktiv zu sein, oftmals weder erkannt noch ernst genommen wird. Ungleichheitssoziologisch ausgedrückt: Aus ihrer Sicht bringen sie – soweit ihnen dies möglich ist – ihre Zustimmung zur leistungsorientieren Zuweisung sozialer Positionen durch ihr Handeln und ihre Tätigkeiten immer wieder zum Ausdruck. Aber aufgrund der alles andere überwiegenden abschätzigen Klassifikation ihres Körpers wird dies viel zu wenig gewürdigt.

Vor allem die jüngeren Jugendlichen drücken die von ihnen erlebte Ungerechtigkeit, wegen ihres Körpers verkannt zu werden, vorwiegend darüber aus, dass sie immer wieder hervorheben, sehr aktiv zu sein, vieles zu machen und nur selten oder kurz *»stillzusitzen«*. Sie betonen immer wieder, dass sie ihre Stärken zeigen, ihren Fleiß beweisen und ihren Willen, etwas leisten zu wollen, demonstrieren möchten.

*A: »Zuhause langweile ich mich, wenn ich die ganze Zeit am PC bin oder so, ich muss was machen, sonst kann ich es nicht aushalten.«*

*D: »Ich doch auch nicht.«* (JD 11–13)

*»Ja, also ich bin auch so eine, die eher so aktiv ist, ich gehe gerne ins Fitnessstudio, mache gerne Sport, ich tanze gerne, ich habe eigentlich gerne Bewegung, also den ganzen Tag faul rumschlafen könnte ich jetzt nicht.«* (MT 14–16)

In allen Gruppendiskussionen offenbaren die Jugendlichen, dass für sie im Sportunterricht unerfreuliche Erlebnisse überwiegen. Dies hat eine Reihe von Ursachen. So wird etwa von ihrem körperlichen Aussehen auf ihre sportliche Leistungsfähigkeit geschlossen und diese dabei regelmäßig als äußerst gering eingeschätzt. Sie berichten davon, dass ihnen sportlich beinahe gar nichts zugetraut wird, worin aufscheint, mit welchen abqualifizierenden Vorannahmen sie konfrontiert sind. Die meisten von ihnen streben mitnichten danach, beim Sport zu den Besten zu gehören, sie möchten einfach nur nicht die Allerlangsamsten sein – die, die gar nicht mithalten können.

*»Wenn man jetzt beim Sport ist, wo man sich halt jetzt besonders anstrengen muss, halt jetzt mit dem Körper, dann sieht man von außen dick aus, aber eigentlich ist man jetzt schnell oder auch sehr stark. Dann kann man auch manchmal beim Sport was beeindrucken, wenn die denken: ›Oh, der ist jetzt sicher langsam‹, wo man eigentlich etwas schnell ist, also man ist nicht der Schnellste, aber auch nicht der Langsamste.«* (JD 14–16)

*»Beim Fußball, wenn jetzt nicht so ein Großer da mitspielt, dann bin ich einer der Besten.«* (JD 14–16)

Es kommt ein struktureller Grund hinzu. Die im Schulunterricht bevorzugt unterrichteten Sportarten erfordern und trainieren Schnelligkeit, Beweglichkeit und Gewandtheit. Damit sind sie eher auf leichte und biegsame Körper zugeschnitten. Die dickeren Jugendlichen, die ihre körperlichen Vorteile darin sehen, Kraft und Stärke besitzen, fühlen sind durch diese Auswahl strukturell benachteiligt. Des Weiteren werden viele Sportbetätigungen als Wettkämpfe inszeniert, die mit Sieg oder Niederlage enden, speziell Mannschaftssportarten. Für die dickeren Jugendlichen bedeutet dies, regelmäßig bewiesen zu bekommen, dass sie in den Mannschaften nicht gern gesehen sind, weil sie als »Totalausfall« gelten. Da sie sich ohnehin nichts mehr wünschen als dazuzugehören, ist es einsichtig, warum viele Jugendliche diese Behandlung als Zeichen ihrer gefährdeten Zugehörigkeit erleben.

Wenden wir uns nun vom Schulsport ab und den körperlichen Betätigungen insgesamt zu. Sich zu bewegen und Sport zu treiben bewerten die Jugendlichen als wichtig und befinden sich damit im Einklang mit der sozial positiven Klassifizierung von beweglich und sportlich sein. Wenn sie sich Sportarten aussuchen dürften, dann bevorzugen sie solche, die körperliche Kraft erfordern, zum Beispiel Training mit Hanteln oder an Fitnessgeräten. Sportliche Betätigungen, die Ausdauer und Beweglichkeit verlangen, wie Joggen und Skaten, meiden sie. Bei der Wahl der Sportarten achten sie darauf, dass diese eher fern der Öffentlichkeit stattfinden. Folglich fallen Schwimmbäder oder Laufstrecken etwa durch einen belebten Park weg. Stattdessen wählen sie Aktivitäten, die in abgeschirmten Räumen stattfinden, beispielsweise Bodybuilding im Fitnesscenter. Viele angesagte jugendliche Bewegungs- und Trainingsformen kommen für sie nicht infrage, weil sie mit einem Körperschema assoziiert sind, dem sie nicht entsprechen. Dies gilt für die Mädchen und Jungen gleichermaßen. Die von den Jungen favorisierten Sportarten sind »auf sichtbare Muskulatur im äußerlichen Erscheinungsbild« und den »Einsatz des gesamten Körpers« ausgerichtet (Bourdieu 1984: 334 und 339).

Die diversen Sportarten sind – je nachdem, welche Körperschemata sie repräsentieren – mit unterschiedlicher sozialer Distinktionskraft ausgestattet und korrespondieren mit der Hierarchie sozialer Positionierung. So sind körperliche Betätigungen, die darauf zielen, »zu einem kräftigen, die Zeichen seiner Kraft äußerlich sichtbar tragenden Körper zu verhelfen«, jenen sportlichen Betätigungen untergeordnet, die sich als vorwiegend »gesundheitlich« ausgerichtet präsentieren (Bourdieu 1984: 334–335). Bei dem Gebot, sich zu bewegen und Sport zu treiben, geht es deshalb nicht nur darum, körperlich aktiv zu sein. Die verschiedenen sportlichen Aktivitäten und die mit ihnen assoziierten Körperschemata sind mit Prozessen der sozialen Positionierung verwoben und werden gesellschaftlich danach bewertet, welches körperliche Erscheinungsbild mit ihnen korrespondiert. Entsprechend werden tendenziell jene Sportarten gesellschaftlich höher bewertet, die Menschen mit einem schlanken und geschmeidigen Körper leichter fallen. Die Sportarten der dickeren Jugendlichen, die ihrem Körper gemäß Bewegungen und sportliche Aktivitäten bevorzugen, die Krafteinsatz erfordern, werden dagegen gesellschaftlich als weniger erstrebenswert angesehen. Sowohl in der Schule als auch in der Freizeit bewegen sich die dickeren Jugendlichen in einer Welt der »dünnen Sportarten«. Ihre sportlichen Neigungen wie Krafttraining oder

Frauenfußball kommen kaum vor, zudem besitzen sie eine geringe Distinktionsmacht.

Die älteren Jugendlichen konkretisieren ihre Leistungsbereitschaft zusätzlich darüber, dass sie beteuern, einen guten Schulabschluss anzustreben und im Beruf viel erreichen zu wollen. Dies sind die beiden zentralen Bereiche, über die in unserer Gesellschaft – jedenfalls dem geltenden Grundverständnis nach – soziale Positionen, Anerkennung und Teilhabe erlangt werden. Sie bilden die beiden Hauptsäulen des meritokratischen Leistungsprinzips. Genau für diese beiden Bereiche fürchten die Jugendlichen, dass sie von den negativen gesellschaftlichen Zuschreibungen, die an Dicksein gekoppelt sind, betroffen sein werden.

»*Dass ich dünn werden will, wegen dem Geld, so finanziell, weil die Dünnen kriegen bessere Jobs.*« (JT 14–16)

Sie halten ihre Chancen, in der Schule und im Beruf ihre Leistungsfähigkeit unter Beweis stellen zu können, für vermindert. Sie fürchten, dass ihnen wegen ihres Körpers eine geachtete Position, soziale Anerkennung und Teilhabe verwehrt sein werden. Hierauf komme ich ausführlich im nächsten Kapitel über »Die ›wirkliche‹ und die ›ideale‹ gesellschaftliche Ordnung dickerer Jugendlicher« zurück.

### 3.5.1 Geschlecht und ethnische Herkunft – aus der Sicht der Jugendlichen nur kleinere Ungleichheiten

Mit dem Adjektiv »klein« soll nicht gesagt werden, dass es sich um belanglose Ausprägungen von sozialer Ungleichheit handelt. Geschlecht und ethnische Herkunft gehören nicht nur nach den Theorien der Intersektionalität zu den zentralen sozialen Strukturprinzipien. Aus der Perspektive der von uns befragten Jugendlichen besitzen sie jedoch nur eine nachrangige Strukturierungsmacht. Sie sind gegenüber dem Körper von so untergeordneter Bedeutung, dass die Teilnehmerinnen und Teilnehmer an den Gruppendiskussionen – selbst die Mädchen und die türkischen Jugendlichen – Geschlecht und Herkunft nicht von selbst ansprechen, genauso wenig wie soziale Klasse. Wenn im Folgenden die Wirkungsweise von Geschlecht und Ethnizität rekonstruiert wird, dann nur, insoweit daraus Unterschiede bzw. Ungleichheiten unter den dickeren Jugendlichen erwachsen. Für soziale Klasse ist dies nicht erforderlich, da – wie wir gesehen haben – es dort kaum

Differenzen zwischen den Gesprächsteilnehmern gibt, aus denen spezifische Benachteiligungslagen entstehen könnten.

Die weiblichen und die männlichen Jugendlichen unterscheiden sich darin, wie sie über ihren Körper sprechen und was sie mit Körperlichkeit assoziieren (vgl. Griffiths et al. 2006). Dabei – dies ist nicht überraschend – geht es ihnen vor allem darum, die Geschlechterdifferenz zu markieren, sich als weiblich oder männlich zu präsentieren. Dies verbindet alle Jugendlichen. Es sind die Erfahrungen der Pubertät. So berichten die weiblichen Jugendlichen besonders häufig über Erfahrungen mit ihrem Körper in Zusammenhang mit Schönheit, Liebe und Kleidung. Sie erzählen, welche Tricks sie beim Anziehen anwenden, bestätigen sich gegenseitig, dass jede Frau schön ist, bei manchen der Körper, bei anderen das Gesicht, die Haare oder die Hände. Sie tauschen sich über ihre ersten Kontakte mit Jungen aus, die für sie eine ähnlich einschneidende Bedeutung haben wie für die meisten anderen, »normalen« Mädchen auch. Allerdings stehen bei ihnen diese ersten Entdeckungen ihrer eigenen Weiblichkeit unter dem Vorzeichen, dass ihr Körper für alle sichtbar von den jugendlichen Idealisierungen abweicht, weshalb sie mit ihm – dem deutlichsten Kennzeichen ihrer Weiblichkeit – hadern. Aus ihrer Sicht hindert er sie an einer gelingenden weiblichen Selbstfindung. Die Kleidung wählen sie so, dass sie die Weiblichkeit ihres Körpers eher versteckt als präsentiert. Die ersten Liebeleien erleben sie als permanent durch ihren Körper gefährdet.

*»Ich würde meinen allerliebsten Schatz Arne mitnehmen, aber wenn ich essen gehen würde, würde ich ihn wegschicken; also dass er nicht sieht, was ich esse.«* (MT 14–16)

Die männlichen Jugendlichen sind ebenfalls mit ihrem Körper unzufrieden, aber in anderer Weise. Sie streben nach einem starken und kräftigen Körper, weshalb ihnen ausgeprägte Muskeln wichtig sind. Ihr Dicksein begreifen einige von ihnen als transitorisch; sie haben die Hoffnung, dass sich durch körperliches Training ihre Körpermasse in Muskeln umwandeln lässt.

*»Und jetzt hat er Bodybuilding gemacht, ja, und ist jetzt halt schlank geworden, also er wiegt immer noch fast dasselbe, fünf Kilo weniger, aber das hat er jetzt in Muskeln.«* (JD 14–16)

Abzunehmen meint deshalb für sie weniger eine Reduktion des Gewichts als vielmehr die Verwandlung in einen männlich wirkenden, weil muskulösen Körper. Dementsprechend bevorzugen sie muskelaufbauende Sportarten. Genau deshalb kritisieren die männlichen Jugendlichen, dass ihnen beispielsweise der Schulsport wenig Gelegenheit bietet, ihre körperlichen Kräfte zu zeigen und zu stärken.

Im Vergleich zwischen Jugendlichen deutscher und türkischer Herkunft fällt auf, dass zwischen den Jungen kaum Unterschiede bestehen, während sich die Lebenslagen der weiblichen Jugendlichen deutlich unterscheiden. Die Mädchen türkischer Herkunft berichten von vielen familialen und häuslichen Verpflichtungen und Aufgaben. Sie sind vollkommen in die weibliche (erwachsene) Welt eingebunden und können sich kaum auf einen alterspezifischen Status als Jugendliche berufen.

*»Ich wache dann morgens meistens schon so um halb sieben auf, und dann bin ich auch den ganzen Tag auf den Beinen, entweder bin ich in der Schule den ganzen Tag lang bis drei, oder ich bin bei meiner Oma. Da muss ich ja dann auch arbeiten; zum Beispiel muss ich die Wohnung sauber halten, und ich muss dann auch ab und zu bis zu fünf Mal am Tag zum Laden gehen, und dann muss ich auch immer zum Arzt gehen, weil sie ihre Medikamente braucht.«* (MT 14–16)

*»Wir sind sechs Kinder; und ich habe nur zwei ältere, die Kleinen machen Dreck. Ich bin den ganzen Tag am Aufräumen, und mein Bruder ist behindert, und der braucht auch sehr viel Pflege, und da helfe ich halt auch.«* (MT 14–16)

Die türkischen Mädchen berichten deutlich seltener als die deutschen Mädchen von jugendtypischen Freizeitaktivitäten außerhalb des Hauses, mit Freundinnen etc. Ihre Welt scheint die Welt der Familie und des Haushalts zu sein. Gleichzeitig äußern sie – viel ausgeprägter als ihre deutschen Geschlechtsgenossinnen – den Wunsch, mittels Bildungsaufstieg finanzielle Unabhängigkeit zu erlangen.

*»Ich möchte später unabhängig sein, zum Beispiel wenn ich heirate. Ich möchte unabhängig sein, dass ich nicht auf Kosten meines Mannes lebe, sondern dass ich selber einen guten Abschluss habe, dass ich selber einen guten Beruf erlernt habe und dass ich einfach mein eigenes Geld verdiene.«* (MT 14–16)

Häufig berichten türkische Mädchen von männlichen Familienmitgliedern, die ihr Ernährungsverhalten kommentieren und ihr körperliches Aussehen kritisieren. Die Väter und Brüder scheinen über die Töchter und Schwestern zu wachen und sie permanent zu ermahnen. Sie stellen nicht nur enge Verhaltensregeln für Bereiche wie Sexualität und Verhalten in der Öffentlichkeit auf, auch das körperliche Aussehen und das Essen kontrollieren sie rigide. Die männlichen Familienmitglieder weisen die Mädchen regelmäßig zurecht, sich beim Essen zu zügeln. Typische Maßregelungen sind: »*Iss das nicht oder iss das nicht, du wirst dick«*, »*Oh, bist du immer noch nicht satt«* (MT 14–16). Zudem bewerten sie sehr häufig ihre weibliche Attraktivität.

»*Mein Vater hat Angst davor, dass wir übergewichtig sind, er mag überhaupt kein Übergewicht.«* (MT 14–16)

»*Bei mir ist es zuhause so, dass, wenn ich zum Beispiel ein bisschen zunehme, wenn ich ein bisschen Bauch wieder kriege oder so, dann sagt mein Vater immer so:* ›*Ich glaube, du hast wieder ein bisschen zugenommen*‹*, dann sage ich:* ›*Ja, ich weiß*‹*, und dann sagt er:* ›*Ja, pass nur auf.*«* (MT 14–16)

Die sozialstrukturierende Wirkungsmacht von Geschlecht und Herkunft scheint, ähnlich wie die dickeren Jugendlichen dies wahrnehmen, im Vergleich zum Körper gering. Strukturell betrachtet, stimmt das gewiss. In der Alltagspraxis sind jedoch die spezifischen Amalgame von Dicksein und Geschlecht und Herkunft sehr bedeutsam. Gerade die alltäglichen Kommentierungen in der Familie oder der Öffentlichkeit belasten sie sehr und in je spezifischer Weise.

Schließlich sind noch einige Worte über Dicksein während der Pubertät unerlässlich. Die Jugendlichen befinden sich in diesem Lebensabschnitt, der allen Erfahrungen eine eigene Prägung gibt. Die Pubertät ist die Phase der Selbstfindung, der Verweiblichung oder Vermännlichung des Körpers, des Strebens nach sexueller Attraktivität. Die Pubertät stellt sich für die Jugendlichen oftmals als ein eigenes Geflecht von Bevorzugungen und Benachteiligungen dar: Manche Mädchen und Jungen erleben, dass sie begehrenswert sind, andere fühlen sich zurückgewiesen und unbeachtet. Für die dickeren Jugendlichen bedeutet dies zumeist eine Potenzierung von Zurückweisungen und Abwertungen. Sie erleben diese Herabsetzungen – dies legen unsere Gespräche nahe – oftmals als so existentiell, wie es für diese Lebensphase charakteristisch ist. In dieser Lebensphase zu dick zu sein verunsichert die Jugendlichen in besonderer Weise, weil sich sozialstrukturelle mit sehr persönlichen Erfahrungen verbinden und dadurch ihre ganze Welt – die gegenwärtige wie die zukünftige – vornehmlich aus ihrem Dicksein zu bestehen scheint.

## 3.5.2    Objektiv benachteiligt – subjektiv zu dick

Nimmt man die Perspektive der Jugendlichen ein, kann man nachvollziehen, wie sie ihr gegenwärtiges gesellschaftliches Verhältnis beschreiben. Vor
allem erfährt man, wodurch sie ihre zukünftige sozialstrukturelle Position
bestimmt sehen. Für die Gegenwart sind aus ihrer Sicht die negative Klassifikation ihres zu dicken Körpers und die mit diesem verknüpften negativen Klassifizierungen entscheidend für den gesellschaftlichen Umgang mit
ihnen. In Übereinstimmung mit dem meritokratischen Leistungsprinzip
sind sie davon überzeugt, dass ihre Chancen überwiegend davon abhängen,
welchen Schulabschluss sie erreichen und welchen Beruf sie später ausüben.
Allerdings haben sie die Erfahrung gemacht, dass ihre Leistungsbereitschaft
und ihr Leistungsvermögen verkannt werden, weil sie zuvorderst nach ihrem
Körper klassifiziert werden. Würden sie abnehmen, dann wären ihre Zukunftsaussichten nicht strukturell beschränkt, so ihr Resümee. Entsprechend
verweisen sie auf ihren Körper, um sich und anderen zu erklären, dass und
warum sie ungleich behandelt werden.

Die von uns befragten Jugendlichen sind – legt man »objektive Merkmale« zugrunde – mehrfach sozialstrukturell benachteiligt: durch die soziale Position ihrer Eltern, durch das Wohngebiet sozial-räumlich, durch die
familialen Sozialisationsbedingungen, die sie wenig unterstützen und fördern, teilweise durch ihre ethnische Herkunft insbesondere in Verbindung
mit dem Geschlecht. Auf alle diese Ausprägungen gehen die Jugendlichen
nicht ein, wenn sie ihre gegenwärtige sozialstrukturelle Position schildern.
Aus ihrer Perspektive stellt sich das Verhältnis der verschiedenen sozialen
Strukturprinzipien so dar, dass zunächst der Körper klassifiziert wird und
diese Klassifikation die Grundlage ihrer sozialen Positionierung bildet. Dies
macht begreiflich, weshalb sie nicht für sich reklamieren, dass die anderen
sozialen Benachteiligungen, mit denen sie zurechtkommen müssen, beseitigt
werden sollten.

In Bezug auf das relationale Ungleichheitsgeschehen, sprich die sozialen Klassifikationen und Klassifizierungen, scheint für sie zu gelten, dass das
Strukturprinzip des Körpers an die Stelle der sozialen Klasse getreten ist.
Sie haben den Eindruck, wie eine Klasse behandelt zu werden – in den direkten sozialen Interaktionen, insbesondere aber bezüglich der ihnen offen
stehenden bzw. verschlossenen sozialen Chancen. Dieser Eindruck speist
sich aus ihren Wahrnehmungs- und Bewertungsmustern und fußt auf ihren
gesellschaftlichen Erfahrungen. Wenn man jedoch ignoriert, dass die Wahr-

nehmungs- und die Bewertungsmuster ebenso wie die sozialen Klassifikationen und Klassifizierungen relational konstruiert sind – als Gegensatzpaare –, wird man die Gesamtheit des Ungleichheitsgeschehen nur unzureichend verstehen.

Wie lässt sich das gesellschaftliche Verhältnis der Jugendlichen mit Blick auf soziale Ungleichheiten deutlicher charakterisieren? Ihre Wahrnehmung und Bewertung ihrer sozialen Positionierung ist, dass sie wie eine Klasse behandelt werden, und zwar so, als würden sie im Sinne von Bourdieu eine »reale soziale Klasse« bilden. Diese gesellschaftliche Umgangsweise unterstellt ihnen eine ähnliche soziale Lage, gemeinsame Praxisformen und Wahrnehmungs- und Bewertungsmuster, die Ausdruck und Ergebnis ihres Körpers sind. Tatsächlich haben die Jugendlichen eine ähnliche sozialstrukturelle Position inne, aber vermittelt über ihre Eltern, sie teilen gemeinsame Sichtweisen und Standpunkte. Aber die Gemeinsamkeit resultiert weniger daraus, dass sie sich in einer ähnlichen sozialstrukturellen Lage befinden, wie das Konzept der »realen sozialen Klasse« annimmt, vielmehr ist sie Ergebnis des gesellschaftlichen Umgangs mit dem Dicksein. Durch diesen Umgang, der sich in den sozialen Klassifikationen und Klassifizierungen manifestiert, werden sie quasi von außen als Klasse konstruiert. Man könnte sagen, dass sie als »Klasse der Dicken« behandelt werden.

Fragt man aus ungleichheitssoziologischer Sicht danach, ob die Jugendlichen aufgrund ihrer sozialstrukturellen Merkmale – ihren Körper mal beiseite gelassen – einer objektiven bzw. theoretischen sozialen Klasse zugehören, dann wird man dies – selbst wenn man dem Klassenbegriff kritisch gegenübersteht – bejahen können. Wenigstens wird man zustimmen, dass sie in sehr ähnlicher Weise sozial benachteiligt sind. Die Bildung objektiver bzw. theoretischer Klassen besitzt für die Ungleichheitssoziologie den Vorzug, dass sie »die *Erklärung* und Prognose der Praktiken und Eigenschaften der klassifizierten Dinge« ermöglicht (Bourdieu 1985: 12). Ordnet man die dickeren Jugendlichen einer derartig gebildeten objektiven bzw. theoretischen Klasse zu, dann würden ihre Praxisformen und Wahrnehmungs- und Bewertungsmuster nicht auf ihren Körper bezogen, sondern als Ausdruck und Ergebnis ihrer sozialen Lage interpretiert. Dies entspräche der Art und Weise, wie die Eltern auf die sozialen Klassifikationen und Klassifizierungen reagieren, wie sie dazu Stellung nehmen und welche Standpunkte sie einnehmen.

Die von uns befragten Jugendlichen tun das nicht. Sie erfahren das Strukturprinzip des Körpers als so dominant, dass sie in ihren Sichtweisen und Standpunkten einzig auf die darin enthaltenen Klassifikationen und

Klassifizierungen reagieren. Die Klassifikationen und Klassifizierungen, die durch soziale Klassen, die Geschlechterdifferenz oder die ethnischen Herkünfte hergestellt werden, spielen in ihren Wahrnehmungen und Bewertungen des Ungleichheitsgeschehens keine entscheidende Rolle, jedenfalls keine eigenständige. Dies verdeutlicht, weshalb Bourdieu immer wieder darauf hingewiesen hat, dass das Reale relational ist. Für die Analyse sozialer Ungleichheiten sind die Vorstellungen, die sich die Menschen von der sozialen Welt machen, zentral.

Bei den Vorstellungen handelt es sich um Repräsentationen der sozialen Welt, die die verschiedenen Arten und Weisen umfassen, wie sich Menschen soziale Gegebenheiten und Prozesse vergegenwärtigen. Bei den Vergegenwärtigungen werden jene Eigenschaften und Merkmale hervorgehoben, die als typisch und charakteristisch gelten. Die Repräsentationen beinhalten oftmals eine stillschweigende Übereinkunft darüber, wie die Dinge zu sehen sind, und implizieren damit die Entwicklung eines Common Sense über die soziale Welt, auch und insbesondere über soziale Ungleichheiten. Die Genese der Auffassungen über die eigene soziale Stellung und über die gesamte soziale Welt qualifiziert Bourdieu als Repräsentationsarbeit. Sie findet permanent statt, weil die Menschen stets um ihre Stellung und Identität ringen. Dies zeigt sich bei den dickeren Jugendlichen besonders deutlich. Strukturanalytisch gehören sie einer »objektiven« sozialen Klasse an. Aber weder in den sozialen Klassifikationen und Klassifizierungen, die sie zur Beschreibung ihrer sozialen Positionierung gebrauchen, noch in ihren Wahrnehmungen und Sichtweisen des Ungleichheitsgeschehens ist diese sozialstrukturelle Position repräsentiert. Stattdessen werden sie wie eine reale soziale Klasse behandelt – die Klasse derjenigen, die zu dick sind. Gerade in dieser Art der gesellschaftlichen Behandlung bündelt sich aus ihrer Sicht ihre besondere soziale Benachteiligung.

Die Jugendlichen sehen sich dagegen nicht als Klasse. Aus ihrer Perspektive – und da unterscheiden sie sich von ihren Eltern – wird im gesellschaftlichen Umgang mit dem Dicksein weniger über soziale Klassifikationen und Klassifizierungen und damit über die Strukturierung sozialer Ungleichheiten verhandelt. Während ihre Eltern darauf so reagieren – Standpunkte beziehen und Stellung nehmen – wie in sozialen Auseinandersetzungen über sozialstrukturelle Positionierungen, bleiben die Jugendlichen in Bezug auf die Zuteilung oder Verweigerung von sozialen Chancen erstaunlich zurückhaltend. Diese Einschätzung mag angesichts der vorangegangenen Ausführungen erstaunen. Sie wird im nächsten Kapitel verständlich, in dem es darum geht, wie sich die Jugendlichen zur gesellschaftlichen Ordnung verhalten. Dort wird sich zeigen, das sie ihr gesellschaftliches Verhältnis weniger durch soziale Ungleichheiten als vielmehr dadurch bestimmt sehen, dass mit ihnen umgegangen wird wie mit »wirkliche[n] oder potentielle[n] Abweichler[n]« von der legitimierten gesellschaftlichen Ordnung (Berger/Luckmann 1987: 121).

Am Schluss dieses Kapitels soll nochmals daran erinnert werden, dass man das relationale Ungleichheitsgeschehen in seiner Gesamtheit nur erfassen kann, wenn man ebenfalls die »Dünneren« in den Blick nimmt. Auch ihre Körper werden sozial klassifiziert. Sie gelten vermutlich als sportlich; auch wenn sie keinen Sport treiben, wird ihnen zugeschrieben, sich um den eigenen Körper zu kümmern. Es wird ihnen mit großer Gewissheit unterstellt, sich gesund zu ernähren. Zugegeben, diese Annahmen spitzen zu und sind empirisch zu überprüfen, entscheidend ist an dieser Stelle, sich zu vergegenwärtigen, dass, wenn sich eine Gruppe von Menschen als »Klasse der Dicken« behandelt fühlt, es andere Gruppen von Menschen gibt, die sich selbst als »normal« wahrnehmen und entsprechend gesellschaftlich agieren. Erst wenn man beides zusammenbringt, wird man die sozialstrukturelle Dynamik der Unterscheidung in »Dick« und »Dünn« erfassen und von einer die Gesellschaft umspannenden und durchdringenden Form sozialer Ungleichheiten sprechen können.

# 4. Die »wirkliche« und die »ideale« gesellschaftliche Ordnung dickerer Jugendlicher

Obwohl die dickeren Jugendlichen vielfältige Erfahrungen sozialer Benachteiligung gesammelt haben – wie sie vielfach meinen: einzig aufgrund ihres Körpers –, vergegenwärtigen sie sich diese Erlebnisse im Gegensatz zu ihren Eltern nicht als Ausdruck und Ergebnis sozialer Ungleichheiten. Die Allgegenwärtigkeit dieser Erfahrungen, vor allem aber, wie Dicksein gesellschaftlich typisiert und wie mit ihnen interagiert wird, hindert sie daran, einen solchen Bezug herzustellen. Nach ihrer Erfahrung wird Dicksein weniger in Beziehung zu sozialen Ungleichheiten denn zur gesellschaftlichen Ordnung gesetzt. Aus ihrer Sicht dominiert bei der Typisierung von Körpern die kategoriale Unterscheidung in konform – sprich normal – oder nicht konform – also abweichend. Daraus erklärt sich, dass die Jugendlichen ihr gesellschaftliches Verhältnis als vorwiegend durch die Legitimationen der gesellschaftlichen Ordnung bestimmt wahrnehmen und diese ihnen wie eine »objektive Wirklichkeit« entgegentritt.

Wie der Begriff »objektive Wirklichkeit« signalisiert, werde ich für die Darstellung, wie sich die dickeren Jugendlichen zur gesellschaftlichen Ordnung stellen und wie sie sich diese aus ihrer Perspektive wünschen, den Theorierahmen von Bourdieu verlassen und stattdessen zu Berger/Luckmann zurückkehren. Bourdieu und Berger/Luckmann verstehen unter Legitimierung theoretisch prinzipiell das Gleiche. Bourdieu charakterisiert Prozesse der Legitimierung als »Objektivität zweiter Ordnung«, und Berger/Luckmann verwenden eine ähnliche Beschreibung: die »sekundäre« Objektivation von Sinn«. Beide Formulierungen meinen, dass die soziale Praxis bzw. die gesellschaftliche Wirklichkeit der Erklärung und Rechtfertigung bedarf, also einer Darlegung, warum die soziale Welt so und nicht anders ist. Die Erklärungen und Rechtfertigungen liefern die Grundlagen für die Legitimierung der objektiven Wirklichkeit. Sowohl Berger/Luckmann als auch Bourdieu attestieren der Ebene der Repräsentation bzw. Legitimierung ein gewisses Maß an eigener »sozialer Logik« gegenüber der sozialen Praxis bzw.

gesellschaftlichen Wirklichkeit. Insoweit könnte man mit beiden Theorien gleichermaßen untersuchen, wie sich die dickeren Jugendlichen zu den geltenden Legitimationen positionieren und was sie daran kritisieren. Für die Rückkehr zu Berger/Luckmann beim Thema der Legitimierung der gesellschaftlichen Ordnung spricht, dass für Bourdieu die Prozesse der Legitimierung zuvorderst darauf konzentriert sind, soziale Ungleichheiten zu rechtfertigen. Berger/Luckmann nehmen dagegen hauptsächlich solche Prozesse der Legitimierung in den Blick, die auf das »Ganze der institutionalen Ordnung« zielen, und genau diese stehen hier im Zentrum.

Sofern man nicht mit dem Werk von Berger/Luckmann vertraut ist, lässt der oben bereits zitierte Begriff der »objektiven Wirklichkeit« leicht den falschen Eindruck entstehen, es handele sich um eine Faktizität behauptende Bezeichnung. Mitnichten wollen Berger/Luckmann den Begriff so verstanden wissen. »Objektiver« Charakter haftet ihr an, weil sie den Menschen als institutionale Ordnung entgegentritt und sie von ihnen als ein von außen kommendes, sie zwingendes Faktum erlebt wird. Um dieses zu verdeutlichen, sprechen Berger/Luckmann davon, dass die »objektive Wirklichkeit« aus »Objektivationen« besteht, die zwei Eigenschaften haben. Erstens sind sie »Allgemeingut« und damit prinzipiell allen Mitgliedern einer Gesellschaft vertraut, und zweitens weisen sie ein hohes Maß an sozialer Verbindlichkeit auf. Diese beiden Eigenschaften machen sie zu Institutionen, weshalb Berger/Luckmann zumeist von dem Ganzen der institutionalen Ordnung sprechen statt von der objektiven Wirklichkeit. Der Begriff »objektive Wirklichkeit« charakterisiert die gesellschaftliche Erfahrungsweise, beschreibt aber nicht, wie diese gesellschaftlich entsteht und woraus sie besteht.

Erst wenn die institutionale Ordnung Allgemeingut geworden ist und als verpflichtend wirkt, wird »es überhaupt möglich, von einer gesellschaftlichen Welt im Sinne einer in sich zusammenhängenden, gegebenen Wirklichkeit zu sprechen, die dem Menschen wie die Wirklichkeit der natürlichen Welt gegenübertritt« (Berger/Luckmann 1987: 63). Sie besitzt dann für die Menschen eine »eigene Wirklichkeit«, die der Legitimation bedarf (ebd.: 62). Mit anderen Worten: Die institutionale Welt braucht Erklärung und Rechtfertigung, worauf die Legitimierung aufbaut (vgl. ebd.: 66). Genau dies klingt in der oben zitierten Formulierung »›sekundäre‹ Objektivation von Sinn« an. Das, was die Menschen als gegeben und damit als »natürlich« erfahren – die »primären Objektivationen« –, erhält durch Legitimierung eine »neue Sinnhaftigkeit«. Sie rechtfertigt das Gegebene und erklärt, warum es so und nicht anders ist. Durch die »neue Sinnhaftigkeit« werden die »primären Objektivationen« um »sekundäre Objektivationen« ergänzt und durch diesen Schritt für den Einzelnen »objektiv zugänglich und subjektiv einsichtig« (ebd.: 98). Genau dies ist die gesellschaftliche Funktion der Legitimierung. Die Prozesse der Legitimierung erstrecken sich auf die gesellschaftliche Wirklichkeit aus zwei Blickwinkeln. Erstens soll durch Legitimierung »das Ganze einer institutionalen Ordnung« »sinnhaft erscheinen« und zweitens das Ganze seines Lebensverlaufs dem Einzelnen »subjektiv sinnhaft dargeboten werden« (vgl. Berger/Luckmann 1987: 99). In diesem Kapitel konzentriere ich mich auf die Frage, wie sich die dickeren Jugendlichen zu den Legitimationen des »Ganzen einer institutionalen Ordnung« stellen. Im übernächsten Kapitel werden die Zukunftswünsche der dickeren Jugendlichen nachgezeichnet, um darzulegen, wie sie ihren zukünftigen Lebenslauf subjektiv sinnvoll deuten und auf welche Legitimationen sie sich dabei berufen.

Nach Berger/Luckmann durchlaufen die Prozesse der Legitimation vier Stufen, die sich nach dem Grad der Verallgemeinerung und der Integration von Sinngehalten unterscheiden. Die erste Stufe besteht aus simplen, vortheoretischen Versicherungen mit sehr begrenzter Reichweite, in der Art: Was man abends isst, setzt mehr an. Die zweite umfasst rudimentär formulierte theoretische Postulate, die einen höchst pragmatischen Gehalt haben und bereits mehrere Sinngefüge miteinander verbinden. Ein Beispiel für diese Stufe ist die Erklärung, dass Übergewicht aus fettreichem Essen und zu wenig Bewegung resultiert. Auf der dritten Stufe entstehen explizite Legitimationstheorien, die mehr oder weniger geschlossene Bezugssysteme bilden. Auf dieser Ebene professionalisieren sich »hauptamtliche Legitimatoren« (ebd.: 102), deren Aufgabe darin besteht, Legitimationen zu setzen und durchzusetzen. Hier sind die Ernährungsprävention und die Professionen der Ernährungs- und Bewegungsberatung angesiedelt. Die letzte Stufe wird von den symbolischen Sinnwelten gebildet, die die verschiedenen »Sinnprovinzen« integrieren und »die institutionale Ordnung als symbolische Totalität überhöhen«. Sie verweisen auf Sinnerklärungen außerhalb der gesellschaftlichen Wirklichkeit. Traditionell gehört hier etwa dazu, zu viel Essen – die Völlerei – als Sünde zu verbieten. In unserer weitgehend säkularisierten Gegenwartsgesellschaft gibt es kaum mehr Verweise auf eine Welt außerhalb der hiesigen, weshalb fraglich ist, ob es so etwas wie eine symbolische Totalität überhaupt noch gibt. Diese Stufenabfolge konnten Berger/Luckmann so klar und eindeutig aufstellen, weil sie diese auf die Religion als symbolische Sinnwelt hin ausrichteten (vgl. Barlösius 2010).

Für Gegenwartsgesellschaften lässt sich eine solche Stufenleiter weder theoretisch aufstellen noch empirisch finden. Nicht nur religiöse, auch symbolische Sinnwelten jeglicher Art haben an unhinterfragter Geltung eingebüßt, und zudem hat ihre Fähigkeit, verschiedene Sinnprovinzen zu integrieren, drastisch abgenommen. Bestenfalls kann man von einer Pluralität symbolischer Sinnwelten sprechen. Vermutlich existieren verschiedenste Sinngefüge mit unterschiedlichsten Verallgemeinerungsgraden nebeneinander und sind nicht mehr hierarchisch zueinander geordnet. Ich führe dies hier an, weil sich daraus für die empirische Untersuchung die Frage ergibt, welche Legitimationen anzusprechen sind, um von den Jugendlichen zu erfahren, wie sie sich zu der institutionalen Ordnung positionieren. Aus den vorgegangenen Kapiteln haben wir gelernt, dass sich die Jugendlichen ihrer zukünftigen sozialen Position, ihrer gesellschaftlichen Anerkennung und sozialen Teilhabe nicht sicher sind. Die Prozesse der sozialen Positionierung, die Zuerkennung bzw. Verweigerung sozialer Anerkennung sowie die Ermöglichung bzw. Verschließung sozialer Teilhabe rekurrieren sämtlich auf »sekundäre Objektivationen«, beispielsweise dass man sich die erreichte soziale Position über Erwerbsarbeit »zu verdienen« hat. Die Gruppendiskussionen sollten deshalb die Jugendlichen dazu anregen, sich zu diesen Aspekten zu äußern. Als Impulse wurde erstens die Erzählung vom Schlaraffenland ausgewählt, die sie mit einer gesellschaftlichen Wirklichkeit konfrontierte, in der die Legitimationen für die Prozesse der sozialen Positionierung, für die gesellschaftliche Anerkennung wie für die soziale Teilhabe ins Gegenteil der »objektiven Wirklichkeit« verkehrt sind. Als zweite Anregung diente die Frage, wie ihre »ideale Welt« aussähe.

Bevor ich zur detaillierten Darstellung der Impulse und der Auswertung der Gruppendiskussionen komme, sind weitere theoretische Überlegungen vonnöten, insbesondere darüber, wie sich die Legitimationen gesellschaftlich durchsetzen. Der zwingende Charakter der objektiven Wirklichkeit, der über die Legitimation gesichert wird, manifestiert sich im Umgang mit jenen Menschen, die nicht den Vorgaben der objektiven Wirklichkeit gemäß agieren und denen deshalb vorgehalten wird, die Legitimationen nicht zu achten. Das heißt: Ihr Handeln wird als Missachtung der als allgemeingültig anerkannten Legitimationen bewertet. Berger/Luckmann unterscheiden zwei Ursachen, warum manche Menschen sich nicht an die Legitimationen halten: (1) Obwohl ihnen die Legitimationen »objektiv zugänglich« sind und sie diese als »subjektiv einsichtig« beurteilen, gelingt es ihnen nicht, sie zu beachten. (2) Die Legitimationen sind ihnen unzugänglich oder uneinsichtig,

weshalb sie sich für einen Wandel der Rechtfertigungen einsetzen und neue
Legitimationen als verbindlich durchzusetzen versuchen, um ihrem Handeln gesellschaftliche Anerkennung zu verschaffen. Beide Personengruppen
qualifizieren Berger/Luckmann als »wirkliche oder potentielle Abweichler«
von der »institutionalisierten« Wirklichkeitsbestimmung.

Der ersten Gruppe von Menschen begegnet die Gesellschaft mit »Therapie«. Entsprechend ihres Verständnisses der symbolischen Sinnwelt, in die
die »wirklichen oder potentiellen Abweichler« integriert werden sollen, besteht die »Therapie« nach Berger/Luckmann aus einer »theoretischen Konzeption«, die »eine Theorie der Abweichung, eine diagnostische Methodik
und ein theoretisches System der ›Seelenheilung‹ enthält« (Berger/Luckmann
1987: 121). Durch Therapie soll erreicht werden, dass »wirkliche oder potentielle Abweichler bei der institutionalisierten Wirklichkeitsbestimmung bleiben« (ebd.). Die »offizielle Wirklichkeitsbestimmung« wird in der Therapie
»immer auch« von Personengruppen »verkörpert«, die als »Bestimmer von
Wirklichkeit« fungieren (ebd.: 124). Therapie setzt darauf, dass diejenigen,
die aus der gesellschaftlichen Ordnung ausscheren oder sie zu verlassen drohen, in diese wieder zurückgeholt bzw. an diese fester gebunden werden.
Durch Therapie soll den Legitimationen durchgreifende Geltung verschafft
werden. Erfolgreich kann dies nur bei solchen Menschen sein, die die Legitimationen prinzipiell anerkennen, denen es aber trotzdem nicht gelingt, sie
zu beachten.[46]

Anders sieht dies für die zweite Gruppe von Menschen aus. Sie akzeptieren die bisher geltenden Legitimationen nicht, streiten stattdessen für eine
alternative symbolische Sinnwelt oder engagieren sich für eine Neufassung
oder Weiterentwicklung der Legitimationen. Für diesen Umgang mit den
geltenden Legitimationen haben Berger/Luckmann den Begriff der Nihilie-
rung reserviert. Auf diese negativ konnotierte Kennzeichnung verzichte ich
im Folgenden. Berger/Luckmann haben diesen Begriff gewählt, weil für sie
die Leugnung der Legitimationen und die Verweigerung von Therapie entscheidend waren, um das Verhältnis dieser Personen zur gesellschaftlichen
Ordnung zu charakterisieren. Aus ihrer Sicht vertreten sie »negative Legitimation«, sofern sie sich nicht in die symbolische Sinnwelt einpassen.

Abgesehen davon, dass man für Gegenwartsgesellschaften nicht mehr
von einer symbolischen Sinnwelt ausgehen kann, die alle Legitimationen

---

46 Der Therapie als Methode, »potentielle oder wirkliche Abweichler« fester an die gesellschaftliche Ordnung zu binden, widmet sich das nächste Kapital.

systematisch integriert, gibt es darüber hinaus vielfältige Bestrebungen, die geltenden Legitimationen nicht zu negieren, sondern sie neu zu fassen oder ihren Geltungsanspruch zu erweitern. Bei diesen Menschen handelt es sich keineswegs schlicht um »wirkliche oder potentielle Abweichler«, auch nicht um konforme Befolger, sondern um Personen, die der Sinnhaftigkeit der Legitimität prinzipiell zustimmen, aber sich dafür aussprechen, diese systematischer anzuwenden. Da die letzten Sätze sehr abstrakt waren, sollen sie beispielhaft erläutert werden. Wenn die dickeren Jugendlichen die Forderung aufstellen: »*Man kann aussehen, wie man will, und man wird dafür nicht geärgert, das ist das Richtige an der Welt, man kann ja nichts DAFÜR*« (JD 14–16), so berufen sie sich auf den Gleichheitsgrundsatz, dessen Geltung sie auf die Differenz von »dick« und »dünn« ausdehnen möchten. Mit der Begründung, dass man nichts dafür könne, ob man dick oder dünn ist, weichen sie zweifellos von der gesellschaftlich legitimierten Sichtweise ab. Mit der Erweiterung des Gleichheitsgrundsatzes auf Dicksein sind sie aber vollkommen konform mit der gesellschaftlichen Ordnung, insbesondere mit der Einbeziehung immer weiterer Gruppen, die früher als abweichend typisiert wurden.

Nach dieser umfangreichen theoretischen Vorarbeit soll nun wieder die empirische Studie im Vordergrund stehen. In den Gruppendiskussionen haben wir versucht herauszufinden, wie die Jugendlichen zu den geltenden Legitimationen stehen.

– Zum einen interessierte uns, ob ihnen die Sinnhaftigkeit der geltenden Legitimationen objektiv zugänglich und für sie subjektiv einsichtig ist oder ob sie sich als Abweichler zu erkennen geben. Ihr Körper, das haben wir aus den vorangegangenen Kapiteln gelernt, wird als »Objektivierung von Abweichung« wahrgenommen, und die sozialen Interaktionen mit ihnen sind durch diese Bewertung geprägt. Wir haben weiterhin gesehen, dass mit einem dicken Körper mangelnde Leistungsbereitschaft und die Ablehnung der sogenannten meritokratischen Triade assoziiert sind. Die dickeren Jugendlichen sind somit permanent mit dem Verdacht konfrontiert, aus der »offiziellen Wirklichkeitsbestimmung« auszuscheren. Ihre Stellungnahme zu den geltenden Legitimationen reagiert deshalb nicht unmittelbar auf die Sinnhaftigkeit der Legitimationen, sondern immer zugleich darauf, dass sie als Abweichler behandelt werden.
– Zweitens wollten wir herausfinden, ob die dickeren Jugendlichen den gesellschaftlichen Umgang mit ihnen als legitim ansehen. Wie die obige Erläuterung, was im Folgenden unter Neufassung oder Weiterentwicklung

der Legitimationen verstanden wird, bereits andeutet, verurteilen die dickeren Jugendlichen die Art und Weise, wie sie gesellschaftlich behandelt werden. Aus ihrer Sicht widerspricht der gesellschaftliche Umgang mit ihnen den anerkannten Legitimationen. Es ist deshalb zu fragen, wie sie dies begründen und wie sie selbst in den Prozess der Legitimierung eingreifen würden, damit es nicht mehr als legitim angesehen wird, Dicksein mit Abweichung gleichzusetzen.

## 4.1 Das Schlaraffenland: Die »verkehrte« Welt

Es ist keine triviale Frage, wie man Personen oder Gruppen, denen in gesellschaftlichen Interaktionen immer wieder direkt oder indirekt mitgeteilt wird, von den geltenden Legitimationen abzuweichen, danach befragen kann, wie sie sich zu diesen stellen. Jede direkte Ansprache ist von normativen Erwartungen und sozialen Erwünschtheiten durchfärbt. Deshalb haben wir für die Gruppendiskussionen eine Erzählung ausgewählt, die eine ins Gegenteil verkehrte soziale Welt schildert und die auf gegenteiligen Legitimationen aufbaut. Die Verkehrung sollte den dickeren Jugendlichen die Möglichkeit eröffnen, sich von gültigen Legitimationen zu distanzieren, ohne sich sogleich als abweichend zu exponieren.

Ausgewählt wurde die Erzählung vom Schlaraffenland, die auf eine lange Geschichte zurückblickt.[47] »Vermutlich« ist sie »so alt wie die Menschen«, meint Dieter Richter, der über die Geschichte dieser »populären Utopie« ein Buch verfasst hat. Das Märchen vom Schlaraffenland wird in vielen europäischen Ländern erzählt.[48] In den Niederlanden heißt dieses Traumland Luikkerland, in England Lubberland, auf Italienisch sagt man Cuccagna, in Spanien ist es als Cucaña und in Frankreich als Pays de Cocagne bekannt. Der erste schriftlich überlieferte Text stammt aus Frankreich aus der Mitte

---

47 Der erste Teil der Erzählung, in welchem ein Überfluss an Speisen herrscht, bildete den Input für eine vorangegangene Frage im Leitfaden der Gruppendiskussion. Dieser Input sollte die Jugendlichen dazu bringen, sich frei – jenseits normativer Erwartungen und sozialer Erwünschtheiten – über das Essen zu äußern. Dies ist weitgehend fehlgeschlagen. Die Jugendlichen sehnten sich ihren eigenen Angaben zufolge mehrheitlich nach einer gesunden Ernährung, bestehend aus Obst, Gemüse und Mineralwasser (vgl. Barlösius/von Garmissen 2011). Darauf komme ich im nächsten Kapitel zurück.

48 Weitere Literatur über das Schlaraffenland als Sozialutopie: Gilomen (2004); Gottschling (2007); Jonassen (1990); Ross (1991).

des 13. Jahrhunderts. Vom 13. bis zum 19. Jahrhundert wurde das Märchen vom Schlaraffenland in den meisten europäischen Ländern wieder und wieder und immer wieder neu erzählt (vgl. Müller 1984: 13). Im 19. Jahrhundert haben die Gebrüder Grimm diese Erzählung für Kinder überarbeitet und in ihre Zusammenstellung der Kinder- und Hausmärchen aufgenommen. Ihre lange Geschichte und weite Verbreitung, die vielen textlichen Neufassungen und sprachlichen Überarbeitungen sind Indizien dafür, dass es sich beim Schlaraffenland um »eine Phantasie aller Epochen und Zeiten« handelt (Pleij 1997: 444). Dies war ein Grund, diese Erzählung als Impuls zu verwenden. Wir konnten sicher sein, dass sie alte Wünsche und Träume anspricht und deshalb selbst von Personen, die mit der Geschichte inhaltlich nicht vertraut sind, verstanden wird, weil in ihr etwas anklingt, das den Charakter von »Allgemeingut« (Berger/Luckmann) besitzt. Bestätigt wird diese Annahme durch eine empirische Studie von Miguel Pina E. Cunha, in der er zeigte, dass auch dann, wenn die Erzählung nicht bekannt ist, die darin enthaltenen Grundmotive verstanden werden, weil sie Analogien zur Gegenwart hervorruft (Cunha 2002: 3).

Das Besondere des Schlaraffenlands besteht in der Art und Weise, wie darin gemeinsam geteilte Wünsche und Träume präsentiert werden. Literatur- und Kulturwissenschaften identifizieren das Schlaraffenland als »verkehrte Welt«, weil es das Gegenteil von dem preist, was in der »realen Welt« als erstrebenswert und legitim gilt (Barlösius 2011b: 19–21; Richter 1984; Wunderlich 1986; Pleij 1997). Die »Umkehrung geltender Normen zieht sich durch fast alle Schlaraffenlandtexte« (Wunderlich 1986: 65). In dieser Welt sind Faulenzer, Nichtstuer und Müßiggänger willkommen. Mehr noch, im Schlaraffenland *soll* man faul sein, wer trotzdem fleißig ist und Arbeitseifer erkennen lässt, dem droht Auspeitschung und Vertreibung aus der Traumwelt. Auch die soziale Hierarchie ist auf den Kopf gestellt: Je weniger man arbeitet und je dümmer man ist, umso höher steigt man in der sozialen Stufenleiter. Zum König wird der Allerdümmste und der Allerfaulste erwählt (vgl. Müller 1984: 24).

Die meisten Interpretationen sehen im Schlaraffenland ein »Gegen-Bild« zu der sich »entwickelnden bürgerlichen Welt der Neuzeit«, vor allem zu ihrer Arbeitsideologie (Richter 1984: 10 und 17). Auch die anderen bürgerlichen Tugenden wie Mäßigung, Vernunft und Zielgerichtetheit werden im Schlaraffenland persifliert (Wunderlich 1986: 67). Für Pleij präsentiert das Märchen nicht nur antibürgerliche Werte und Normen, es nimmt zudem eine »moralisierende Ironie« der bürgerlichen Tugenden vor (Pleij 1997:

395). Aus diesen Interpretationen leitet sich ein weiterer Grund her, das Schlaraffenland als Impuls in den Gruppendiskussionen einzusetzen. In der Erzählung werden jene Verhaltensweisen und Legitimationen karikiert, die auch in Gegenwartsgesellschaften als verbindlich gelten und bezüglich derer dickeren Menschen vorgeworfen wird, sie nicht zu beachten. So werden Dickere häufig als faul, leistungsschwach, unmäßig und ungerichtet in ihrer Zukunftsperspektive beschrieben (vgl. Kapitel 1). Das Schlaraffenland bewertet dagegen diese Eigenschaften als besonders positiv, mehr noch, dort sind es die einzig legitimen Verhaltensweisen. Die Umkehr der Bewertungen gab den Jugendlichen die Möglichkeit, zu den dort vertretenen Legitimationen Stellung zu nehmen, ohne sich sogleich zu den Rechtfertigungen und Erklärungen der »wirklichen« gesellschaftlichen Ordnung äußern zu müssen.

In den Gruppendiskussionen haben wir mit einer gekürzten Fassung der Geschichte vom Schlaraffenland für Kinder gearbeitet. Altertümliche haben wir durch neuere Wörter ersetzt, um den Text auf die Sprachkenntnisse der Jugendlichen abzustimmen. Der märchenhafte Charakter blieb erhalten, um den Jugendlichen zu verdeutlichen, dass es sich um eine »Phantasiewelt« handelt. Hierbei haben wir uns an den methodologischen Überlegungen von Schütz/Luckmann zur »Phantasiewelt« orientiert. Gerade im Kontrast erscheinen »Phantasiewelt« und Lebenswelt »eng miteinander verwandt« (Schütz/Luckmann 2003: 61). Märchen präsentieren nach Schütz/Luckmann geschlossene Sinnstrukturen und beinhalten deshalb ein eigenes Geflecht von Legitimationen. Im Gespräch über die Phantasiewelten – beim Phantasieren überhaupt – beginnen Menschen zu unterscheiden zwischen dem, was wirklich ist, und dem, was fiktional ist, sie trennen die »Wirklichkeit« von der Fiktion. Die Auseinandersetzung mit Phantasiewelten startet daher mit einem Gespräch über die »objektive« gesellschaftliche Wirklichkeit, darüber, was sie auszeichnet. Nach Schütz/Luckmann ist »das Wissen, das wir anrufen, um zu sagen, was ›in Wirklichkeit‹ war und was nicht, was es ›nur‹ im Traum gibt, [...] ein Wissen, das in der natürlichen Einstellung des täglichen Lebens beheimatet ist« (vgl. ebd.: 618). Kontrastierende Phantasiewelten eignen sich deshalb besonders gut, Menschen dazu zu bringen, über die »objektive« gesellschaftliche Wirklichkeit zu sprechen. Da das Schlaraffenland auf ganz eigenen Legitimationen basiert, konnten wir davon ausgehen, dass diese Phantasiewelt die Jugendlichen veranlasst, sich über die »wirklichen« Legitimationen auszutauschen und zu ihnen Stellung zu nehmen.

Die meisten Jugendlichen kannten die Erzählung vom Schlaraffenland nicht, einige wenige hatten eine sehr grobe Vorstellung davon. Ihre Antworten auf die Frage, ob sie schon mal die Geschichte vom Schlaraffenland gehört hatten, waren beispielsweise:

»*Ich habe nur gehört, dass es … ein Märchen ist.*« (JT 11–13)

»*Paradies wohl, Paradies.*« (JT 14–16)

»*Ich glaube, dass man sich da alles wünschen kann.*« (JD 14–16)

Obwohl den Jugendlichen das Märchen inhaltlich nicht bekannt war, verbanden sie mit dem Wort Schlaraffenland eine Traum- und Phantasiewelt. Dies bestätigte sich im weiteren Verlauf der Gruppendiskussionen. Viele Jugendliche begannen ihren Gesprächsbeitrag damit, dass sie zunächst das Schlaraffenland als Fiktion kennzeichneten. Danach malten sie sich aus, was es bedeuten würde, wenn diese Traum- und Phantasiewelt Wirklichkeit wäre. Einige Beispiele dafür:

»*Wenn es so ist wie es da beschrieben ist?*« (JT 14–16)

»*Wenn es das jetzt eigentlich in Echt gäbe und […]*« (MD 11–13)

»*Aber wenn es das wirklich geben würde.*« (MD 14–16)

Die Erzählung hat die Jugendlichen, wie methodologisch intendiert, dazu bewegt, die dort erdachte gesellschaftliche Wirklichkeit mit der »wirklichen Wirklichkeit« zu vergleichen, die Sinnhaftigkeit der Legitimationen beider miteinander in Beziehung zu setzen und ihre persönlichen Zustimmungen und Ablehnungen zu begründen.

## 4.2 Die »verkehrte« gegen die »wirkliche« Welt

Im Verlauf der Gruppendiskussionen wurde den Jugendlichen am Anfang und in der Mitte jeweils eine Textstelle aus dem Märchen vorgelesen, die für sich je eine eigene, in sich geschlossene Sinnwelt präsentierte. Die erste Textstelle war das berühmte Bild vom Essen im Überfluss und die zweite der weniger bekannte Gegenentwurf zur Welt der Arbeit, der sozialen Anerkennung und der Ungleichheitshierarchie. Das erste Bild »Das Land, wo Milch und Honig fließen« hat die Phantasie der Jugendlichen in dem von Schütz/Luckmann gemeinten Sinn – sich kontrastierend mit der Wirklichkeit auseinanderzusetzen – kaum angeregt.[49] Dagegen wurde die zweite Textstelle von den Teilnehmerinnen und Teilnehmern sogleich als Kontrast zur gesellschaftlichen Wirklichkeit aufgefasst und ausgiebig diskutiert. Der Impuls lautete:

»Was machen die Menschen im Schlaraffenland? Sie dürfen vor allem nicht arbeiten, und wer besonders lange schläft, wird dafür belohnt, der Faulste wird König, wenn jemand zu fleißig ist, muss er das Land wieder verlassen.«

Diese Beschreibung des Schlaraffenlands entwirft ein Gegenbild zu drei zentralen Legitimationen, die kennzeichnend für die Leistungsorientierung, für die Zuweisung sozialstruktureller Positionen sowie für soziale Anerkennung und Teilhabe sind.

– Arbeiten ist untersagt, schlafen wird honoriert. Dieses Gebot widerspricht den Erklärungen und Rechtfertigungen einer leistungsorientierten Gesellschaft, wonach Vergütung und Belohnung vorwiegend über die Leistung in der Erwerbsarbeit erfolgen: Wer viel leistet, soll viel erhalten. Zugleich spricht es indirekt den gesellschaftlichen Umgang mit dem Dicksein an, weil dickeren Menschen eine geringe Leistungsbereitschaft unterstellt wird.
– Der Faulste nimmt die höchste soziale Position ein. Auch dies bedeutet eine Verkehrung der geltenden Legitimationen, nach denen soziale Positionen im Wesentlichen über die meritokratische Triade – also nach Bildung, Beruf und Einkommen – zugewiesen werden. Wie bereits gezeigt wurde, haben dickere Menschen den Eindruck, aufgrund ihres Körpers in sozialstrukturell benachteiligte Positionen gedrängt zu werden. Ihre eigene gesellschaftliche Erfahrung ist der des Schlaraffenlands genau entgegengesetzt.
– Fleißige müssen die Gemeinschaft verlassen, sie werden ausgegrenzt. Soziale Teilhabe wird entsprechend der geltenden Legitimationen vor allem über Erwerbsarbeit – über das Tätigsein – hergestellt. Abermals nimmt das Schlaraffenland eine Verkehrung ins Gegenteil vor. Da dickere Jugendlichen ihre gesellschaftliche Zugehörigkeit als gefährdet wahrnehmen und sie den dringenden Wunsch verspüren, dazuzugehören, spricht auch die dritte Besonderheit des Schlaraffenlands ihre eigenen Erfahrungen an.

---

49 Darauf komme ich im nächsten Kapitel zurück.

Diese drei Legitimationen greifen ineinander, erklären und verstärken sich gegenseitig. Ob sie eine in sich geschlossene Sinnwelt bilden, kann man diskutieren. Unzweifelhaft beinhalten sie wesentliche Erklärungen und Rechtfertigungen der objektiven Wirklichkeit, sprich der institutionalen Ordnung als Ganzes.

Obwohl weder in den vorgelesenen Passagen noch in der gesamten Erzählung über das Schlaraffenland vom Dicksein oder von dicken Menschen die Rede ist, haben die Jugendlichen sogleich »nicht arbeiten«, »lange schlafen« und »der Faulste« mit Dicksein und dicker werden assoziiert. Für die Jugendlichen stand außer Frage, dass das Schlaraffenland eine Welt der Dicken ist und der Dickste unter ihnen die Position des Königs innehat. Ebenso waren sie davon überzeugt, dass im Wunderland der Schlaraffen keine Dünnen leben, weil sie diese Welt sofort verlassen müssten. Bereits in ihren allerersten Äußerungen zu der obigen Schilderung des Schlaraffenlands diagnostizieren sie, dass jeder, der nichts leistet, dick wird.

*»Das ist ganz dumm, weil wer nicht arbeitet, wird dick, und wer zu lange schläft wird auch dick.«* (JD 14–16)

*»Aha, da wird man doch voll dick.«* (MT 11–13)

*»Also man will, dass die dicker werden.«* (JT 14–16)

Dies belegt nochmals, was wir bereits wussten: Dicksein ist mit Faulsein assoziiert, und die dickeren Jugendlichen haben diese Typisierung verinnerlicht. Wichtiger als die Bestätigung dieser Typisierung ist, dass die kurze Erzählung von den Jugendlichen als kontrastierende Phantasiewelt aufgefasst wurde, sie sich mit der »verkehrten Welt« auseinandersetzten und aus ihrer Perspektive dazu Stellung genommen haben.

Schauen wir uns zunächst an, wie die Jugendlichen beurteilen, dass das Schlaraffenland ein Ort ist, wo man faul sein soll und dafür auch noch belohnt wird. Distanzieren sich die dickeren Jugendlichen von einer solchen Konzeption der gesellschaftlichen Ordnung? Sprechen sie sich stattdessen für die vorherrschenden Legitimationen aus?

*»Ich würde gar nicht erst hingehen, weil da stirbt man vor Langeweile.«* (MT 11–13)

*»Dass man nicht arbeiten darf und kein Sport. Das ist doch ganz eklig.«* (MT 14–16)

*»Halt, dass alle so faul und so träge sind. Da kann man ja gar nichts unternehmen. Alle sind so schlapp, dass ist nicht schön.«* (MT 14–16)

In allen acht Gruppendiskussionen bestand Konsens unter den Jugendlichen, dass es für sie keine wünschenswerte Welt wäre, nichts tun zu dürfen. Eine Weile fänden sie es attraktiv, nicht in die Schule zu müssen, ungebremst zu essen und zu schlafen, aber nach wenigen Tagen würde es ihnen langweilig werden. Dann möchten sie aktiv und tätig sein.

*»Ja also bei mir ist es so, ich brauche einen Tag, wo ich wirklich faul sein kann, aber ich kann nicht sieben Tage am Stück im Bett liegen, das geht gar nicht.«* (MD 14–16)

Es ist den Jugendlichen wichtig, zu unterstreichen, dass sie diese Phantasiewelt ablehnen. Sie verachten sie als mögliche »objektive Wirklichkeit«, das heißt als Gesellschaftsentwurf. Weiterhin verdeutlichen sie, dass sie persönlich in eine solche Welt überhaupt nicht reinpassen würden, weil sie nicht faul sein könnten.

Zu einem ganz ähnlichen Ergebnis gelangt man, wenn man analysiert, wie die Jugendlichen die zweite Umkehrung der gesellschaftlichen Legitimationen bewerten. Würden sie eine soziale Hierarchie gutheißen, die diejenigen privilegiert, die keine Leistung erbringen?

*»Wenn man jetzt zum König der Faulen gekrönt wird, finde ich das eigentlich voll doof.«* (MD 11–13)

*»Wer ähm am Faulsten ist, der wird König und so was, das bringt doch gar nichts.«* (JD 14–16)

*»Es macht eigentlich keinen Sinn, den Faulsten zum König zu benennen. Der würde, weil er ja nicht fleißig, fleißig sein kann, überhaupt nichts machen und trotzdem zum König benannt werden.«* (MT 11–13)

Die Jugendlichen kritisieren am Schlaraffenland, dass der »Faulste« die höchste soziale Position einnimmt. Stattdessen verteidigen sie die Sinnhaftigkeit, soziale Positionen nach dem Leistungsprinzip zuzuweisen und die Erfüllung von Leistungserwartungen gleichzeitig mit sozialer Anerkennung zu honorieren.

Das trifft vergleichbar auf die dritte ins Gegenteil verdrehte Legitimation zu: den sozialen Ausschluss der Fleißigen. Dazuzugehören und nicht ausgegrenzt zu werden, das hat insbesondere die Analyse der Typisierungen ergeben, wünschen sich die dickeren Jugendlichen an vorderster Stelle. Die

Phantasie des Schlaraffenlands offeriert die Möglichkeit, ohne etwas dafür tun zu müssen, mittendrin zu sein. Möchten die dickeren Jugendlichen das Schlaraffenland dennoch verlassen?

*»Da würde ich lieber das Land verlassen, anstatt König zu sein.«* (JD 14–16)

*B: »Ich wäre freiwillig rausgegangen.«*

*C: »Ich auch, oder ich würde arbeiten, damit sie mich rauswerfen.«* (JD 14–16)

*E: »Ich glaube, das einzige Positive daran ist der letzte Satz.«*

*G: »Ja; wenn jemand …«*

*C: »Wenn jemand zu fleißig ist, …«*

*G: »… muss er das Land verlassen.«* (MT 14–16)

Wiederum bekunden die dickeren Jugendlichen ihre Übereinstimmung mit den vorherrschenden Legitimationen. Sie möchten das Schlaraffenland verlassen und lieber in der »Normalgesellschaft« leben. Dass soziale Teilhabe und Integration vorwiegend über Arbeit hergestellt werden, begrüßen sie. Das Schlaraffenland repräsentiert für sie dagegen eine abweichende gesellschaftliche Ordnung, die sie zurückweisen und der sie nicht zugehören wollen.

Ziehen wir ein kurzes Zwischenfazit. Zu allen drei Verkehrungen der geltenden gesellschaftlichen Legitimationen gehen die dickeren Jugendlichen deutlich auf Distanz und begründen ihre Sichtweise, indem sie die gültigen Erklärungen und Rechtfertigungen denen des Schlaraffenlands entgegensetzen. Obwohl das Schlaraffenland ihnen die Option darbietet, sich mit einer gesellschaftlichen Ordnung auseinanderzusetzen, in der sie keine negativen Typisierungen und Klassifizierungen zu erdulden hätten – genau das, was sie an der bestehenden gesellschaftlichen Ordnung kritisieren –, gehen sie darauf nicht im Geringsten ein. Ohne Zögern und Einschränkung verteidigen sie die gültigen Legitimationen gegen das Schlaraffenland.

Dass die Jugendlichen darauf achten, sich konform zu präsentieren und jegliche Abweichung zu vermeiden, ist als Reaktion auf den gesellschaftlichen Umgang mit ihnen nicht überraschend. Trotzdem sollte man nicht übersehen, dass diese Präsentation nicht selbstverständlich ist, sondern den Jugendlichen ein hohes Maß an gesellschaftlicher »Therapiebereitschaft« abverlangt. Zum einen handelt es sich bei den Teilnehmerinnen und Teilnehmern an den Gruppendiskussionen um Jugendliche in der Pubertät, bei denen zu erwarten wäre, dass sie allein aus altersspezifischer Lust an Provokation von der Phantasiewelt des Schlaraffenlands schwärmen. Es gibt auch einige wenige spontane Äußerungen, die diesen Erwartungen entsprechen: *»Cool«* (JD 11–13), *»Ich will dahin«* (JT 11–13), *»Boh, ich wäre der König«* (MD 14– 16). Kaum ausgesprochen, werden diese von der »offiziellen Wirklichkeitsbestimmung« abweichenden Zustimmungen von den anderen Jugendlichen sogleich wieder zurückgeholt. Zum anderen haben die dickeren Jugendlichen aus ihrer Sicht immer wieder die Erfahrung gemacht, dass, obwohl sie sich gemäß dieser Legitimationen verhalten – sich anstrengen und leistungsbereit sind –, ihre Übereinstimmung mit der gesellschaftlichen Ordnung nicht ausreichend anerkannt wird. Sie selbst sehen sich nicht als Abweichler, trotzdem berichten sie davon, dass sie als solche behandelt werden. Es gäbe somit aus ihrer Sicht gute Gründe, die Geltung der gesellschaftlichen Ordnung, die offenbar für sie nicht gilt, in Zweifel zu ziehen. Dies tun sie aber ganz und gar nicht. Vielmehr betonen sie, dass ihnen die Legitimationen »objektiv zugänglich« und »subjektiv einsichtig« sind.

Dieser Sachverhalt verlangt nach weiterer Erklärung. Bislang wurden im Wesentlichen die Stellungnahmen der Jugendlichen zu den drei Verkehrungen mehr oder weniger isoliert analysiert. Nun soll, wie dies bei Berger/ Luckmann angelegt ist, die Integration der drei Legitimationen zu einem sinnhaften Ganzen betrachtet werden. Entsprechend wird gefragt, ob die Jugendlichen von der Sinnhaftigkeit des Schlaraffenlands überzeugt sind, ob sie die dort geschilderte gesellschaftliche Ordnung als in sich stimmig und schlüssig beurteilen. Knappe und entschiedene Antworten lauten: *»Schlechte Systematik«* (JT 11–13) oder *»Es [gibt] da keine richtigen Regeln«* (MT 11–13).

Viele Jugendliche haben sich mit der phantasierten Sinnhaftigkeit des Schlaraffenlands eingehend auseinandergesetzt. Im gemeinsamen Gespräch kamen sie immer wieder zum gleichen Ergebnis: Die Welt des Schlaraffenlands ist sinnwidrig und vollkommen abwegig.

*»Wenn es das jetzt in Echt gäbe und da auch die Dünnen wären, die hätten sich auch über den König lustig gemacht. Dann wird man sagen: ›Guck mal, das ist der Dickste, der schläft am längsten, der hat am wenigsten Energie‹. Das ist ja dann auch nicht gut, wenn man da der König ist. Eigentlich ist es nur gut, wenn man rausgeschmissen wird.«* (MD 11–13)

*»Ja guck mal, als König ist man ja auch dick, und dann kann man auch ausgelacht werden. Die Dünnen können ihn auslachen, denn er kann nicht über*

*die Dünnen bestimmen. Die können ihn trotzdem auslachen, weil er ja nur der König über die Dicken und nicht über die Dünnen ist.«* (MD 11–13)

Abwegig und sinnwidrig ist das Schlaraffenland aus ihrer Sicht, weil unvorstellbar ist, dass die Dicken jemals über die Dünnen herrschen könnten, selbst ein »dicker König« würde niemals von »dünnen Untertanen« anerkannt werden. Ihre Erfahrung ist, dass die objektive gesellschaftliche Wirklichkeit klar und eindeutig zwischen den Dünnen und den Dicken unterscheidet und dies über die gesellschaftliche Ordnung legitimiert wird. Die gesellschaftliche Ordnung trennt die Welt der Dünnen von der der Dicken und setzt sie in ein Über- und Unterordnungsverhältnis. Diese Ordnungsweise besitzt nach ihrer Erfahrung absolute Geltung und ist unveränderlich. Für die dickeren Jugendlichen ist es überhaupt nicht vorstellbar, dass Dünnsein und Dicksein jenseits von richtig oder falsch, normal oder abweichend gesellschaftlich betrachtet oder behandelt werden könnten. Die »offizielle Wirklichkeitsbestimmung« wird sie – so ihr Fazit – immer als Abweichler identifizieren.

Die objektive gesellschaftliche Wirklichkeit, jedenfalls wenn sie aus jenen Institutionen und Legitimationen rekonstruiert wird, die das Schlaraffenland ins Gegenteil verkehrt, repräsentiert für die dickeren Jugendlichen einen übermächtigen und in sich »logischen« Sinnzusammenhang, mit dem sie sich konform präsentieren. Für sie heißt dies zu verdeutlichen, dass sie keineswegs diese Legitimationen ablehnen und auch nicht in die gesellschaftliche Ordnung zurückgeholt werden müssen. Weiterhin kann festgehalten werden, dass sie auf das Angebot während der Gruppendiskussionen, darüber »zu phantasieren«, ob und wie sich aus ihrer Perspektive die gesellschaftliche Ordnung ändern sollte, überhaupt nicht reagiert haben. Ihr Anliegen war darauf gerichtet, ihre Konformität zu bestätigen. Ihre Stellungnahmen zu den geltenden Legitimationen wandeln sich jedoch, wenn sie nicht nach der »Sinnhaftigkeit« des institutionellen Gefüges von sozialstruktureller Positionierung und gesellschaftlicher Zugehörigkeit gefragt werden, sondern sie aufgefordert sind, darüber nachzudenken, wie ihre »Idealwelt« aussehen würde.

## 4.3 Die »ideale« gegen die »wirkliche« Welt

Die Gegenwelt des Schlaraffenlands erstreckt sich vorwiegend auf die drei vorne aufgezählten Legitimationen: Arbeits- und Leistungsbereitschaft, Zuweisung sozialstruktureller Positionen und gesellschaftliche Teilhabe. Sich zunächst auf diese Teile der gesellschaftlichen Ordnung zu konzentrieren begründete sich daraus, dass Dicksein als Ausdruck des Abweichens von diesen Legitimationen bewertet wird. Sie decken aber keineswegs das »Ganze der institutionalen Ordnung« ab, was für die Gruppendiskussionen weder möglich noch erforderlich war. Dafür, wie die dickeren Jugendlichen ihr gesellschaftliches Verhältnis qualifizieren, ist einerseits bedeutsam, wie sie zu jenen Legitimationen Stellung nehmen, bei denen sie als abweichend wahrgenommen und behandelt werden. Dies wurde anhand des Schlaraffenlands untersucht. Andererseits ist dafür von Belang, ob sie den Umgang mit ihnen – z.b. die Typisierungen und Klassifizierungen oder die Kennzeichnung als »wirkliche oder potenzielle Abweichler« – als konform mit den Legitimationen der gesellschaftlichen Ordnung bewerten.

Um einen Einstieg in diese Thematik zu finden, haben wir die Jugendlichen gefragt, wie sie sich ihre Idealwelt vorstellen. Obwohl diese Frage abstrakt formuliert war, haben die meisten Teilnehmerinnen und Teilnehmer diese ohne zu zögern sogleich auf den gesellschaftlichen Umgang mit dem Dicksein und den Dicken bezogen. Ihre Forderungen an die »ideale Wirklichkeit« lauten im Wesentlichen gleich. Man kann sie zu einer einzigen zusammenfassen: Gleichbehandlung unabhängig vom Körper, präziser: vom Aussehen.

*»Alle [haben] den gleichen Körper, manche [sehen] halt durch ein paar Kilo etwas anders aus. Wir haben aber alle denselben Körper.«* (MD 11–13)

*»Aber es geht ja auch ums Innere und nicht ums Äußere, weil da kann einer ja richtig gemein sein. Dann bringt es auch nichts, wenn der dünn ist, dass sie mit dem was zusammen machen und der sie die ganze Zeit ärgert.«* (MD 11–13)

*»Vom Aussehen [sind] nicht alle gleich, aber von der Struktur sagen wir jetzt mal, wie man gebaut ist. Dass man sich nicht lustig macht, nur weil andere anders aussehen, zum Beispiel Chinesen, die haben jetzt auch so Schlitzaugen.«* (JD 14–16)

In diesen Zitaten sprechen die Jugendlichen von der Gleichheit der Körper, die alle Menschen miteinander verbindet. Unterschiede gäbe es einzig beim

Aussehen. Äußerlichkeiten dürften jedoch nicht herangezogen werden, um Ungleichheiten zwischen den Menschen zu begründen oder darüber herzustellen. Dick und dünn seien genauso äußerliche Merkmale wie die Augenform, weshalb sie keine ungleichen Bewertungen und Behandlungen rechtfertigen. Wichtiger ist ihnen das Argument, dass es auf das »Innere« und nicht das »Äußere« ankomme. Damit bestreiten sie die Sinnhaftigkeit und die Legitimität, den Körper als Ausdruck und Ergebnis sozialer Erfahrungen, Verhaltens- und Handlungsweisen und persönlicher Eigenschaften zu interpretieren. Aus ihrer Sicht sollte strikt zwischen dem körperlichen Aussehen und den Individuen unterschieden werden, weil es nicht legitim sei, vom Körper auf Verhaltens- und Handlungsweisen zu schließen. Grundsätzlicher formuliert: Die gesellschaftlichen Typisierungen von Dicksein und dicken Menschen beurteilen sie als abweichend von dem gesellschaftlichen Gebot der Gleichbehandlung und deshalb als nicht vereinbar mit der gesellschaftlichen Ordnung.

Um zu vertiefen, wie die dickeren Jugendlichen auf die Erfahrung, als von der gesellschaftlichen Ordnung abweichend eingestuft zu werden, reagieren, ob sie sich selbst als therapiebedürftig kennzeichnen oder sich dafür einsetzen, die geltenden Legitimationen neu zu fassen oder ihre Geltung auszuweiten, haben wir ihnen zwei Audios vorgespielt:

(1) Also ich würde mir meine ideale Welt so vorstellen, dass es, wenn ich Probleme habe, dass es Leute gibt, an die ich mich wenden kann und die mir weiterhelfen.

(2) Ich würde mir meine ideale Welt vorstellen, dass man aussehen kann, wie man will, und man nicht doof angeschaut wird wegen seines Aussehens.[50]

Der erste Einspieler repräsentiert den gesellschaftlichen Umgang mit »wirklichen und potenziellen Abweichlern«: Sie werden therapiert, um zukünftig als konform zu gelten. Der zweite Vorschlag zielt dagegen darauf, dass, wie bereits von den Jugendlichen selbst ins Gespräch gebracht, das Gebot der Gleichbehandlung auf Dicksein angewendet wird.

Der erste Vorschlag fand in den Gruppendiskussionen keinerlei Resonanz, er blieb unkommentiert. Die zweite Anregung haben die Jugendlichen dagegen ausgiebig diskutiert und in das bereits begonnene Gespräch über Gleichbehandlung unabhängig vom Aussehen integriert. Auf diese Weise

---

50 Um keine geschlechtspezifischen Reaktionen zu evozieren, haben wir die beiden Sätze sowohl von weiblichen als auch von männlichen Jugendlichen sprechen lassen.

wurde die Argumentationslinie der Jugendlichen deutlicher und mit weiteren Vergleichen angereichert. So wie niemand wegen seiner Religion, seiner sozialen oder ethnischen Herkunft ungleich behandelt werden dürfe, so wäre es ebenso unberechtigt, Menschen aufgrund ihres Aussehens abzuwerten. Wie die Vergleiche zeigen, fassen die Jugendlichen, dass *»man aussehen kann, wie man will und man wird dafür nicht geärgert«* (JD 14–16) als Frage der Gleichberechtigung auf und äußern dies auch so: *»Eigentlich geht es um Gleichberechtigung«* (JT 14–16). Gerecht wäre, *»dass jeder so sein kann, wie er will; nicht, dass die Dünnen jetzt bevorzugter werden als die Dicken«* (JT 14–16). Es geht *»nicht nur darum, auszusehen, wie man will, sondern eher um Gleichberechtigung«* (JT 14–16).

Dass die Jugendlichen diesen Wunsch an die ideale Wirklichkeit als Legitimation begriffen haben wollen, wird insbesondere daran deutlich, dass sie diese mit faktisch zwingendem Charakter ausstatten möchten.

*»Dass man halt nicht gemobbt wird, dass man gleichberechtigt ist. Dass man eine Grenze gesetzt kriegt, also nicht sagen ›nach dem und dem ist Schluss‹ und danach macht man es doch nicht, sondern, dass man das dann machen MUSS …, dass da eine Grenze ist.«* (JT 14–16)

Die Jugendlichen übertragen somit den »Gleichheitsgrundsatz« auf das Aussehen, worunter sie auch – aber nicht nur – Dick- oder Dünnsein fassen. Sie nennen beispielsweise auch »hässlich« oder »schön« sein. Dabei orientieren sie sich an dem bereits für Religion und Hautfarbe etablierten Gleichstellungsgeboten, die – so ihre Sicht – in der »objektiven gesellschaftlichen Wirklichkeit« als verbindlich anerkannt und mit zwingendem Charakter ausgestattet sind.

Die Ausdehnung des »Gleichheitsgrundsatzes« auf das Aussehen legitimieren sie mit zwei Begründungen: Aussehen gehöre zu den Äußerlichkeiten, für die man nichts könne. *»Jeder hat etwas, man kann nichts dafür.«* (MD 11–13); *»Man kann aussehen wie man will, man kann ja nichts DAFÜR.«* (JD 14–16). Die andere Begründung ist, dass es nicht auf das »Äußere«, sondern auf das »Innere« ankomme, weshalb sich daran keine Bevorzugungen oder Benachteiligungen anknüpfen dürften. Wenn die Jugendlichen zu den Rechtfertigungen Position beziehen, die aus ihrer Perspektive zur Legitimation des gesellschaftlichen Umgangs mit ihnen herangezogen werden, dann haben sie Argumente parat, warum diese dem »Gleichheitsgrundsatz« widersprechen. Die Jugendlichen sind somit keineswegs ohne eigene Position zu der gesellschaftlichen Ordnung, sie vertreten einen eigenen Standpunkt, der genau auf die Art und Weise, wie ihnen ein bestimmter gesellschaftlicher Ort zugewiesen wird, abgestimmt ist.

Um die von den Jugendlichen gebrauchte Argumentationsfigur besser zu verstehen, ist ein Blick in die englischsprachige Debatte über »lookism« instruktiv (Zakrewski 2004–2005). Damit soll selbstverständlich keinesfalls die Vermutung nahegelegt werden, dass die Jugendlichen mit dieser vertraut sind. Allerdings ähneln die dort verwendeten Grundmotive denen, die die dickeren Jugendlichen gebrauchen.[51] Unter »lookism« werden Vorurteile oder Diskriminierungen verstanden, die auf dem Aussehen gründen. Der Begriff soll erstmalig 1978 im *Washington Post Magazine* verwendet worden sein, und zwar im Zusammenhang damit, dass sich »›fat people‹« gegenseitig helfen, sympathische Ärzte zu finden (Tietje/Cresap 2005: 32 und 40). »Lookism« ist somit von Anfang an mit Dicksein verknüpft. Schaut man jedoch die begrifflichen Bestimmungen durch, was mit diesem Wort bezeichnet werden soll, dann fällt auf, dass diese im Allgemeinen keinen direkten Bezug auf Dicksein nehmen. Vielmehr rücken sie die Begriffe »Schönheit« und »Attraktivität« ins Zentrum. Kritisiert wird »the construction of a standard for beauty/attractiveness«, weil daraus Grenzen und Barrieren erwachsen, die das Aussehen zu einem wichtigen »equal-opportunity issue« machen, genauso wie dies für »racism, classism, sexism, aegism and the other -isms« längst anerkannt ist (Spencer 1994: 559; Tietje/Cresap 2005: 31 und 32).

Eine ungleiche Behandlung wegen des Aussehens ist als moralisch ungerecht zu kennzeichnen und eine darauf abgestimmte Interventionspolitik deshalb vollkommen gerechtfertigt. Als Vorbild für eine solche Antidiskriminierungspolitik wird oftmals auf den in Australien verabschiedeten »Victorian Equal Opportunity Act« von 1995 verwiesen. Dort ist festgehalten, dass niemand aufgrund seiner körperlichen Erscheinung (*physical feature*) diskriminiert werden darf. Die Verordnung zählt zu den Merkmalen der körperlichen Erscheinung die Länge, das Gewicht, die Abmaße, die Gestalt etc. (Warhurst et al. 2009: 132–134). Diese wenigen Erläuterungen mögen genügen, um zu demonstrieren, dass die dickeren Jugendlichen sowohl mit ihrem Sprachgebrauch als auch mit ihrer Argumentationsfigur weitgehend mit der Debatte über »lookism« übereinstimmen.

Die dickeren Jugendlichen haben sich viel umfangreicher über die gesellschaftliche Ordnung und deren Legitimation geäußert als über soziale

---

51 Eine vergleichbare Vorgehensweise haben wir beim Schlaraffenland genutzt. Der Unterschied besteht darin, dass beim Schlaraffenland die Grundmotive vorgegeben wurden und wir nun suchen, wo ähnliche Grundmotive verwendet werden.

Ungleichheiten und wie sie davon betroffen sind. Auffällig ist zudem, dass sie bei diesen Themen »eigene« Argumentationslinien entwickelt und vertreten haben. Mit »eigene« ist gemeint, dass sie auf der Grundlage ihrer gesellschaftlichen Erfahrungen und aus ihrer Perspektive auf die Gesellschaft argumentiert haben. Sie haben somit nicht einfach die Legitimationen übernommen, sondern diese so weiterentwickelt, dass diese sowohl mit dem geltenden Sinngefüge konform sind als auch ihre Sichtweise integrieren. Für ihre Äußerungen zum gesamten Komplex der sozialen Ungleichheiten war dies dagegen nicht zu beobachten. Das spricht dafür, dass die dickeren Jugendlichen ihre gesellschaftliche Ortsbestimmung als vorwiegend dadurch gegeben sehen, dass sie als abweichend von der gesellschaftlichen Ordnung typisiert werden und mit ihnen entsprechend gesellschaftlich umgegangen wird. Dies erklärt auch, weshalb – wie im Kapitel über die Typisierungen dargelegt – das Wort, das den dickeren Jugendlichen zu dem Impuls (Comic) als Erstes einfiel, »Außenseiter« war. Ihre sozialstrukturelle Benachteiligung, beispielsweise ihre verminderten sozialen Chancen, die knappen Ressourcen, mit denen ihre Eltern wirtschaften müssen, etc., besitzen für sie – so erleben sie die sozialen Interaktionen – im Vergleich dazu eine geringere Strukturierungsmacht.

Da ihre Eltern – wie wir gesehen haben – die gesellschaftlichen Reaktionen auf Dicksein klar und deutlich als soziale Klassifikation erfahren, die im Zusammenhang mit der Herstellung und Rechtfertigung sozialer Ungleichheiten steht, ist davon auszugehen, dass die Jugendlichen mit der Sicht- und Erfahrungsweise von Dicksein als Phänomen sozialer Ungleichheit vertraut sind. Trotzdem nehmen sie den gesellschaftlichen Umgang mit ihnen beinahe ausschließlich dadurch begründet und gerechtfertigt wahr, dass sie als nicht mit der gesellschaftlichen Ordnung konform betrachtet werden. Dicksein besitzt deshalb aus ihrer Perspektive keinen direkten Bezug zur Herstellung und Begründung sozialer Ungleichheiten.

# 5. Moralisch kommunizieren und Moralunternehmer

Personen, die aus der offiziellen Wirklichkeitsbestimmung auszuscheren drohen, begegnet die Gesellschaft nach Berger/Luckmann mit Therapie, um sie auf diese Weise fester an die gesellschaftliche Ordnung zu binden. Diese gesellschaftliche Antwort auf tatsächliche oder vermeintliche Abweichung war auf den vorangegangenen Seiten nicht Thema, weil sie ein eigenes Kapitel beansprucht. Therapien haben sich in den Gegenwartsgesellschaften – mit Bourdieu gesprochen – zu einem eigenen sozialen Feld entwickelt. Sie richten sich nicht mehr nur an »wirkliche oder potentielle Abweichler«, sondern treten mehr und mehr an alle Menschen heran. In besonderer Weise gilt dies für die bedeutsamste Therapie gegen das Dicksein: die Ernährungsprävention. Ihr therapeutisches Ziel ist es, dauerhaft eine gesunde Ernährungsweise zu habitualisieren. Eine solche Ernährungsweise gilt nicht nur bei Dicksein als angezeigt. Sie soll präventiv von allen Menschen praktiziert werden, um möglichen Krankheitsrisiken vorzubeugen, die durch eine ungesunde Ernährung begünstigt werden könnten.

Therapien fußen nach Berger/Luckmann auf theoretischem Wissen, welches – wie vorne bereits erwähnt – eine »Theorie der Abweichung, eine diagnostische Methodik und ein theoretisches System der ›Seelenheilung‹« umfasst (Berger/Luckmann 1987: 121). Therapien antworten auf die Nicht-Beachtung von Legitimationen und beruhen wie diese auf Wissensbeständen, die durch sekundäre Objektivation mit Werten versehen wurden. Nach Berger/Luckmann geht »bei der Legitimierung […] das ›Wissen‹ den ›Werten‹ voraus« (ebd.: 100). Für die Ernährungsprävention – vermutlich für die meisten Formen von Prävention – scheint diese Reihenfolge nicht zu stimmen. Wissen und Werte sind hier von Anfang an und auf das Engste miteinander verflochten. Sehr anschaulich kann man sich dies anhand der Aussage »Obst und Gemüse sind gesund« vergegenwärtigen. Sie gibt nicht nur Wissen wieder, sondern transportiert davon untrennbar die Wertung, dass es gut ist, Obst und Gemüse zu essen, und beides nicht verschmäht werden sollte.

Die Wertung ist in das Adjektiv »gesund« eingelagert, das ohne positive Belegung gar nicht existiert. Die feste Verbindung von Wissen und Wertung ist der Grund, dass präventive Aussagen appellativen Charakter haben, und zwar nicht nur für Personen, die als therapiedürftig diagnostiziert sind. Ihre auffordernden Eigenschaften entfalten auch bei Personen Wirksamkeit, die nicht als »zu dick« gelten. Mehr noch, gerade dadurch, dass die Appelle von dünneren Menschen als verpflichtend wahrgenommen werden, erhöht sich ihre gesellschaftliche Verbindlichkeit.

Diese Überlegungen sprechen dafür, an dieser Stelle nicht mit Berger/Luckmann weiterzuarbeiten. Stattdessen soll auf eine theoretische Konzeption zurückgriffen werden, mit der einerseits die Verzahnung von Wissen und Wertung begriffen werden kann und die andererseits Therapie nicht nur auf Abweichung konzentriert, sondern die gesellschaftliche Honorierung von Verhaltensweisen und Interaktionen, die dem therapeutischen Wissen entsprechen, in den Fokus nimmt. Ohne dies ausführlich zu begründen, orientiere ich mich dabei an Niklas Luhmanns Theorie moralischer Kommunikation.[52] Das Verb »orientieren« ist dabei mit Bedacht gewählt, weil ich mir erlaube, sein Verständnis von moralischer Kommunikation so auszulegen, dass es möglich wird, die Schilderungen der dickeren Jugendlichen darüber, was und wie sie essen, was sie mögen und worauf sie bei ihrer Ernährung achten, zu verstehen.

## 5.1 Moralische Kommunikation – nach Luhmann

Die Theorie moralischer Kommunikation von Luhmann wird somit im Folgenden als »theoretisches Werkzeug« genutzt, um die Verschmelzungen von Wissensbeständen und Wertungen und die daraus resultierenden gesellschaftlichen Honorierungen und Schmähungen zu analysieren. Kennzeichnend für moralische Kommunikation ist nach Luhmann, dass Sinngehalte, die aus verschiedensten Wissensbereichen und Teilsystemen stammen können (z.B. Wissenschaft, Politik, Gesundheit), mit Würdigungen, Zustimmungen und Anerkennungen oder mit Empörungen, Schmähungen und Abwertungen verknüpft werden. Übertragen auf das obige Beispiel heißt

---

52 Ich greife im Folgenden auf eigene Vorarbeiten zurück, insbesondere auf Barlösius (2011b) und Barlösius/von Garmissen (2011).

dies, dass jemand, der bekundet, viel Obst und Gemüse zu essen, sich sicher sein kann, für diese Selbstauskunft »Achtungserweise« zu ernten. Wer währenddessen mitteilt, dass es ihm gleichgültig ist, ob Obst und Gemüse gesund sind, wird Unverständnis hervorrufen, selbst wenn er davon viel isst.

Die Verschmelzung von Wissen und Wertung lässt sich auch anhand der theoretischen Konzepte der Ernährungsprävention demonstrieren. Das Konzept von Food-Literacy, das sich an dem pädagogischen Begriff von »Literacy« orientiert, definiert »Food Literacy« als »die Fähigkeit, den Ernährungsalltag selbstbestimmt, verantwortungsbewusst und genussvoll zu gestalten«. Sie soll »zur Selbstbestimmung beim Ernährungshandeln befähigen, wozu eine angemessene Entscheidungskompetenz« gehört (Büning-Fesel 2008: 107). Pädagogisches Fachwissen ist hier mit Wertungen verknüpft, die vorgeben, wie man den Alltag zu gestalten und sein Leben zu führen hat: selbstbestimmt und verantwortungsbewusst. Wer eine solche Haltung gegenüber dem Essen nicht einnimmt, sondern ohne Vorsatz und Reflektion isst, selbst wenn er sich dabei gesund ernährt, wird keine entsprechende Würdigung erfahren.

Die gesellschaftliche Funktion von Moral besteht nach Luhmann darin, zu gewährleisten, dass die sozialen Interaktionen zwischen Ego und Alter gelingen, und zwar trotz komplexer Wahrnehmungs-, Thematisierungs- und Dispositionsmöglichkeiten und der Unsicherheit, dass Ego und Alter nie gewiss sein können, auf welche der komplexen Möglichkeiten ihr Gegenüber in der Kommunikation zurückgreift. Die moralische Kommunikation bringt »Ego/Alter-Synthesen« hervor, die während der sozialen Interaktion laufend abgeglichen werden (Luhmann 2008: 107). Der Vorzug, moralische Kommunikation als »laufendes Abgleichen von Ego/Alter-Synthesen« zu analysieren, besteht darin, dass auf diese Weise das zentrale Ergebnis aus den ersten Kapiteln des Buchs aufgenommen werden kann: dass Dicksein eine gesellschaftliche Erfahrung ist, die in sozialen Interaktionen entsteht.

Wenn sich Ego und/oder Alter auf moralische Kommunikationen beziehen, dann reduzieren sich auf diese Weise die vielen Möglichkeiten der Wahrnehmung, Thematisierung und Disposition. Es findet eine Reduktion von Komplexität statt, wodurch sich die Unsicherheiten in der Kommunikation verringern und die Aussichten auf gelingende Kommunikation vergrößern. Dies geschieht, indem moralische Kommunikationen honoriert werden, z.B. durch zustimmende Wertschätzung, oder Kommunikationen, die als unmoralisch gelten, Schmähungen einbringen. Durch moralische Kommunikation erhöht sich die Konvergenz der Interaktionen zwischen Ego und

Alter (vgl. ebd.: 139). Stark vereinfacht ausgedrückt: Da die Sachaussagen mit Achtungen oder Schmähungen verknüpft sind, gewinnen sie eine größere soziale Verbindlichkeit, wodurch sich die Ungewissheiten in den Kommunikationen vermindern. Wer erklärt, dass er darauf Wert legt, viel Obst und Gemüse zu sich zu nehmen, wird sich vermutlich auch dafür aussprechen, dass man sich selbstbestimmt und verantwortungsbewusst, sprich gesund zu ernähren hat. Betont man die Eigenverantwortlichkeit bei der Ernährungsprävention, wird man mit großer Gewissheit gegen strikte Verbote aufbegehren und sich stattdessen für Maßnahmen einsetzen, die selbstverantwortliches Handeln fördern.

Moralische Kommunikation »erleichtert es, über andere schlecht zu reden«, zugleich bewirkt sie »eine Überschätzung moralischer Konformität«, weil sie die »geltende Meinung des Guten bestätigt« (ebd.: 113).[53] Die Überschätzung resultiert daraus, dass von moralischen Äußerungen oftmals auf moralisches Handeln geschlossen wird. Luhmann spricht jedoch ausdrücklich von moralischer Kommunikation und nicht von moralischem Handeln. Der gesellschaftlich bindende Charakter der Moralisierung erstreckt sich bei Luhmann nur auf die Kommunikation und keineswegs auf das Handeln. Dies ist zum Verständnis der Ernährungsprävention von großem Vorteil, weil die Gespräche über das Essen und das tatsächliche Essverhalten, wie aus vielen Studien bekannt ist, weit auseinanderfallen (vgl. Barlösius 2011b: 123–125). Wir werden dies bei den dickeren Jugendlichen wiederfinden. Sie verfügen über ein breites Ernährungswissen und beteuern ihre Wertschätzung für eine gesunde Ernährung. Was und wie sie essen, lässt sich jedoch aus diesen Bekundungen nicht herleiten.

Moralisierung denkt Luhmann als einen Prozess, der – je nach Komplexität der Gesellschaften – bis zu vier Stufen durchlaufen kann. Je höher die Stufe, umso mehr entfernen sich die Alter/Ego-Synthesen von den konkreten Inhalten. Ähnlich denken Berger/Luckmann den Prozess der Legitimierung. Während jedoch für Berger/Luckmann der Prozess der Legitimierung dadurch vorangetrieben wird, dass immer weitere Sinngehalte zu einer symbolischen Sinnwelt integriert werden, kennzeichnet den Prozess der Moralisierung nach Luhmann, dass die Abstimmungsprozesse zwischen Alter und Ego immer weiter in die Individuen hineinverlagert werden: Ihre

---

53 Dies gilt besonders für die Moralisierung des Essens. »Food moralists share the belief that there is a connection between eating and social problems, digestion and corruption: bad diets produce bad societies, and vice versa« (Belasco 1997: 186f.). Aus diesem Grund: »Good food had become ›moral imperative‹« (ebd.: 185).

Einstellungen und Haltungen werden moralisiert. Die Abstimmungsprozesse begreift Luhmann als Relationierungen, weil sie die für die Kommunikation einzunehmenden Dispositionen vorgeben. Die Erläuterung der vier Stufen stelle ich anhand von Beispielen für die Moralisierung des Essens vor, da übermäßiges Essen und eine ungesunde Ernährungsweise neben zu wenig Bewegung als Hauptursache für Dicksein gelten.

Auf der ersten Stufe der Moralisierung identifiziert Luhmann »Achtungskonserven«, auf die man sich in standardisierten Situationen wie dem Tischgespräch beziehen kann. Zu dieser Stufe gehören die Unterscheidungen in gesunde und ungesunde Lebensmittel und Inhaltsstoffe. Die zweite Stufe der Moralisierung erwartet eine »vorgeschaltete Selbstrelationierung«, die darin besteht, dass »das Verhalten sich sozusagen zunächst zu sich selbst [verhält], bevor es sich zu einem Effekt verhält« (Luhmann 2008: 144). Wille, Gewissen, Vorsatz, Selbstverantwortlichkeit repräsentieren nach Luhmann Belege für eine moralfähige Semantik, die als Ausweis einer »vorgeschalteten Selbstrelationierung« anerkannt wird. Beim Essen beweist man eine solche moralische Selbstrelationierung, indem man kommuniziert, sich bewusst zu ernähren, sich der Folgen der Ernährung zu vergewissern, bevor man zu den Speisen greift. Auf dieser Stufe sind moralisch verantwortete Entscheidungen für eine gesunde Ernährung zu bekunden. Auf der dritten Stufe wird das Moralisieren selbst »zu einer moralischen Leistung, die Achtung und gegebenenfalls Missachtung erbringt« (ebd.: 149). Man hat eine moralisierende Haltung zu kommunizieren, die als Voraussetzung dafür gilt, sich für eine gesunde Ernährung – genereller: eine gesunde Lebensführung – entscheiden zu können. Die vierte Stufe impliziert die moralische Aufforderung, Entscheidungen »mit Rücksicht auf die Folgen« und unter »Einbeziehung von Nebenfolgen« (ebd.: 160 und 161) zu treffen. Auf dieser Stufe wird die Zukunft zum Bezugspunkt der moralischen Kommunikation. Die Orientierung auf die Zukunft, nämlich Erkrankungsrisiken vorzubeugen, unterscheidet diese von den vorangegangenen Stufen der Moralisierung.

Kommen wir nochmals auf die dritte Stufe der Moralisierung zurück. Ähnlich wie Berger/Luckmann, bei denen ab der dritten Stufe der Legitimierung »hauptamtliche Legitimatoren« auftreten, geht auch Luhmann davon aus, dass sich ab dieser Stufe »Moralunternehmer« professionalisieren. Sie erwerben darüber Achtung, dass »sie moralische Missstände anprangern oder auf noch unerkannte moralische Verdienste hinweisen« (ebd.: 150). Luhmann bezieht sich an dieser Stelle auf Howard Beckers Buch *Outsiders. Studies in the Sociology of Deviance* von 1963 (dt.: *Außenseiter. Zur Soziolo-*

*gie abweichenden Verhaltens*, Becker 1991). Da sich im Weiteren ein ganzer Abschnitt mit den »Moralunternehmern« – konkret: mit Experten aus der Ernährungs- bzw. Adipositasprävention – befassen wird, werde ich mich, um nachzuzeichnen, welche moralischen Übereinkünfte diese Personen zugrunde legen, auf die Theorie von Becker stützen, da dieser die Gruppe der »Moralunternehmer« anders als Luhmann nicht nur erwähnt, sondern sich explizit mit ihr beschäftigt.

Vorher soll untersucht werden, ob den dickeren Jugendlichen die moralische Kommunikation über die gesunde Ernährung vertraut ist, ob sie diese als legitimiertes Wissen anerkennen und wie sie dieses in sozialen Interaktionen nutzen. Diese Fragen setzen sich von dem üblichen Untersuchungszuschnitt ab, der im Allgemeinen darauf gerichtet ist, zu erfahren, ob dickere Menschen über ausreichendes Ernährungswissen verfügen und was sie davon abhält, sich gesund zu ernähren. Ein solcher Zuschnitt schreibt die Prozesse der Moralisierung des Essens fort, statt sie zu untersuchen, weil er sich darauf konzentriert, zu analysieren, warum die als zu dick betrachteten Menschen nicht die Anleitungen und Hilfestellungen der Ernährungsprävention würdigen. Würden sie diese anerkennen, so die übliche Schlussfolgerung, dann würden sie diese auch praktizieren. Eine solche Interpretation rechtfertigt die Prozesse der Moralisierung mit (sozial)wissenschaftlichem Wissen. Mit Luhmann kann und hat man dagegen moralische Kommunikation vom praktischen Handeln zu trennen, weshalb die Anerkennung oder Zurückweisung moralischer Gebote und auch deren soziale Verbindlichkeit auf der Ebene der Kommunikation angesiedelt sind. Wer sich aus Not oder Zufall gesund ernährt, aber ohne moralische Überzeugung, genügt demnach nicht den Geboten der moralischen Kommunikation, auch wenn seine Ernährungspraxis anderes nahelegt.

## 5.2 Gesunde Ernährung: Alles bekannt und moralisch geschätzt

Während der Gruppendiskussionen haben wir die Jugendlichen gefragt, was aus ihrer Sicht eine »richtige Ernährung« auszeichnet. Ziel war es, zu erfahren, welches Ernährungswissen sie haben und ob bzw. welche Wertungen in dieses eingelagert sind. Beginnen wir mit einem kurzen Dialog.

*C: »Unter gesunder Ernährung verstehe ich eine ausgewogene und sehr leckere Mahlzeit.«*

*D: »Ausgewogen, was heißt das?«*

*C: »Ja, zum Beispiel verschiedene Sorten und halt auch leckere Sorten und halt fettarme Sachen, zum Beispiel Obst, Gemüse, dann noch, halt, wie heißt die – Margarine, Schwarzbrot, und dann guten Appetit.«* (JT 11–13)

In dieser Passage tauschen sich türkische männliche Jugendliche darüber aus, was sie über gesunde Ernährung wissen. Auch die anderen Gruppen haben dem therapeutischen Wissen gemäß geantwortet: *»Obst, Gemüse, was Gesundes halt«* (MT 11–13) oder *»wenn es nicht so fettig ist«* (JT 14–16). Dieses Wissen ist ihnen sogleich präsent, und sie zählen es wie das kleine Einmaleins auf. Es ist ihnen ein Anliegen, unter Beweis zu stellen, dass sie die Unterscheidung in gesunde und ungesunde, gute und schlechte Lebensmittel und Speisen beherrschen. Bei der Wiedergabe von Ernährungswissen geht es ihnen aber um mehr. Sie wollen unterstreichen, dass sie die mit diesem Wissen verflochtene Wertung als »richtig« und verbindlich anerkennen. Sie streben danach, so über Essen zu sprechen, dass sie Missbilligungen entgehen und ihre Konformität bekräftigen. Besonders deutlich wird dies, wenn man den weiteren Verlauf des obigen Dialogs verfolgt.

*B: »Alter, du hattest noch nie Schwarzbrot, aber nein, wann hattest du jemals Schwarzbrot? Hör mal auf zu lügen, sei mal ganz ehrlich.«* (JT 11–13)

Dass die Präsentation von Ernährungswissen nicht nur auf den Nachweis von Kenntnissen zielt, sondern gleichermaßen darauf, seine Übereinstimmung mit moralischen Vorgaben zu bezeugen, wurde auch an anderen Gesprächsstellen deutlich. Wenn die Jugendlichen eher aus Versehen Sätze so beginnen, dass Zweifel über ihre Ansichten entstehen könnten, korrigieren sie sich sofort und beenden diese gemäß der moralischen Unterscheidung in gut und schlecht. Dafür zwei Beispiele: *»[…] aber das Blöde ist […] viele ungesunde Sachen […] sind halt auch richtig lecker, aber es gibt auch genug gesunde Sachen, die lecker sind«* (MD 11–13). *»Ich würde was reinbringen, das nur so schmeckt wie McDonalds, aber gar nichts drin ist, also keine Kalorien oder so«* (JD 14–16). Die Jugendlichen haben insgesamt eine große Übung darin, sich schnell entlang des therapeutischen Ernährungswissens selbst zu korrigieren. Es ist somit keineswegs berechtigt, pauschal davon auszugehen, dass dickere Jugendliche über kein, ein falsches oder unzureichendes Ernährungswissen verfügen. Die meisten von ihnen besitzen eine große Bandbreite an Kenntnissen. Sie wissen, welche Lebensmittel und Ernährungsweisen als gesund gelten und welche nicht, sie kennen sich aus mit den als richtig betrachteten Lebensmittelmengen, sie beherrschen viele Fachtermini und erkennen therapeutisches, sprich präventives Ernährungswissen als das einzig legitime Wissen an.

Ein Mangel an Wissen liegt somit nicht vor. Aber die Jugendlichen haben auch erfasst, dass es sich um ein Wissen handelt, welches mit Achtungserweisen verknüpft, also sozial erwünscht ist. Dies haben sie verinnerlicht, und entsprechend repetieren sie es, um Missachtungen auszuweichen und soziale Anerkennung zu erhalten. Geradezu wie in einem Brennglas wurde dies bei einer anderen Frage deutlich. Wie bereits im vorangegangenen Kapitel erwähnt, haben wir den Jugendlichen aus dem Märchen vom Schlaraffenland die Passagen vorgelesen, in der ein Ort geschildert wird, wo Milch und Honig fließen. Im Anschluss haben wir die Jugendlichen gefragt, was sie gerne essen würden, wenn sie den Weg ins Schlaraffenland gefunden hätten. Auch hier sollte die Konfrontation mit einer »Phantasiewelt« die Jugendlichen dazu bringen, davon zu berichten, was sie in der »Wirklichkeit« gerne essen (vgl. Abschnitt 4.1). Da im Schlaraffenland nicht nur Nahrung im Überfluss vorhanden ist, sondern vor allem die verschiedensten Lebensmittel und Speisen ohne jegliche wertende Unterscheidung in gesund oder ungesund, in gut oder schlecht präsentiert werden, hatten wir erwartet, dass die Jugendlichen über ihre Essvorlieben ebenfalls jenseits therapeutischer, sprich moralischer Wertungen sprechen würden. Der Impuls hat insoweit »funktioniert«, als sie die Frage, was sie dort essen würden, sogleich auf ihre Alltagswelt bezogen haben. So begann beispielsweise ein männlicher Jugendlicher seine Antwort wie folgt:

»*Also, wenn es das wirklich geben würde, dann müsste man auch an seine Gesundheit denken. Wenn man hier jeden Tag McDonalds Cheeseburger fressen würde, dann würde man krank werden. Man könnte sich auch Gemüse wünschen.*« (JD 11–13)

In diesem Zitat wird aber auch das »Scheitern« des Impulses deutlich. Die Mehrheit der Jugendlichen hat keine Auskunft darüber gegeben, was sie *gerne* essen. Sie haben sich überhaupt nicht über ihre Alltagspraxis geäußert. Vielmehr referierten die meisten Jugendlichen moralische Kommunikationen über das Essen. Mit anderen Worten: Sie haben sich sogleich auf die Ebene der Legitimationen begeben. So bekundeten sie, dass es bei ihnen im Schlaraffenland »*Salat und Tomaten geben*« (JT 11–13) würde, sie sich im

Schlaraffenland wünschen würden, »*frisches Obst*«, »*Wassermelone*«, »*Kiwis*« und »*Äpfel*« zu essen, und wenn sie dort ein Fest ausrichteten, dann böten sie ihren Gästen »*Wasser, Bananen*«, »*Salate*« und »*frische Säfte*« an, weil »*es gesund ist*« (MD 11–13). Es gibt jedoch zwei Gruppendiskussionen, die mit türkischen männlichen Jugendlichen im Alter von 14–16 und die mit deutschen weiblichen Jugendlichen im Alter von 14–16 Jahren, in denen die Jugendlichen nicht gemäß der Vorgaben der moralischen Kommunikation geantwortet haben. Dort nannten sie beispielsweise *Hähnchen, Fisch, Cola, Süßigkeiten, Käsekuchen* etc. Der Grund dafür ist vermutlich, dass die erste Person, die davon erzählte, was sie gerne im Schlaraffenland essen würde, nicht im Duktus der moralischen Kommunikation zu sprechen begann, sondern für die anderen erkennbar über die *eigenen* Essvorlieben sprach.

Offenbar haben die Jugendlichen einen solchen Einstieg als Berechtigung wahrgenommen, über ihre Alltagswirklichkeit zu sprechen und ihre Essvorlieben aufzuzählen. Ohne eine derartige Berechtigung durch einen anderen, ebenfalls dickeren Jugendlichen achteten sie dagegen darauf, sich in Übereinstimmung mit der moralischen Kommunikation zu äußern. Dies zeigt nochmals, wie stark die Jugendlichen die moralische Kommunikation über das Essen verinnerlicht haben. Mehr noch, wie die obigen Selbstkorrekturen belegen, besitzt einzig die moralische Kommunikation über Essen für sie legitime Geltung. Sie bemühen sich permanent, ihre Selbstschilderungen mit dieser abzugleichen und, falls sich Divergenz auftut, sich sogleich zu korrigieren und als zustimmend zu präsentieren.

## 5.3 Stufen der moralischen Kommunikation

Im Weiteren wird untersucht, ob die Jugendlichen mit den vier Stufen der moralischen Kommunikation vertraut sind und wie sie diese praktizieren. Dass sie die Stufe der Achtungskonserven kennen und sich daran orientieren, wurde im obigen Abschnitt über das Ernährungswissen bereits deutlich. Allerdings könnte es sein, dass ihnen die drei anderen Stufen fremd sind oder sie diese nicht beherrschen. Typisch für diese ist, dass sie Selbstrelationierungen wie Einstellungen und Haltungen voraussetzen, und zwar just solche, die den dickeren Jugendlichen gesellschaftlich zumeist abgesprochen werden (vgl. Kapitel 2 und 4). Dazu gehören die Fähigkeit und Bereitschaft zu selbstverantwortlichen Entscheidungen, zur Selbstkontrolle und -disziplinierung und zu einer langfristigen Lebensplanung. Wie mehrfach betont, geht es hinsichtlich der moralischen Kommunikation nicht darum, ob die Jugendlichen diese Einstellungen und Haltungen tatsächlich praktizieren, sondern ob sie diese kommunizieren und darüber ihr Einverständnis mit ihnen signalisieren. Konzentriert man Moralisierung darauf, dann ist ein Hiatus zwischen Kommunizieren und Handeln weder ein theoretisches noch ein empirisches Problem. Übrigens tut sich ein solcher Hiatus auch bei Menschen auf, deren Konformität mit der gesellschaftlichen Ordnung, mit der gesunden Ernährung und Lebensführung nicht infrage gestellt wird. Obwohl im letzten Abschnitt die erste Stufe der Moralisierung, die der Achtungskonserven, bereits indirekt angesprochen worden ist, soll sie der Vollständigkeit halber nochmals behandelt werden.

## 1. Stufe: Achtungskonserven – »Obst, Gemüse, was Gesundes halt«

Mit den Lebensmitteln und Speisen verbinden die Jugendlichen – wie schon gesehen – eindeutige Bewertungen, die in gesund oder ungesund, gut oder schlecht unterscheiden. Ein typisches Beispiel dafür: *»Nicht fettige Sachen so, sondern so Obst und Gemüse, z.B. so Fleisch, das ist fettiger als Fisch«* (MT 14–16). Die von ihnen als gesund bewerteten Lebensmittel und Speisen wie Obst, Gemüse, Salate oder frische Säfte nennen sie meistens zuerst, wenn sie von Speisen erzählen. Im Vergleich dazu erwähnen sie als ungesund gekennzeichnete Lebensmittel kaum. Charakteristisch für diese Stufe der Moralisierung des Essens ist, dass sich die Jugendlichen zu den Lebensmitteln und Speisen positionieren und moralisch eingeschliffene Bewertungen reproduzieren. Entsprechend referieren sie über gesund bewertete Lebensmittel ausführlicher und bekunden, diese grundsätzlich gerne zu essen. Über ungesunde Speisen sprechen sie dagegen wesentlich weniger und teilen mit, sich zu bemühen, von diesen nur selten zu essen oder sie zu meiden. So erzählen sie von sich: *»Davon esse ich jetzt eins als Abendbrot … halt ohne alles, und auch nicht in Fett gebraten«* (JD 11–13). *»Ich trinke nur Wasser, ich mag keine Cola oder so was«* (JD 11–13).

## 2. Stufe: Moralische Selbstrelationierung – »*Dass man besser, also dünner ist*«

Gesund, mäßig und bewusst essen, sich bewegen und Sport treiben – diese Verhaltensvorgaben zitieren die Jugendlichen sogleich, wenn sie sich aufgefordert fühlen darzulegen, wie sie sich ernähren sollten und was sie tun könnten, um ihr Übergewicht zu reduzieren. Alle Jugendlichen äußern in den Gruppendiskussionen ohne Zögern eine hohe Bereitschaft zu Vorsätzen, Willen und Selbstkontrolle. Die Jugendlichen präsentieren sich als Personen, die prinzipiell bereit sind, die Verantwortung für ihre Ernährungsweise und ihr Gewicht zu übernehmen, und diese Aufforderung nicht als Zumutung ablehnen. Im Gegensatz zur ersten Stufe der Moralisierung sprechen sie in diesen Passagen vorwiegend in der Ich- oder der Wir-Form. Sie berichten davon, wie sie sich selbst ermahnen, den moralischen Verhaltensanforderungen nachzukommen, oder dass sie darüber nachdenken, wie es ihnen besser gelingen könnte, diese zu befolgen. Dass sie abnehmen wollen, darüber lassen sie keinen Zweifel: »*Wir [wollen] natürlich auch ALLE abnehmen*« (MD 11–13).

Wie stark sie diese Stufe der Moralisierung verinnerlicht haben, wird daran deutlich, dass sie »*dünn sein*« mit »*besser sein*« assoziieren. Sie wiederholen die Achtungserweise, die Personen mit weniger Körpergewicht entgegengebracht werden. Aber sie wehren sich gegen die moralische Schlussfolgerung, dass sich im Körper(-Gewicht) die persönlichen Einstellungen und Überzeugungen dokumentieren und ein übergewichtiger Körper als Beweis für einen mangelnden Willen, sich selbst zu kontrollieren, herangezogen wird (vgl. Kapitel 4). Die Jugendlichen nehmen diese Stufe der Moralisierung – die Bekundung von Selbstkontrolle, Willen und Gewissen – als gesellschaftlich erwartete Kommunikation für sich an und kritisieren jedoch, dass die Zustimmung dazu über den Körper zu verifizieren ist.

Für diese Stufe der Moralisierung erzählen die Jugendlichen auch davon, mit welchen Kommentaren und Ermahnungen sie konfrontiert sind. Aufschlussreich ist, dass sie diese Äußerungen als Zitate – also wortwörtlich – wiedergeben. Dies ist ein deutliches Indiz dafür, dass sie sich mit diesen Unterweisungen im Alltag tatsächlich auseinanderzusetzen haben. Durchweg handelt es sich um Belehrungen darüber, was sie unterlassen sollen. Dagegen referieren sie kaum Ratschläge oder Achtungserweise, die sie unterstützen oder bestärken. Bemerkenswert ist weiterhin, dass die Jugendlichen während der Gruppendiskussionen den Aussprüchen zustimmten und betonten, genau diese Sätze selbst oftmals zu hören. Beispiele dafür sind: »*Du darfst das nicht essen, also gib es her*« (MD 11–13), »*Ja, dann nimm lieber nur die Hälfte davon*« (MD 14–16), »*Oh, bist du immer noch nicht satt*« (MT 14–16), »*Du isst zu viel, du wirst zu dick*« (JD 14–16). Die Sätze transportieren mehrheitlich eindeutige Abwertungen, speziell solche, die sich auf ihre Fähigkeit zur Selbstkontrolle und Selbstdisziplin beziehen. Sie adressieren ihr Gegenüber direkt. Mehrheitlich handelt es sich um vertraute Personen, etwa die Eltern und die Geschwister, die diese Missbilligungen äußern.

## 3. Stufe: Moralisierende Haltung – »*Man müsste sich anstrengen*«

Sich zusammenreißen und sich selber ändern führen die Jugendlichen an, wenn sie darüber sprechen, welche Voraussetzungen erfüllt sein müssten, damit sie ihre Ziele verwirklichen können.[54] Überwiegend nennen sie persönliche Voraussetzungen, keineswegs strukturelle Bedingungen, was damit korrespondiert, dass sie ihre gesellschaftlichen Erfahrungen kaum mit Referenz auf soziale Ungleichheiten wahrnehmen. Im Vergleich zur zweiten Stufe greifen sie bei der Formulierung der Voraussetzungen wesentlich häufiger auf Gemeinplätze und Floskeln zurück und sprechen kaum in der Ich- oder der Wir-Form. Vielmehr fassen sie die moralischen Gebote überwiegend unpersönlich ab: »*Man sollte*«. Unterstrichen wird die von ihrer Person abstrahierende Kommunikation durch die häufige Verwendung des Konjunktivs. Beispiele dafür sind: »*Man sollte sich halt schon so ja mehr um die Gesundheit kümmern*« (MD 11–13), »*Ich denke mir mal, da müsste man sich selbst so ein wenig ändern*« (MD 14–16). Mehrfach findet sich die Formulierung »*Dafür muss man selber was machen*«. Wenn die Jugendlichen über die Realisierung ihrer Ziele und die dazu erforderlichen Voraussetzungen kommunizieren, dann tun sie dies nicht in ihrer »eigenen Sprache«, sondern replizieren vorwiegend moralisch anerkannte Formulierungen. Im Vergleich zu der Aufforderung, eine »vorgeschaltete Selbstrelationierung« vorzunehmen, richten sie das Gebot, eine »moralisierende Haltung« einzunehmen, weniger nachdrücklich an sich selbst.

---

54 Genereller gehe ich auf die Frage, welche Wünsche die Jugendlichen haben, im nächsten Kapitel ein, wo im Zentrum stehen wird, welche Beziehungen zwischen den Zielen der Jugendlichen und ihrer sozialstrukturellen Positionierung bestehen. Hier konzentriere ich mich dagegen auf die Aspekte, die einen Bezug zur gesundheitlichen Prävention aufweisen.

## 4. Stufe: Zukunftsgerichtetheit – »*Gesund bleiben*«

Gesund bleiben oder werden sei das Wichtigste, darüber sind sich die Jugendlichen einig, weshalb man unbedingt auf seine Gesundheit achten müsste: »*Gesundheit ist am wichtigsten ... weil man ohne die Gesundheit nicht viel anfangen kann*« (MT 14–16). Diese Äußerungen haben zwar den Charakter von Sprechblasen, jedoch geben die Jugendlichen ihnen eine eigene Färbung, indem sie diese einerseits mit dem Dicksein und anderseits mit Zukunftschancen verbinden. Zu dick zu sein stellt für sie nicht nur ein gesundheitliches Risiko dar, vor allem sehen sie darin eine Begrenzung der Möglichkeiten zur Realisierung ihrer Zukunftswünsche. »*Wenn man gesund ist, kann man auch Erfolg im Leben haben*« (MT 14–16). Gesundheit ist für die Jugendlichen ähnlich wie für Hans-Georg Gadamer dadurch bestimmt, dass sie ein »In-der-Welt-Sein, Mit-den-Menschen-Sein, von den eigenen Aufgaben des Lebens tätig oder freudig erfüllt sein« meint (Gadamer 1996: 144). Aber im Gegensatz zu Gadamer sind diese Bestimmungen weniger auf die Gegenwart und stattdessen stärker auf die Zukunft gerichtet. Wie die Wissenschaft und die Profession der Prävention interpretieren auch die Jugendlichen Gesundheit in erster Linie als eine Ressource, die auf die Zukunft zielt, weil sie Chancen für den späteren Lebensverlauf eröffnet oder verschließt. Daraus erklärt sich, dass für die Jugendlichen Gesundheit eng mit Erfolg assoziiert ist (vgl. Kapitel 6).

Dieser Auffassung entspricht, dass Prävention nicht nur Heilung oder Krankheitsvermeidung meint, sondern auf einem wesentlich breiteren Verständnis von Gesundheit fußt: sein Leben erfolgreich gestalten zu können. Damit dies gelingen kann, hat man stets mit Bedacht zu handeln, Vorkehrungen zu treffen und »zu bewältigen, was noch gar nicht unmittelbar ansteht« (Blumenberg 2007: 12). Genau solche Handlungen über zeitliche Entfernungen hinweg zeichnen ein »auf Prävention eingestelltes Wesen« wie den Menschen aus, so Hans Blumenberg (ebd.: 12). Prävention ist für Blumenberg somit eine anthropologisch gegebene Möglichkeit, sein Leben zu gestalten. Präventiv zu handeln bedeutet, ein Leben mit Voraussicht zu führen und nicht nur tatsächliche, sondern auch vorstellbare Risiken zu minimieren (ebd.). Für die moralische Kommunikation auf der vierten Stufe folgt daraus, dass man über Zukunft als Risiko zu kommunizieren hat. Die Jugendlichen tun dies, indem sie deutlich darauf hinweisen, dass Dicksein nicht nur ein gesundheitliches Risiko, sondern vor allem ein Risiko für ihre Zukunftschancen darstellt.

Bei der Moralisierung handelt es sich zuallererst um eine spezielle Form der Kommunikation, deren Eigenart es ist, Achtungserweise bzw. Missbilligungen zu kommunizieren. Dies hat die Analyse der Gruppendiskussionen bestätigt. Die dickeren Jugendlichen beherrschen die moralische Kommunikation auf allen vier Stufen. Sie nehmen aktiv an ihr teil. So sprechen sie Anerkennungen oder Missachtungen aus und beziehen die moralischen Aufforderungen auf sich selbst. Beispielsweise ermahnen sie sich, bewusster zu essen und sich in der Zukunft mehr anzustrengen. Keineswegs distanzieren sie sich oder opponieren gegen die Moralisierung. Nicht überraschend, aber doch auffällig ist, dass die Jugendlichen ausschließlich über moralische Abwertungen, nicht aber über Honorierungen berichten. Insbesondere im familiären und alltäglichen Nahbereich sind sie im Zusammenhang mit Ernährung häufiger mit Missbilligungen konfrontiert.

Die dickeren Jugendlichen sprechen sich klar und eindeutig für eine präventive Haltung aus. Bewusst essen – diese Verhaltensvorgabe zitieren die Jugendlichen sogleich, wenn sie sich aufgefordert fühlen darzulegen, wie sie sich ernähren sollten. Sie äußern eine hohe Bereitschaft zu Vorsätzen und Selbstkontrolle und präsentieren sich als Personen, die prinzipiell bereit sind, die Verantwortung für ihren dickeren Körper zu übernehmen. Keineswegs lehnen sie dies als Zumutung ab. Aber es handelt sich um moralische Kommunikationen, nicht um die Alltagspraxis. Um diese Differenz wissen die Jugendlichen und begründen, weshalb es ihnen nicht möglich ist, gemäß der in der moralischen Kommunikation enthaltenen praktischen Aufforderungen zu handeln.

*»Jetzt habe ich wieder zugenommen, weil ich nehme oft durch Stress zu, also weil wir hatten ziemlich Stress in der Familie jetzt in den letzten Zeiten.«* (MT 14– 16)

*»Bei mir ist es so, ich habe früher schwere Zeiten gehabt, meine Eltern sind halt gestorben, da habe ich auch viel Frustessen gemacht.«* (MD 14–16)

*»Ich hatte letztes Jahr in den Sommerferien eine Knieverletzung; konnte ein halbes Jahr kein Sport machen und habe wieder zugenommen. Ich habe immer noch ein paar Probleme, deswegen kann ich jetzt auch kein Sport machen.«* (MD 14–16)

*»Bei uns gibt es auch sehr fettiges Essen, ich mag kein fettiges Essen, dann meckere ich immer rum, dass meine Mama fettarm kochen soll.«* (MD 14–16)

Krankheiten, Schicksalsschläge, Stress und familiale Kochpraktiken halten die Jugendlichen aus ihrer Sicht davon ab, sich gesund zu ernähren und ihr Leben zukunftsorientiert auszurichten. Diese Ursachen sind allesamt jenseits ihrer Verantwortung oder ihres Einflusses. Dass die Jugendlichen sich aufgerufen fühlen, eigens zu begründen, weshalb ihr Essverhalten bislang mit der geforderten präventiven Haltung dem Essen gegenüber nicht korrespondiert, markiert nochmals ihre prinzipielle Zustimmung. Ihre Alltagswirklichkeit schildern sie so, dass es ihnen nicht möglich ist, der Verantwortung nachzukommen. Die Art und Weise, wie die Jugendlichen dies schildern, ähnelt der, wie die Eltern ihre Verantwortung zurückweisen (vgl. Abschnitt 3.4.1).

## 5.4 Präventionsexperten als Moralunternehmer?

Auf der dritten Stufe der Moralisierung bilden sich nach Luhmann professionelle »Moralunternehmer« – *moral entrepreneurs* – heraus. Diese Titulierung, die er von Howard S. Becker entleiht, nennt er nur, ohne zu erläutern, was darunter zu verstehen ist. Aus diesem Grund orientiere ich mich im Folgenden an Beckers Soziologie abweichenden Verhaltens, in der er das Konzept des »moralischen Unternehmers« entwickelt. Als moralische Unternehmer bezeichnet Becker Personen, die die Initiative ergreifen, Regeln zu setzen und durchzusetzen (vgl. Becker 1991: 133). Für ihn existieren zwei Ausprägungen des moralischen Unternehmers: der »Regelsetzer« und der »Regeldurchsetzer«. Dem Regelsetzer geht es »um den Inhalt von Regeln. Die bestehenden Regeln befriedigen ihn nicht, weil es daran irgendetwas Schlechtes gibt, was ihn zutiefst verstört« (ebd.: 133). Gegen sie führt er »moralische Kreuzzüge« mit dem Ziel, »das Übel [zu] korrigieren« (ebd.: 133). Im Allgemeinen rekrutieren sich Regelsetzer aus den »oberen Rängen der Sozialstruktur« und wollen Menschen, die »bezeichnenderweise [...] sozial unter ihnen« stehen, »zu einem besseren Status verhelfen«, weshalb sie ihre moralischen Kreuzzüge als uneigennützig darstellen können (ebd.: 135). Die Überlegenheit, die Regelsetzer »aus der Legitimität ihrer moralischen Position ableiten«, wird verstärkt durch die Macht, die »sie aus der höheren Position in der Gesellschaft ableiten« (ebd.: 135). Um die von ihnen vertretenen Regeln in »die geeignete Form« zu bringen, so dass sie verbindliche gesellschaftliche Geltung erlangen, beauftragen die Regelsetzer häufig Experten: Regeldurchsetzer.

Die Aufgabe der Regeldurchsetzer ist es, den begonnenen moralischen Kreuzzug erfolgreich zu Ende zu bringen. Dazu gehört die Errichtung einer »geeigneten Durchsetzungs-Maschinerie«, die insbesondere die Schaffung neuer Ämter, Organisationen und Professionen umfasst (vgl. ebd.: 140).[55] Der Regeldurchsetzer stammt zumeist aus sozialen Positionen weit unter der des Regelsetzers. Er ist weniger »am Inhalt einer Regel als solcher interessiert, sondern vielmehr an der Tatsache, daß die Existenz einer Regel ihm einen Arbeitsplatz, einen Beruf und eine *raison d'être* verschafft« (ebd.: 141). Um seine Existenz zu rechtfertigen, ist der Regeldurchsetzer vor eine doppelte Schwierigkeit gestellt: Einerseits muss er demonstrieren, dass das Problem, das er bearbeitet, weiterhin besteht, andererseits hat er zu belegen, dass er die neuen Regeln effektiv durchsetzt und seine Arbeit der Mühe wert ist. Die Organisationen, in denen die Regeldurchsetzer tätig sind, und die Professionsverbände, in denen sie sich engagieren, haben zu verdeutlichen, dass sie auf die Lösung des Problems zusteuern, aber »erneute und verstärkte Anstrengungen« erforderlich sind, »um es unter Kontrolle zu bekommen« (ebd.: 142). Neben der Rechtfertigung seiner beruflichen Existenz hat der Regeldurchsetzer »die Achtung« jener Menschen zu »erringen, mit denen er zu tun hat« (ebd.: 148). Ähnlich wie bei Luhmann, der in seiner Konzeption der moralischen Kommunikation darauf hinweist, dass für diese die Verbindung mit Achtungs- und Honorierungserweisen zentral ist, gilt dies auch für die Moralunternehmer. Sie sind auf die Achtung der Menschen angewiesen, bei denen sie die neuen Regeln durchsetzen sollen. Ohne diese Anerkennung bleibt ihre soziale Position gefährdet.

Die moralischen Unternehmer – also beide Gruppen – haben ihr Ziel erreicht, wenn sich die öffentliche Moral, wie von ihnen intendiert, gewandelt hat. Mit Berger/Luckmann gesprochen, waren sie erfolgreich, wenn einzig den von ihnen vertretenen moralischen Regeln Legitimität zuerkannt wird. Sobald die Regeln etabliert sind, die »im Dienst eigener Interessen« aufgestellt und durchgesetzt wurden (ebd.: 148), wenden die moralischen Unternehmer sie auf »besondere Menschen« an und schaffen auf diese Weise eine »Klasse von Außenseitern«.

Die Unterscheidung in Regelsetzer und Regeldurchsetzer ist zwar sehr anschaulich, aber für die Gegenwartsgesellschaften ist sie zu schlicht. So haben Monaghan, Hollands und Pritchard in ihrer Studie über »Obesity

---

55 Becker spricht von Beamten, um den beruflichen Status – und nicht den Rechtsstatus – zu qualifizieren. Dieser entspricht dem von Professionen.

Epidemic Entrepreneurs« (2010), in der sie ebenfalls an Beckers Konzept der Moralunternehmer anschließen, eine umfangreiche Typologie von Entrepreneuren entwickelt, die verschiedenste Professionen und soziale Felder umfasst. Sie unterscheiden den »Creator«, der das Phänomen entdeckt, es wissenschaftlich untersucht und Richtwerte setzt, den »Amplifier/Moralizer«, der es in die Medien trägt und es so gesellschaftlich populär macht, den »Legitimator«, der sich für eine Regulierung einsetzt, den »Supporter«, der Kampagnen startet und auf diese Weise zur weiteren Mobilisierung beiträgt, und den »Enforcer/Administrator«, der sich aus Gesundheitsprofessionen rekurriert und dessen Tätigkeit darin besteht, die Regeln bei den »Betroffenen« praktisch durchzusetzen. Als letzten Typus identifizieren Monaghan et al. den »Entrepreneurial self«, der die Regeln kennt, anerkennt und sich bemüht, diese zu praktizieren. Auch dies hat Becker noch nicht im Blick gehabt. Bei ihm werden diejenigen, auf die die Regeln angewendet werden, quasi nur als Objekt gedacht. Wie aber an verschiedensten Stellen dieser Studie dargestellt wurde, haben die dickeren Jugendlichen die Regeln verinnerlicht und erkennen ihre Verbindlichkeit an.

Abgesehen von diesen und weiteren kleinen Kritikpunkten, die hier nicht eigens ausgeführt werden, besteht der große Vorzug von Beckers Konzeption der Moralunternehmer darin, dass sie das Augenmerk auf die Akteure legt. Auf diese Weise wird es möglich, von den Regeln als soziale Institutionen auf die Akteursperspektive zu wechseln und zu fragen, welche moralischen Überzeugungen die Moralunternehmer in ihrer Tätigkeit zugrunde legen. Es soll hier nicht, wie Monaghan et al. dies getan haben, die gesamte Typologie der Entrepreneure gegen das Übergewicht rekonstruiert werden. Hier interessiert besonders die Gruppe von Entrepreneuren, die die direkte Kommunikation mit den dickeren Jugendlichen führt, weil davon auszugehen ist, dass die Jugendlichen mit deren Stellungnahmen und Ansichten in besonderer Weise konfrontiert sind. Diese Akteure haben oftmals eigens oder vorwiegend den Auftrag, dickere Jugendliche aus sozial benachteiligten Familien dazu zu bringen, sich gesünder zu ernähren und mehr zu bewegen, um abzunehmen.

Das empirische Material für die Beantwortung der Frage, welche moralischen Überzeugungen die Akteure der Ernährungs- und Adipositasprävention zugrunde legen, stammt aus einem Expertenworkshop zum Thema »Prävention und Praxis« (siehe Abschnitt 1.5). An diesem haben 18 Personen[56] teilgenommen, die in der Gesundheitsförderung tätig waren, und zwar speziell für Jugendliche und Familien in benachteiligten sozialen Lagen. Sie waren entweder für die Konzeption von Präventionsmaßnahmen verantwortlich oder arbeiteten in der Präventionspraxis. Vertreten waren staatliche (z.B. Städte, Krankenhaus) und private Träger (z.B. Vereine) sowie Krankenkassen, die verschiedene Setting-Zugänge repräsentierten, wie Schule, Sport, Gemeinde. Die Teilnehmer hatten unterschiedliche Schwerpunkte, einige arbeiteten beispielsweise primär mit Migranten oder Frauen, andere vor allem mit Kindern. Als Methode wurde auf dem Workshop ein World Café durchgeführt. Diese Methode fördert einen offenen Erfahrungsaustausch, weshalb sie sich besonders eignet, moralische Kommunikationen zu identifizieren.

Die Kommunikationen während des World Café werden entlang von drei Fragen analysiert:

1. Haben sich die Akteure untereinander mittels moralischer Kommunikationen über Ernährungs- und Adipositasprävention ausgetauscht?
2. Welches Verständnis ihrer praktischen Arbeit haben sie kommuniziert?
3. Welches Verständnis ihrer Profession haben sie vertreten?

### (1) Fachliche Sinngehalte der Prävention, verwoben mit Wertungen

Die Experten haben eine Vielzahl von Fachbegriffen und Konzepten aus der Präventionsforschung wie -profession benutzt, beispielsweise *»Selbstwirksamkeit«*, *»Exklusion«* oder *»Setting-Ansatz«*,[57] hinter denen zumeist komplexe Theorien und umfangreiches empirisches Wissen stehen. Durch den Bezug auf Fachtermini und -konzepte haben sie ihre professionsspezifische Expertise sowohl theoretisch als auch praktisch belegt, wodurch sie sich gegenseitig als Experten präsentierten. Die Begriffe wie die Konzepte haben sie jedoch nicht rein deskriptiv oder analytisch benutzt. Vielmehr waren in der Art und Weise, wie sie diese gebraucht haben, Wertungen eingelassen. Fiel beispielsweise der Fachbegriff *»Setting-Ansatz«*, dann war damit verknüpft, dass diese

---

56 Es waren männliche und weibliche Teilnehmer vertreten. Da hier jedoch die Perspektive von Akteuren der Prävention rekonstruiert werden soll, wird auf eine Differenzierung nach Geschlecht verzichtet, zumal keine geschlechtsspezifischen Unterschiede zu erkennen waren. Im Weiteren wird zwar die männliche Sprachform benutzt, tatsächlich geht es jedoch um die Akteursperspektive.
57 Wörtliche Zitate aus dem World-Café sind in Anführungszeichen und kursiv gesetzt.

Vorgehensweise in der Prävention erstrebenswert sei. Sprach jemand über »Exklusion«, dann verstand es sich von selbst, dass Prävention darauf zu zielen habe, Exklusion zu vermeiden. Und »Selbstwirksamkeit« galt per se als wünschenswert, weshalb die Maßnahmen der Prävention so zu gestalten seien, dass sie gestärkt würde.[58] Je weniger fachspezifisch Wissen und Konzepte erörtert wurden, je mehr ein Austausch über praktische Erfahrungen in der Prävention stattfand, umso klarer und eindeutiger traten die Wertungen hervor. Dies traf besonders für die Gesprächspassagen über die Erfahrungen mit den Eltern dickerer Kinder zu. Die Eltern wurden als »überfordert« und »unfähig« zu »guter Elternschaft« charakterisiert. In diesen Kommunikationen haben die Akteure aus der Ernährungs- und Adipositasprävention mit deutlichen Wertschätzungen und Abwertungen über gelingende wie scheiternde Präventionsmaßnahmen berichtet. Insgesamt haben sich die Akteure eindeutig moralischer Kommunikationen bedient, um sich darüber zu verständigen, wie die Maßnahmen der Prävention zu gestalten seien.

## (2) »Auf die Eltern kommt es an«

Unter den Teilnehmern am World Café bestand Einigkeit darüber, dass hauptsächlich die Eltern für das Gewicht ihrer Kinder verantwortlich sind und die Pflicht haben, sie beim Abnehmen zu unterstützen. Man stimmte darin überein, dass deshalb die Prävention vor allem die Eltern ansprechen sollte: »Wenn ich könnte, wie ich wollte, dann würde ich nur noch mit den Eltern arbeiten.« Allerdings war man sich ebenso darüber einig, dass die Eltern nur sehr schwer zu erreichen seien: »Die Eltern kriegen Sie sowieso nicht.« Konsens gab es auch darüber, dass die Eltern nicht in der Lage seien, angemessen mit ihren Kindern umzugehen. Dies zeige sich unter anderem darin, dass es an »Familienritualen« und an klaren »Rollenzuweisungen« zwischen Eltern und Kindern mangele.

Die Eltern hätten darum selbst Bedarf an präventiver Unterstützung, weshalb der erste Schritt darin bestehe, »das Grundbedürfnis der Eltern zu nähren«. Erst danach seien die Eltern in der Lage, ihre Kinder zu fördern. Was die Eltern zu erlernen hätten, stand für die Akteure desgleichen fest. Alltägliche Verhaltensänderungen seien dringend erforderlich, denn »die Eltern

---

58 Ich gehe hier nicht darauf ein, dass diese Wertungen mit sozialstrukturellen Positionen korrespondieren. Es ist schon lange bekannt, dass die Prävention zumeist Lebensweisen der Mittelschicht privilegiert (z.B. Gusfield 1981 und 1984).

*wissen manchmal gar nicht, wie sie die Freizeit mit ihren Kindern verbringen sollen«.* So müssten Konzepte von »*Work-Life-Balance*« und der Gestaltung von »*Quality Time*« den Eltern vermittelt werden.

Alles in allem zielten die Vorschläge der Präventionsexperten darauf, bei den Eltern Erziehungskompetenzen aufzubauen, damit diese dem Anforderungsprofil einer »*mündigen Elternschaft*« und modernen »*Aushandlungsfamilie*« genügen könnten.

Da viele Eltern, selbst wenn es solche Angebote gäbe, kaum zu erreichen und zudem trotzdem weiterhin überfordert wären, müssten außerfamiliale »*Erziehungsagenturen*« elterliche Pflichten übernehmen. Konkret schlugen die Teilnehmer »*hochwertige Ganztagseinrichtungen*« sowie »*Ganztagsschulen für Kinder aller Altersstufen*«, »*kostenlose Sportvereine*« und eine »*bessere Verzahnung*« der verschiedenen Settings Betrieb, Schule und Gemeinde vor. Durch einen solchen Setting-Ansatz sollten gezielt Räume geschaffen werden, die das »*Dabeisein*« der dickeren Jugendlichen ermöglichen und auf diese Weise sozial integrierend wirken. So sollte beispielsweise die »*Schule als Ort zum Wohlfühlen*« gestaltet werden. All dies würde dazu beitragen, das »*Selbstbewusstsein*« und die »*Kompetenzen*« der dickeren Jugendlichen zu stärken, und auf diese Weise würde ihre Befähigung zur sozialen Integration verbessert.

Dass bei diesen Schilderungen über das Verständnis der praktischen Arbeit Erfahrungs- und Theoriewissen mit moralischen Wertungen verwoben sind, bedarf keiner weiteren Analyse. Für die Akteure steht ohne jeglichen Zweifel fest, wie die Eltern mit ihren Kindern umgehen müssen, welche Kompetenzen sie haben sollten und welche Verantwortung sie zu übernehmen haben. Die von ihnen geforderten Maßnahmen wie ihre Urteile gehen weit über ihren konkreten Präventionsauftrag hinaus: dazu beizutragen, dass die Kinder abnehmen. Sie zielen darauf, moralische Regeln für die gesamte Lebensführung aufzustellen, und legen damit ein umfassendes Präventionskonzept zugrunde. Es reicht an Hans Blumenbergs Begriff von Prävention heran: Prävention als anthropologische Möglichkeit, wenngleich von diesen Akteuren als Pflicht konzipiert.

## (3) Prävention als gesamtgesellschaftliches Phänomen

Die Akteure haben ein Verständnis von Prävention vertreten, das alle Mitglieder der Gesellschaft erreichen möchte, also nicht nur jene, denen ein Bedarf attestiert ist. Die präventiven »*Empfehlungen gelten für alle*«. Prävention konzipieren sie damit als gesellschaftlich verbindliche Art der Lebensführung, die sich nicht nur auf vorhandene, sondern ebenso auf noch nicht gegenwärtige und auch nur mögliche Risiken richtet. Und diese Art der Lebensführung soll allumfassend angelegt sein, das heißt nicht nur gesundheitliche Aspekte umgreifen, sondern alle Facetten des Lebens (vgl. Bröckling 2008). Dies erklärt, weshalb sie sich für einen weit gespannten Begriff von Prävention engagieren, der ähnlich wie der von Blumenberg anthropologisch bestimmt ist, allerdings weniger als Gestaltungschance denn als -pflicht. Man kommt schwer umhin, in der Aussprache für ein solches Konzept von Prävention, wie Becker dies gezeigt hat, ein Interesse daran zu erkennen, die professionelle Tätigkeitsbeschreibung zu erweitern und das Erfordernis von mehr Prävention zu unterstreichen.

Bezüglich des Verständnisses ihrer Profession war weiterhin bemerkenswert, dass die Akteure großen Wert darauf legten, die Differenz zwischen wissenschaftlicher Forschung und praktischer Tätigkeit dazulegen und die Grenzen von Wissenschaft hervorzuheben. Wissenschaft liefere zwar »*wertvolle Forschungsergebnisse*«, könne aber »*keine Lösung für die Praxis*« präsentieren. Dazu sei es erforderlich, mit dem jeweils »*spezifischen Setting*« praktisch vertraut zu sein, weil die Ergebnisse nicht unmittelbar auf die Praxis übertragen werden könnten. Vielmehr seien je eigene praxistaugliche Lösungen zu entwickeln. Welche Maßnahmen zu ergreifen seien, könnten nur Präventionsexperten entscheiden, die langjähriges praktisches Wissen besäßen. So könnten die Forschungsergebnisse keineswegs eins zu eins in die Praxis übersetzt werden. Sie müssten von Experten aus der Praxis interpretiert und in Maßnahmen überführt werden.

Die Überführung in die Praxis geht mit einer Bewertung einher, was möglich und erstrebenswert ist. Hier verschränkt sich professionelles Wissen mit Wertungen, mit moralischen Zuerkennungen. An dieser Stelle formulierten die Akteure besonders klar, worin aus ihrer Sicht die Differenz zwischen Forschung und Praxis, zwischen Wissenschaftlern und Präventionsexperten besteht. Sie resultiert daraus, dass die Akteure der Präventionspraxis die Forschungsergebnisse zu bewerten und zu gewichten haben. Die Grundlage dafür sind einerseits ihr professionelles Wissen und andererseits ihre langjährigen praktischen Erfahrungen. Mit der Wertung geht einher, aus den vielen Möglichkeiten, die sich aus der Forschung für die Praxis ergeben, auszuwählen und einzuschätzen, was realisierbar und was erstrebens- und wünschenswert ist. Das bedeutet, sich für oder gegen bestimmte praktische Maßnahmen zu entscheiden. Solche Entscheidungen können nicht ohne moralische Wertung – im Sinne von Luhmann und Becker – getroffen werden, zumal wenn man bedenkt, dass praktische Maßnahmen in gesellschaftliche Verhältnisse eingreifen und deshalb nach Anerkennung und Zustimmung verlangen. Sie sind legitimierungsbedürftig. Diese legitimierenden Begründungen zu liefern gehört zu den Leistungen der Prävention, die sie als soziales Feld zu erbringen hat. Insofern ist es nicht nur das professionelle Interesse der in der Prävention Tätigen, das sich in der Wertung dokumentiert, vielmehr gehört ihr Interesse an Wertung zu den ihnen gesellschaftlich zugewiesenen Aufgaben. In komplexen Gesellschaften wie den Gegenwartsgesellschaften, in denen das moralische Interesse ausdifferenziert, Prävention professionalisiert und zu einem sozialen Feld entwickelt wurde, ist Moralisierung zu einer professionellen Leistung geworden.

# 6. Gewünschte Lebensbahnen – wie sich dickere Jugendliche ihre Zukunft vorstellen

Kehren wir, um einen theoretischen Gedanken wieder aufzunehmen, zum Thema des vorletzten Kapitels über die Legitimierungsprozesse zurück. Dort wurde angekündigt, dass Berger/Luckmann die Prozesse der Legitimierung aus zwei Blickwinkeln betrachten: erstens als Rechtfertigung der gesellschaftlichen Ordnung und zweitens als sinnhafte Deutung des Lebensverlaufs durch den Einzelnen. Wie sich die dickeren Jugendlichen zu den dominanten Legitimationen der gesellschaftlichen Ordnung verhalten und wie sie sich zu jenen stellen, die in die Prävention – hier verstanden als moralische Kommunikation – eingelagert sind, wurde in den beiden letzten Kapiteln untersucht. Nun soll analysiert werden, wie die Jugendlichen ihren (zukünftigen) Lebenslauf betrachten, insbesondere welche Bedeutung sie dabei ihrer gesellschaftlichen Erfahrung beimessen, als zu dick angesehen zu werden.

Die sinnhafte Deutung des eigenen Lebensverlaufs – so Berger/Luckmann – »erstreckt sich auf die Wirklichkeit und Richtigkeit der eigenen Identität des Einzelnen« (Berger/Luckmann 1987: 107). Eine gelingende sinnhafte Deutung des eigenen Lebensverlaufs ermöglicht den Individuen, dass sie sich mit diesem identifizieren können. Nach Berger/Luckmann glückt dies, wenn mithilfe von Legitimationen »Ordnung in die subjektive Einstellung zur persönlichen Erfahrung« gebracht werden kann (ebd.: 104). Mit Ordnung ist hier gemeint, dass die unterschiedlichsten, teilweise auch widersprüchlichen persönlichen Erlebnisse und Erfahrungen, die in den verschiedenen sozialen Feldern gemacht werden, mit Rückgriff auf die Legitimationen zu einer sinnhaften Deutung des eigenen Lebensverlaufs integriert werden können.

Eine erfolgreiche Integration zeigt sich in einer »gesunden Einstellung des Einzelnen zu sich selbst als dem Eigner einer definitiven, stabilen und gesellschaftlich anerkannten Identität« (ebd.: 107). Soweit die Alltagswirklichkeit in Routinen abläuft – die »›Tagseite‹ des menschlichen Lebens« (ebd.: 105) –, gelingt sie nach Berger/Luckmann im Allgemeinen unproblematisch.

Anders sieht dies für Erlebnisse und Erfahrungen aus, die als Krise erlebt werden. Eine sinnhafte Deutung solcher »Grenzsituationen« im Lebensverlauf – die »Nachtseite« der gesellschaftlichen Wirklichkeit – scheitert häufig. Nach Berger/Luckmann ist der Grund dafür, dass die Individuen Erlebnisse und Erfahrungen, die nicht zu den geltenden Legitimationen passen, oftmals negieren und damit die Wirklichkeit der Phänomene verleugnen (vgl. ebd.: 123).

Als zu dick angesehen und entsprechend behandelt zu werden erleben die Jugendlichen, die mit uns in den Gruppendiskussionen gesprochen haben, weder als eine Grenzsituation, die sie nicht sinnhaft deuten können, noch als eine unproblematische Alltagserfahrung, die sie ohne Weiteres sinnhaft in ihren Lebensverlauf integrieren. Weder deuten die Jugendlichen ihren (zukünftigen) Lebenslauf, wie Berger/Luckmann voraussetzen, zuallererst mit Rückgriff auf Legitimationen der gesellschaftlichen Ordnung, noch integrieren sie ihre gesellschaftlichen Erfahrungen mit dem Dicksein auf eine gelingende Art und Weise. Vielmehr schildern sie ihren Lebensverlauf, insbesondere ihren zukünftigen Werdegang, indem sie ihre subjektiven Erwartungen und die von ihnen erfahrenen objektiven Chancen zueinander ins Verhältnis setzen. Sie begreifen ihn als eine Abfolge sozialer Positionen, die sie aus ihrer Perspektive in erstrebenswert, erreichbar oder ihnen verschlossen unterscheiden. Die vor ihnen liegende Lebensbahn antizipieren sie als in die Gegenwart eingeschriebene Zukunft. Eine an Berger/Luckmann orientierte Frage, die sich dafür interessiert, wie die Jugendlichen ihren Lebensverlauf sinnhaft deuten, ist kaum geeignet, nachzuvollziehen, durch welche Ausprägung und welches Ausmaß an sozialer Strukturiertheit die Jugendlichen ihren Lebenslauf bestimmt sehen.

Um nachzuzeichnen, welche subjektiven Erwartungen die Jugendlichen an ihren Lebenslauf haben und welche objektiven Chancen sie aufgrund ihrer bisherigen gesellschaftlichen Erfahrungen für sich sehen, ist die soziologische Perspektive zu wechseln. Nicht die sinnhafte Deutung des Lebenslaufs entlang der geltenden Legitimationen bildet den Ausgangspunkt, vielmehr ist der Lebenslauf als »das einem bestimmten Individuum objektiv gegebene Möglichkeitsfeld« zu konzipieren (Bourdieu 1984: 188). Und damit sind wir wieder bei Bourdieu. Er spricht nicht von Lebenslauf, sondern von Lebensbahn. Die Lebensbahn – *trajectoire* – konzipiert er als »die Reihe von Positionen«, die nacheinander innerhalb der Sozialstruktur und in den verschiedenen sozialen Feldern eingenommen werden (vgl. Bourdieu 1998: 72). Nach Bourdieu ist die Lebensbahn keineswegs nur strukturell vorbestimmt.

Vielmehr betont er bei der Lebensbahn wie beim Habitus strukturierende Effekte. So versteht er unter dem »Laufbahn-Effekt die Vorstellung von der eigenen Position in der Sozialwelt und daher auch die Vorstellung von dieser Welt und ihrer Zukunft« (Bourdieu 1984: 191). Die Vorstellungen begründen die subjektiven Erwartungen wie die Wahrnehmung und Bewertung der objektiven Chancen und lenken damit das Handeln in bestimmte Bahnen.

An einer Rekonstruktion der Lebensbahn, die sich auf die sinnhafte Deutung beschränkt, kritisiert Bourdieu, dass diese Interpretation »eine bestimmte ›Theorie der Erzählung‹« voraussetzt (Bourdieu 1998: 75). So sei »das Leben« als ein »Ganzes« darzustellen, das heißt als »eine kohärente und gerichtete Gesamtheit, die als einheitlicher Ausdruck einer subjektiven und objektiven ›Intention‹, eines ›Entwurfs‹ aufgefaßt werden kann und muß« (ebd.: 75). Die gesellschaftliche Ausrichtung auf eine sinnhafte Deutung der Lebensgeschichte bestimmt auch die soziologische Analyse. So entwickeln die Erzählenden wie die Interviewenden ein Interesse daran, »das *Postulat des Sinns der* – erzählten und implizit jeder – *Existenz* zu akzeptieren« (ebd.: 76). Der Erzählende wird nach Bourdieu, weil er sich genötigt fühlt, sein Leben als sinnhaft darzustellen, »zum Ideologen des eigenen Lebens« (ebd.), indem er seine Lebensbahn als eine von ihm selbst sinnhaft hergestellte Abfolge von Ursachen und Wirklungen schildert. Zum Ideologen seines eigenen Lebens macht er sich, sofern er sie anders erfahren hat: beispielsweise durch einen gesellschaftlichen Strukturwandel in eine nicht erwünschte oder erwartete Lebensbahn getrieben, die voller Widersprüche und Diskrepanzen war.

Den biografischen Erzählungen wie Interpretationen liegt deshalb nach Bourdieu das Bestreben zugrunde, die Lebensbahn so zu schildern und so soziologisch zu rekonstruieren, dass diese retrospektiv, aber auch prospektiv den in der sinnhaften Deutung angelegten Erfordernissen der Konsistenz und Konstanz genügt. Auf diese Weise werden zwischen den aufeinanderfolgenden Positionen und Stellungen sinnhafte Verknüpfungen hergestellt, und die Lebensbahn wird als Resultat von Ursachen und Wirkungen präsentiert. Für Bourdieu steht nicht das Postulat des Sinns, das heißt die sinnvolle Deutung des eigenen Lebensverlaufs im Vordergrund. Für ihn ist die »Lebensgeschichte« ein »common sense-Begriff, der in das wissenschaftliche Universum eingeschmuggelt wurde« (ebd.: 75) und der die gesellschaftliche Aufforderung in die Soziologie trägt, die Lebensbahn als sinnvoll verbundene Abfolge von Ursachen und Zwecken zu analysieren.

Für Bourdieu gehört die Lebensbahn zu den »konstitutiven Faktoren« der sozialen Klasse.[60] Je nach sozialer Klasse bildet die Lebensbahn eine eigene Typik aus, die nicht nur den Verlauf der eingenommenen Positionen und Positionswechsel umfasst. Zu der Typik gehören ebenso die subjektiven Erwartungen an ein glückendes Leben sowie die Wahrnehmung der objektiven Chancen, das heißt welche sozialen Positionen als zugänglich und welche als unerreichbar gelten. Auch die Verzichtsleistungen sind Bestandteil der jeweils für eine soziale Klasse typischen Lebensbahn. Sie bestehen darin, dass »die Individuen ihre Wünsche und Erwartungen den jeweils objektiven Chancen anzugleichen und sich in ihre Lage zu fügen [haben]: *zu werden, was sie sind, sich mit dem zu bescheiden,* was sie haben« (Bourdieu 1984: 189). Die Erwartungen wie die Verzichtsleistungen orientieren sich an dem »objektiv gegebenen Möglichkeitsfeld« und daran, wie dieses aufgrund von Erfahrungen aus der Vergangenheit vermessen wird.

Der Einzelne bewertet die von ihm wahrgenommenen Möglichkeiten für seine zukünftige Lebensbahn »nach den Dispositionen, die er seiner sozialen Herkunft verdankt« (Bourdieu 1998: 73). Die Wünsche und Hoffnungen, die sich zu einer projektierten Lebensbahn zusammenfügen, antizipieren keineswegs eine kontingente Zukunft, vielmehr leiten sie sich – hier schließt sich Bourdieu Husserl an – von den »vorreflexiven«, »vorblickenden Erwartungen des Kommenden« her, die in die unmittelbare Gegenwart eingeschrieben sind (Bourdieu 2001: 266). Mit anderen Worten: Die Erwartungen und Aspirationen sind in den Dispositionen (dem Habitus) angelegt, die je nach sozialer Herkunft variieren. Daraus erklärt sich, dass die Wünsche und Hoffnungen an die Lebensbahn »ebenfalls sehr ungleich unter ihnen [den Individuen, E.B.] verteilt« sind (Bourdieu 1984: 277). Hiermit schlägt Bourdieu – ähnlich wie die Lebenslaufsoziologie – die Brücke zur sozialstrukturellen Positionierung, sprich zu sozialen Ungleichheiten.

Überträgt man diese Konzeption der Lebensbahn auf die dickeren Jugendlichen, dann ist nicht zu untersuchen, wie die Jugendlichen die Erfahrung, zu dick zu sein, sinnhaft deuten und in ihren Lebenslauf integrieren. Vielmehr ist zu fragen, welche Wünsche und Erwartungen die Jugendlichen an ihre Lebensbahn haben, wie sie diese mit den objektiven Chancen abgleichen, die sie aufgrund ihrer Dispositionen für sich sehen, und ob sie ihr Dicksein so bewerten, dass sie sich hierdurch zu Verzichtsleistungen in

---

60 Zur bildlichen Veranschaulichung hat Bourdieu in den sozialen Raum Histogramme eingezeichnet, welche die sozialen Laufbahnen der Akteure darstellen (Bourdieu 1984: 212f.).

Bezug auf die von ihnen angestrebten Positionen gedrängt sehen. Kann man eine eigene Typik der von ihnen gewünschten, sprich projektierten Lebensbahn identifizieren?

Um den Jugendlichen die Möglichkeit zu geben, über ihre Wünsche und Erwartungen sowie über die von ihnen wahrgenommenen Chancen für ihre Lebensbahn zu sprechen, haben wir ihnen die Frage gestellt: »Angenommen, Ihr hättet drei Wünsche frei. Was würdet Ihr gerne in Eurem Leben erreichen?« Zunächst ist methodisch zu prüfen, ob die Jugendlichen den Stimulus wie intendiert verstanden haben, das heißt ob sie sich über die von ihnen projektierte Lebensbahn äußerten. Wichtige Indizien dafür sind, dass die Jugendlichen ihre Lebensbahn als Abfolge von verschiedenen Positionen und Phasen, die sie nacheinander durchlaufen wollen, erzählen und ihre subjektiven Erwartungen mit den objektiven Chancen abgleichen und auf diese Weise ihr Möglichkeitsfeld ausleuchten.

Die 14- bis 16-jährigen Jugendlichen haben mehrheitlich die Frage dazu genutzt, davon zu berichten, welche Lebensbahn sie sich für sich vorstellen.

*»Ja, also meine Wünsche sind ein guter Beruf bzw. Abschluss, aber erst mal die Schule absolvieren. Dann habe ich finanzielle Sicherheit, dass man später, wenn man Familie hat, den Kindern was bieten kann, und Gesundheit, dass es der Familie halt gut geht.«* (JT 14–16)

*»Ich will nicht alleine dastehen später mal. Mein Abi würde ich gerne schaffen, weil damit man mehr erreichen kann.«* (MD 14–16)

*»Ich wünsche mir, dass ich mein Abitur schaffe, denn ich möchte später unabhängig sein, zum Beispiel wenn ich heirate.«* (MT 14–16)

Die drei Beispiele belegen, dass die älteren Jugendlichen konkrete Vorstellungen darüber haben, wie sie sich ihren Lebensverlauf wünschen. Sie begreifen ihn als Abfolge einander bedingender Ereignisse und Phasen. Ihre Wünsche verbinden sie mit sozialen Positionen, die sie erreichen möchten, weil diese ihnen Voraussetzungen oder Ressourcen bieten, die sie benötigen, um ihre Aspirationen wie *»finanzielle Sicherheit«*, *»mehr erreichen«* oder *»unabhängig zu sein«* zu verwirklichen. Die Jugendlichen stellen ihre projektierte Lebensbahn als Ergebnis ihrer »subjektiven und objektiven ›Intention‹« dar und präsentieren sie dementsprechend als kohärente und gerichtete Gesamtheit.

Die jüngeren Jugendlichen haben dagegen keine so »fertigen« Schilderungen ihres Lebenslaufs parat. So stellen sie ihre Erwartungen weder chronologisch geordnet noch als Ursache/Wirkungs-Zusammenhang dar.

Vielmehr präsentieren sie ihre Wünsche und Aspirationen unverbunden nebeneinander und zeitlich ungeordnet.

*»Ich wünschte, ich wäre reich, ich wäre dünn, und ich wünschte, ich hätte einen guten Arbeitsplatz.«* (JT 11–13)

*»Ich würde mir wünschen, eine sehr gute und erfolgreiche Frau zu werden, weil eine Frau wird ja auch mal Mutter sein.«* (MT 11–13)

In zwei Gruppendiskussionen – die mit deutschen Jungen im Alter von 11 bis 13 und im Alter von 14 bis 16 Jahren – wurden Wünsche aufgezählt, die mehrheitlich in keinem direkten Zusammenhang zum zukünftigen Lebenslauf der Jugendlichen stehen. So haben sie weder Erwartungen noch Positionen genannt, die sie erreichen möchten, noch haben sie überhaupt eine zukünftige Lebensbahn projiziert. Ihre Wünsche waren beispielsweise *»Pornostar«*, *»reich werden«*, *»Frieden«*, *»Untergang der Welt«* etc. Sie haben aber auch Anliegen geäußert, die in den anderen Gruppendiskussionen genannt wurden, wie *»abnehmen«* und *»mehr Freunde«* gewinnen, jedoch ohne diese in einen Zusammenhang mit ihrem Lebenslauf zu bringen.

Warum die Antworten in diesen beiden Gruppendiskussionen beinahe vollkommen anders ausfielen als in anderen, kann verschiedene Gründe haben, die hier nicht erörtert werden können. Auffällig im Vergleich mit den anderen Gruppendiskussionen ist, dass die männlichen Jugendlichen deutscher Herkunft an einigen Stellen zu provokanten Antworten tendiert haben, was vermutlich jugendspezifisch zu verstehen ist. Da sich diese Analyse nicht für rein jugendspezifische Aspekte interessiert, werden die Gründe, warum diese Jugendlichen auf die Frage nach ihren Wünschen für ihr zukünftiges Leben teilweise anders reagiert haben, nicht weiter verfolgt.

## 6.1 »Erfolgwünsche«: Die projektierte Lebensbahn

Die Wünsche der Jugendlichen für ihre zukünftige Lebensbahn beziehen sich im Wesentlichen auf die Positionen, Stellungen und Voraussetzungen, die sie erlangen möchten: erstens auf die schulische Ausbildung und die berufliche Position, die sie erreichen wollen, zweitens auf die Familie, die sie gründen möchten, und drittens auf die Gesundheit, die sie als eine wichtige Voraussetzung dafür ansehen, die von ihnen angestrebte Lebensbahn verwirklichen zu können. Die jüngeren Jugendlichen nennen eine weitere Hoffnung, die jedoch mehr auf die Gegenwart denn auf die Zukunft zielt: eine *»gute Klassengemeinschaft«*, *»keine Ausgrenzung«*, *»mehr Gleichberechtigung«* und einen *»besseren Zusammenhalt«*. Diese Wünsche führen wieder zurück zur Diskussion über die als ungerecht empfundene Behandlung als *»wirkliche oder potentielle Abweichler«* (vgl. Kapitel 5). Die Jugendlichen fügen dieser weder etwas Neues hinzu, noch beziehen sie ihre Hoffnungen nach mehr *»Gleichgerechtigkeit«* auf den zukünftigen Verlauf ihres Lebens, weshalb sie an dieser Stelle nicht nochmals analysiert werden.

Ein weiterer Wunsch wurde von allen Jugendlichen, auch von den männlichen deutschen Jungen, formuliert: *»abnehmen«*, *»dünner werden«*, *»dünn sein«*. Bemerkenswert ist, dass der Wunsch *»dünner werden«* nicht in einer Reihe mit den drei oben benannten Anliegen, die eine chronologische Schilderung der projektierten Lebensbahn wiedergeben, genannt wurde. Oftmals haben die Jugendlichen zunächst ihre Hoffnungen für ihre schulische Ausbildung, ihren Beruf, ihre zukünftige Familie und ihre Gesundheit dargestellt und danach durch ein *»und«* oder *»dann«* geschieden davon berichtet, dass sie gerne dünner werden möchten. Einige haben eine umgekehrte Aneinanderreihung gewählt:

*»[…] und ja, abnehmen ein bisschen, weil ich denke, ich würde mich dann wohler fühlen.«* (MD 14–16)

*»[…] dann habe ich noch geschrieben ›Abnehmen‹.«* (MT 14–16)

Abzunehmen sehen die Jugendlichen offenbar nicht als eine Sequenz ihres zukünftigen Lebenslaufs, den sie durch die von ihnen angestrebten sozialen Positionen und Stellungen charakterisieren. Vielmehr unterbreiten sie den Wunsch, dünn zu werden, als ein Ziel eigener Art, weshalb er im Weiteren auch getrennt analysiert wird, zumal er in dieser Studie von herausragender Bedeutung ist.

Schauen wir uns nun die projektierten Lebensbahnen detaillierter an. Die meisten Jugendlichen haben ihre Erzählung mit einem Bericht darüber begonnen, welche Schulabschlüsse sie erreichen möchten und welche Berufe sie gerne ergreifen würden. Mehrheitlich sprechen sie davon, dass sie am liebsten das Abitur ablegen würden, weil dieser Schulabschluss *»Erfolg im Leben«* verspreche. Sofern sie konkrete Berufe nennen, handelt es sich um Professionen wie beispielsweise Anwältin oder Arzt. Die meisten Jugendlichen äußern sich jedoch genereller. Viele möchten studieren und alle einen *»guten Arbeitsplatz«* haben, der ihnen *»finanzielle Sicherheit«* garantiert.

Beides – ein guter Schulabschuss und ein »*guter Beruf*« – repräsentiert für sie »*Erfolg im Leben*«, eine »*bessere Zukunft*« und »*erfolgreiche Ziele*«. Anders ausgedrückt: Wenn die Jugendlichen aufgefordert werden, die Lebensbahn zu projektieren, die sie sich wünschen realisieren zu können, dann ist diese für sie durch Schulabschluss und Berufstätigkeit strukturiert. Schulabschluss und Berufstätigkeit bestimmen aus ihrer Sicht die objektiven Chancen und sind somit Voraussetzung dafür, ein erfolgreiches Leben führen zu können. Dies erklärt, weshalb sie die so definierten objektiven Chancen mit »*Zukunft haben*« gleichsetzen. Sind sie unerreichbar, dann ist man auf seine bloße Existenz verwiesen. Mit anderen Worten: Die gegenwärtige Position und Situation, in der man sich befindet, wird sich nicht verändern – also nicht verbessern. Dementsprechend betonen die Jugendlichen: »*Zukunft ist [...] wichtig für jeden*« (MD 14–16). Und ein guter Schulabschluss und Beruf ermöglichen Zukunft und Erfolg.

Zu der projektierten Lebensbahn gehören weiterhin die Wünsche der Jugendlichen nach einer eigenen Familie und nach Gesundheit. Eine eigene Familie zu gründen setzt aus ihrer Sicht eine finanzielle Absicherung durch Erwerbseinkommen, also einen »*guten Beruf*« voraus. Die Gründung einer eigenen Familie schildern sie als ein Möglichkeitsfeld, das sich für sie erst auftut, wenn sie sich beruflich so weit etabliert haben, dass eine ausreichende finanzielle Absicherung vorhanden ist. Den Wunsch nach Gesundheit äußern die Jugendlichen häufig in Form von Gemeinplätzen: »*Gesundheit ist am wichtigsten [...], weil man ohne die Gesundheit nicht viel anfangen kann*« (MT 14–16). Dieser Wunsch wird von den Jugendlichen – bis auf einige wenige Bemerkungen darüber, dass Dicksein zu einem gesundheitlichen Problem werden könnte – nicht weiter begründet.

Die meisten Jugendlichen besuchten zum Zeitpunkt der Gruppendiskussionen die Hauptschule oder die Förderschule. Zwischen ihren Wünschen nach einem »*guten Schulabschluss*«, möglichst Abitur, und ihren objektiven Chancen, ein solches Bildungszertifikat zu erlangen, klafft ganz offensichtlich eine Lücke. Die Jugendlichen wissen, dass die Verwirklichung ihrer subjektiven Ambitionen im ihnen zugänglichen objektiv gegebenen Möglichkeitsfeld eher unwahrscheinlich ist. Welche existentielle Bedeutung sie – vollkommen im Einklang mit der gesellschaftlichen Bewertung – einer durch »*gute Ausbildung und Berufstätigkeit*« gesicherten Lebensbahn beimessen, zeigt sich darin, dass sie ihren bisherigen Lebensverlauf retrospektiv als nicht ausreichend zielgerichtet bewerten. Die Ursache dafür sehen sie bei sich selbst, und damit machen sie sich selbst für das Auseinanderfallen von subjektiven Erwartungen und objektiven Möglichkeiten verantwortlich.

*»Ja, ich würde gerne die Zeit zurückdrehen, wenn ich könnte, und alles, was ich schlecht gemacht habe, gut machen. Dann würde ich gerne mein Abi schaffen, weil man halt bessere Zukunft hat.«* (MD 14–16)

*»Ich möchte gerne Anwältin werden, es könnte sich erfüllen, geht aber nicht, weil ich auf einer Hauptschule bin. Aber ich darf nach meinem Praktikum auf eine IGS gehen, und wenn ich es schaffe, dann kann ich da bleiben, und es könnte sich mein Traum erfüllen.«* (MD 14–16)

*»Ich würde gerne das Gymnasium schaffen, weil ich bin jetzt auf der Hauptschule und alle sagen, ich schaffe das sowieso nicht: viel zu schwer. Aber ich muss das schaffen und dann studieren.«* (MD 14–16)

Den Abgleich von subjektiven Aspirationen und objektiven Chancen konzipiert Bourdieu, wie ausgeführt, als Verzichtsleistungen, die der Einzelne vollbringt, um so seine Erwartungen den Möglichkeiten anzupassen. Auf diese Weise kommt er dem Postulat des Sinns nach, das heißt seinen Lebensverlauf als »Ganzes« zu präsentieren, in dem sich seine subjektive mit der objektiven Intention verbindet. Die Verbindung besteht darin, dass die Jugendlichen die Ursache dafür, dass ihr bisheriger Bildungsverlauf nicht auf ein Abitur ausgerichtet ist, bei sich selbst sehen. Sie haben zu wenig geleistet. Damit erkennen sie die »objektive Intention« des Bildungssystems an, dass einzig nach Leistung selektiert wird und beispielsweise die soziale Herkunft keinen Einfluss auf den Bildungserfolg hat. Mit anderen Worten: Sie erkennen die Illusion der Chancengleichheit an. Würden sie nicht die Ursachen bei sich selbst sehen, könnten sie sich nicht vornehmen, aus eigener Anstrengung mehr »schaffen« zu können. Die Diskrepanzen zwischen ihren subjektiven Erwartungen und den objektiven Möglichkeiten müssten sie anders erklären. So wird es ihnen möglich – »ich könnte es schaffen« –, eine kohärente und gerichtete Lebensgeschichte für sich zu »entwerfen«, bei der Abitur und ein guter Beruf die wichtigsten Stationen sind.

Die Jugendlichen, mit denen wir gesprochen haben, wissen, dass ihre subjektiven Hoffnungen und die ihnen objektiv zur Verfügung stehenden Möglichkeiten in einem Missverhältnis zueinander stehen. Anders als Bourdieu meint, lösen sie diesen Widerspruch jedoch nicht durch Verzichtsleistungen, vielmehr machen sie sich selbst für die Diskrepanz verantwortlich. Damit genügen sie nicht nur dem Postulat des Sinns, sondern bestätigen

ˈmaßen durch die Übernahme der Eigenverantwortung das in diese beiden sozialen Felder – Bildung und Beruf – legitimatorisch eingeschriebene Leistungsprinzip.

Aus einer sozialstrukturellen Perspektive wäre es naheliegend, dass sie ihre soziale Lage zur Begründung dafür anführen, weshalb ihre bisherige schulische Laufbahn nicht zu einem »*guten Schulabschluss*« führt. Die Jugendlichen – das haben wir bereits im Kapitel über die soziale Klasse gesehen – verweisen jedoch kaum auf ihre soziale Position, um zu erklären, dass das ihnen objektiv gegebene Möglichkeitsfeld verengt ist. Sie stellen somit keinen Zusammenhang her zwischen ihrer sozialen Lage und den objektiven Chancen, die von ihnen gewünschte Lebensbahn verwirklichen zu können. Vielmehr führen sie ihr Dicksein als objektives Hindernis dafür an, dass sich ihre subjektiven Wünsche an ihren Lebensverlauf schwer erfüllen lassen.

## 6.2 »Dünner werden«: Sich Zukunft eröffnen

Alle Jugendlichen haben sich gewünscht, abzunehmen, und diese Sehnsucht zumeist getrennt von ihren Lebensentwürfen geäußert. Sie möchten dünner werden – nicht besonders schlank, auch streben sie keine Traumfigur an. Es würde ihnen genügen, wenn sie nicht mehr Übergrößen anziehen müssten.

*»Ich würde halt gerne ein paar Kilos abnehmen, ich will jetzt nicht GANZ schlank werden, das möchte ich nicht, also ein paar Kilos wären schön.«* (MD 14–16)

*»Ich wünsche mir, wenn man abnimmt, dass man keine Übergrößen mehr braucht bei den Klamotten. Damit man auch wieder normale Klamotten tragen kann.«* (MD 11–13)

*»Man möchte schon so sein, dass wir den anderen passen, dass wir jetzt nicht so anders aussehen wie die anderen. Es kann nämlich auch sein, wenn man nicht zu den anderen passt, sondern viel breiter ist, dass man halt vielleicht ziemlich ausgelacht wird von den anderen.«* (MD 11–13)

Gerade das letzte Zitat zeigt sehr anschaulich, dass die Jugendlichen nur so viel abnehmen möchten, dass ihr Körper nicht mehr die sozialen Interaktionen mit ihnen bestimmt und sie dementsprechend nicht mehr zuallererst als zu dick betrachtet und behandelt würden. Mit anderen Worten: Sie wünschen sich einen Körper, der als »normal« wahrgenommen wird, und dass der gesellschaftliche Umgang mit ihnen nicht mehr durch ihren Körper bestimmt wird.

Nachdem die Jugendlichen ihre Wünsche erläutert hatten, wurden sie gebeten, diese nach ihrer Wichtigkeit zu hierarchisieren. In allen Gruppendiskussionen haben die Jugendlichen »dünner werden« auf Platz eins gesetzt. »*Die meisten wollen eigentlich nur dünn sein*«, fasste eine weibliche Teilnehmerin das Resultat zusammen (MT 11–13). Warum die Jugendlichen das Abnehmen als besonders dringlich bewerten, wird aus ihren Begründungen deutlich:

»*Ich kann ja noch was aus meinem Leben machen und schlanker werden. Meine Eltern leider nicht mehr, weil meine Mutter hat nach der Geburt [...] den Bauch behalten, mein Vater hat zu viele Unfälle und dadurch den Bauch gekriegt.*« (MD 11–13)

»*Man kann sich das ganze Leben verhauen, wenn man nichts macht, wenn man dicker ist und sich nichts traut. Man zieht sich nur runter, wird depressiv.*« (MD 11–13)

»*Ich denke mir mal, in den meisten Berufen muss man halt so bestimmt aussehen, also die meisten stellen sich halt so schlanke Leute vor in ihren Betrieben.*« (JT 14–16)

»*Ich will dünn werden, weil die Dünnen kriegen bessere Jobs als die Dicken.*« (JT 14–16)

Dünner zu werden – das zeigen die Zitate eindrücklich – stellt aus der Sicht der Jugendlichen nicht nur die zentrale Voraussetzung dafür dar, dass sie den von ihnen projektierten Lebenslauf erreichen können: Der Wunsch besitzt für sie existentielle Bedeutung. Ihre Zukunftsaussichten – davon sind sie überzeugt – hängen davon ab, ob es ihnen gelingt, abzunehmen. Sie sind sich gewiss, dass erst dann, wenn ihr Körper nicht mehr als Anlass und als Rechtfertigung für den gesellschaftlichen Umgang mit ihnen herangezogen werden kann, sich überhaupt die Möglichkeit für sie auftut, ihre gewünschte Lebensbahn beschreiten zu können. Abnehmen ist somit für sie fest assoziiert mit »Zukunft haben«, weil sie ihre Zukunftschancen durch die gesellschaftliche Wahrnehmung und Bewertung ihres Körpers bestimmt sehen. Die gesellschaftlichen Interaktionen mit ihnen deuten sie so, dass ihnen Zukunftsmöglichkeiten versperrt sind. Und diesen gesellschaftlichen Umgang stellen sie nicht infrage, sie integrieren ihn in die Erzählung ihres zukünftigen Lebens, indem sie dem »Postulat des Sinns« folgend erklären, dass sie ihr Leben »verhauen«, wenn sie nicht dünner werden.

Nicht nur bezüglich ihrer gegenwärtigen sozialen Positionierung – wie im Abschnitt über soziale Klasse erörtert –, auch und vor allem im Hinblick auf ihren zukünftigen Lebensverlauf erfahren die dickeren Jugendlichen den Körper als eigenständiges Strukturprinzip und stellen ihn auch so dar. Aus ihrer Perspektive ist ihre Lebensbahn zuallererst durch ihren Körper und die daran geknüpften sozialen negativen Klassifikationen und Klassifizierungen vorbestimmt. Dies macht begreiflich, weshalb sie nicht auf ihre soziale Lage und Herkunft verweisen, um sich und anderen verständlich zu machen, dass das ihnen objektiv gegebene Möglichkeitsfeld zu beschränkt ist, um ihre Wünsche an ihren Lebensverlauf realisieren zu können.

Pierre Bourdieu hat ein solches Auseinanderfallen von Zukunftsaussichten und objektiv gegebenen Chancen als Hysteresis-Effekt charakterisiert. Ehemals projektierte und gesellschaftlich versprochene Laufbahnen sind verschlossen, angestrebte Positionen werden unerreichbar und sicher geglaubte Aussichten verbaut, und dies, obwohl der Einzelne alles getan hat, eine in seiner sozialen Position angelegte »gesellschaftliche Flugbahn« zu nehmen (vgl. Barlösius 2012: 86–89). Alle Zukunftspläne werden nichtig; Zukunftsgewissheit und -geborgenheit schlagen in Ungewissheit und Schutzlosigkeit um. Dies passiert, wenn die »Veränderung der objektiven Strukturen so schnell vor sich geht, dass die Akteure, deren mentale Strukturen von eben diesen Strukturen geformt wurden, sozusagen überholt werden und unzeitgemäß« handeln (Bourdieu/Wacquant 1996: 164). Die angelegten Dispositionen, Erwartungen und Selbstanforderungen stammen aus vergangenen Zeiten und sind nicht an die aktuellen gesellschaftlichen Strukturen anschlussfähig. Es tun sich Widersprüche und Diskrepanzen auf, die sich im Innersten des Einzelnen niederschlagen. Sie werden als persönliche Unzulänglichkeit und Tragödie erlebt, für die man selbst verantwortlich ist, und nicht als das, was sie sind, nämlich gesellschaftliche Brüche und Kontradiktionen.

Die dickeren Jugendlichen scheinen auf den ersten Blick nicht von einem Hysteresis-Effekt betroffen zu sein. Ein deutlicher Wandel der objektiven Strukturen lässt sich nicht direkt beobachten, womit nicht gesagt ist, dass ein solcher nicht zugrunde liegt. Auch ihre Lebensbedingungen durchlaufen keinen rasanten Wandel. Die Wirkungsweise ist aber erstaunlich ähnlich: Die Jugendlichen erleben, dass sich ihre Zukunftspläne aufgrund ihres Körpers zerschlagen, sie erfahren dies als persönliche Tragödie, ausgelöst durch ihre eigene Unzulänglichkeit. Sie fühlen sich dafür selbst verantwortlich: Sie sind zu dick, und sie haben sich zu wenig in der Schule angestrengt. Den Körper als eigenes Strukturprinzip zu erfahren heißt hier, dass die Vorstellungen von der eigenen sozialen Position und der zukünftigen Lebensbahn sowie die gesamte Sichtweise der sozialen Welt dominiert werden von den gesellschaftlichen Erfahrungen mit dem Dicksein. Genau dies macht die Typik der von den Jugendlichen gewünschten Lebensbahn aus: Sie kann erst starten, wenn sie dünner geworden sind. Mit dieser Wahrnehmung der eigenen Zukunft geht einher, sozialstrukturelle Benachteiligungen als unbedeutsamer zu bewerten und dementsprechend in der sozialen Praxis zu agieren. Darin scheint eine Verschiebung der Strukturierungsmacht weg von der sozialen Klasse und hin zum Körper auf, womit sich ein Wandel objektiver Strukturen ankündigt. Mit dieser Verschiebung ist eine Verlagerung von der gesellschaftlichen zur individuellen Verantwortung von Zukunftschancen verkoppelt. Denn für einen dicken Körper wird man selbst verantwortlich gemacht, für die Klassenzugehörigkeit – jedenfalls gilt dies für Kinder und Jugendliche – dagegen nicht.

# 7. Konklusion: Mehrfache Verschiebungen

Das Anliegen der Studie war es, die Perspektive der Jugendlichen, die sich gesellschaftlich als zu dick erfahren, ins Zentrum zu rücken. In der bisherigen Forschung sind ihre Erfahrungen und Sichtweisen zu selten thematisiert worden, weshalb sie in den zahlreichen gesellschaftlichen Thematisierungen und Auseinandersetzungen über die Ursachen und Folgen des Dickseins kaum repräsentiert sind. Schaut man die Vielzahl der Studien über das Dicksein an, dann merkt man schnell, dass diese zumeist zu eher formelhaften Beschreibungen gelangen: Menschen, die zu dick sind, werden »sozial benachteiligt«, »stigmatisiert« und »ausgegrenzt«. Diese Analysen berücksichtigen und erklären wesentliche Facetten des Phänomens. So abstrakt formuliert, teilen dickere Menschen diese sozialstrukturellen Positionierungen und gesellschaftlichen Umgangsweisen mit vielen anderen sozialen Gruppen – beispielsweise mit Armen, Migranten, Alleinerziehenden, Behinderten oder religiösen Minderheiten. Ihre Alltagswirklichkeiten – und damit, wie sie die soziale Welt sehen und erleben und wie sie ihre Stellung in dieser sehen – sind jedoch von ihren konkreten Erlebnissen sowie den spezifischen gesellschaftlichen Legitimationen des Umgangs mit ihnen geprägt. Sie lassen sich nicht von dem Phänomen selbst, nämlich der gesellschaftlichen Erfahrung, zu dick zu sein, abstrahieren oder beliebig verallgemeinern. Dies gilt für alle der aufgezählten sozialen Gruppen.

Mit auf Generalisierung und Verallgemeinerung angelegten soziologischen Konzepten lassen sich weder die Eigenarten der gesellschaftlichen Erfahrungen und der Legitimationen erfassen, noch werden sie nachvollziehbar. Ohne ein soziologisches Verständnis, das auf die jeweilige Eigenart gerichtet ist, bleiben jedoch wesentliche Teile des Phänomens im Unklaren und Dunkeln. Für das Dicksein besteht die Eigenart darin, dass die gesellschaftlichen Erfahrungen sowie der gesellschaftliche Umgang mit Menschen, die als zu dick erachtet werden, auf den Körper Bezug nehmen, weshalb die Prozesse der Verkörperlichung und Verkörperung zu analysieren sind und zu fragen ist, in welcher Weise der Körper für soziale Strukturierungen und Legitimationen herangezogen wird. Wenn Dicksein vor allem eine gesellschaftliche Erfahrung ist, dann hat die Soziologie zu untersuchen, wie diese in sozialen Interaktionen, Prozessen und Institutionen vermittelt wird. Dafür ist es erforderlich, die Perspektive derjenigen, die als zu dick typisiert und behandelt werden, zum Ausgangspunkt der Untersuchung zu machen. Nur so gerät in den Blick, wie diese gesellschaftliche Erfahrung das Verhältnis der Dickeren zur Gesellschaft bestimmt.

In das gesellschaftliche Phänomen Dicksein sind aber nicht nur die Menschen, die als zu dick behandelt werden, involviert, sondern alle, die diese Typisierung und Klassifikation praktizieren, weil sie damit an deren Herstellung und Tradierung beteiligt sind. Aus der soziologischen Konzeption von Dicksein als gesellschaftliche Erfahrung folgt jedoch noch wesentlich mehr. Es genügt nicht, sich ausschließlich mit dem Dicksein und denjenigen, die als zu dick typisiert und klassifiziert werden, zu befassen: Dies würde eine unzulässige Verkürzung des Phänomens darstellen. Typisierungen und Klassifikationen operieren mit Gegensatzpaaren, das ist in den einzelnen Kapiteln immer wieder deutlich geworden. Um dies angemessen berücksichtigen zu können, ist es deshalb – streng genommen – erforderlich, die Gegenseite von Dicksein wie auch die gesellschaftlichen Erfahrungen und die Legitimationen des Umgangs mit denjenigen zu betrachten, die als dünn typisiert und klassifiziert werden. Nur so kann die gegenseitige Bestimmung und damit der relationale Charakter des Phänomens umfassend dargestellt werden. Und nur so wird man seine die Gesellschaft umspannende und durchdringende Bedeutung erfassen können.

An vielen Stellen des Buchs ist deshalb darauf hingewiesen worden, dass zum gesellschaftlichen Umgang mit dem Dicksein ebenso der Umgang mit dem Nicht-Dicksein gehört, also mit dem, was gesellschaftlich als Gegenseite beurteilt wird. Nur wenn man beide Seiten in Beziehung zueinander setzt, lässt sich der von Bourdieu geradezu apodiktisch aufgestellte Leitgedanke »Das Reale ist relational« einlösen. Für seine Einlösung ist es erforderlich, nachzuzeichnen, wie das »Reale« gesellschaftlich erzeugt wird: durch Distinktion und Exklusion, und das heißt relational. Auf den Punkt gebracht: Ohne Dünnsein kein Dicksein und umgekehrt, und diese Differenz setzt distinktiv und exklusiv wirkende Typisierungen und Klassifikationen voraus, durch die diese Unterscheidung überhaupt erst entsteht. Dass sich die theoretische Anforderung, stets den relationalen Charakter darzustellen, in der soziologischen Forschungspraxis kaum realisieren lässt, ist einsichtig. Um nochmals zu unterstreichen, warum es so bedeutsam ist, soziale Phänomen immer relational zu rekonstruieren, werden hier – am Schluss der Studie – Ergebnisse von zwei recht beliebig herausgegriffenen empirischen Untersuchungen vorgestellt, die die Gegenseite zum Dicksein ein wenig illustrieren. Mit diesen Beispielen soll keineswegs der Anspruch erhoben werden, die Gegenseite vollständig auszuleuchten. Sie sollen lediglich verdeutlichen, warum diesem Buch ein zweites über »Dünnsein« folgen müsste.

Unter dem Titel *Corps des femmes sous influence. Questioner les normes* hat Annie Huber im Jahr 2004 ein Buch über die Körperwahrnehmung und -disziplinierung von Frauen herausgegeben. Ihr Augenmerk war darauf gerichtet, nachzuzeichnen, wie sich gesellschaftliche Erwartungen an den Körper herausbilden und in welchem Ausmaß sie als gesellschaftlich verbindlich bewertet werden. Estelle Masson zeigt in ihrem Buchbeitrag, dass 70 Prozent der von ihr befragten Frauen Schlankheit als Resultat des persönlichen Willens auffassten. Mehr als die Hälfte der Frauen sah es als moralische Verpflichtung an, »schlank zu sein«, und war davon überzeugt, dass Selbstkontrolle eine Fähigkeit ist, die in der Familie während der Mahlzeiten erlernt wird (Masson 2004: 32). »Dick zu sein« bewerteten die Frauen als Resultat davon, dass man nachlässig ist, sich gehen lässt und keine Disziplin besitzt. Die körperliche Gestalt betrachteten sie nicht als biologisches oder familiales Schicksal, sondern als Ergebnis einer bewussten Gestaltung. Den Körper in die gesellschaftlich gewünschte Form zu bringen begriffen sie als Pflicht, die jeder zu erfüllen hat. Die Mehrheit der befragten Frauen nahm ihren Körper als »Subjekt« wahr, für das einzig sie selbst verantwortlich sind. Sie waren davon überzeugt, dass der Körper ihren Charakter widerspiegelt und sie durch ihn mit der Außenwelt kommunizieren. Abzunehmen fassten die meisten Frauen als »Arbeit an sich selbst« und als Dokumentation ihres persönlichen Willens auf (Labarre 2004: 76).

Diese wie viele vergleichbare Studien demonstrieren, dass es als gesellschaftlich verbindliche Aufforderung erfahren wird, einen »dünnen Körper« zu haben. Diese wenigen Sätze darüber, wie »dünne« Frauen ihr Dünnsein erleben, belegen, dass die Konzentration auf Dicksein impliziert, nur eine Seite des Phänomens kennenzulernen. Diese Beschränkung kann nach sich ziehen, die gesellschaftlichen Thematisierungen und Auseinandersetzungen über das Dicksein zu duplizieren, indem der zwingende Charakter, »abzunehmen« und einen »dünnen Körper« zu haben, einzig mit Blick auf die Menschen analysiert wird, die als zu dick gelten. Der gesellschaftsumspannende und -durchdringende Charakter von Dicksein besteht darin, dass die

Forderung, auf einen »dünnen Körper« zu achten, sowie die meisten Institutionen und Professionen, die zu deren praktischer Umsetzung geschaffen wurden, beispielsweise die Prävention, alle ansprechen und nicht nur jene, die als nicht konform typisiert werden. Genau daraus, dass sich der gesellschaftliche Umgang mit dem Dicksein an alle Menschen richtet, resultiert seine gesamtgesellschaftliche Bedeutung.

Das zweite Beispiel wurde so gewählt, dass die Aussagen des letzten Absatzes abermals unterstrichen werden. Seit 1986 führt Sonja Bischoff regelmäßig eine repräsentative Befragung durch zum Thema »Wer führt in (die) Zukunft? Männer und Frauen in Führungspositionen der Wirtschaft in Deutschland«. Mittlerweile liegen Erhebungen aus den Jahren 1986, 1991, 1998, 2003 und 2008 vor. Zentraler Bestandteil der Befragung ist, welche Erfolgsfaktoren angehende und bereits tätige Führungskräfte für eine erfolgreiche Karriere als wichtig erachten. Von den abgefragten Erfolgsfaktoren wie »Spezial-« und »Sprachkenntnisse«, »persönliche Beziehungen« etc. interessiert hier einer besonders: »äußere Erscheinung«. Was mit diesem Merkmal gemeint ist bzw. was die Befragten damit assoziieren, kann aus der Untersuchung nicht entnommen werden. Es spricht aber einiges dafür, dass etwas Vergleichbares darunter verstanden wird, was wir bei der Typisierung und Klassifikation von Körpern kennengelernt haben.

Im Jahr 1986, bei der ersten Befragung, bewerteten nur sechs Prozent dieses Kriterium als wichtig für eine erfolgreiche Karriere als Führungskraft. Fünf Jahr später, 1991, waren bereits 15 Prozent der Interviewten davon überzeugt, dass die »äußere Erscheinung« bedeutsam sei. Im Jahr 1998 hielten 21 Prozent und im Jahr 2003 27 Prozent des Samples diesen Faktor für ausschlaggebend für eine Karriere als Führungskraft. Bei der letzten Befragung im Jahr 2008 gaben 32 Prozent der Befragten an, dass die »äußere Erscheinung« sehr bedeutsam ist (vgl. Bischoff 2005; 2010). Insbesondere aufstiegsorientierte Männer und Frauen nannten dieses Merkmal überdurchschnittlich häufig (vgl. Bischoff 2010: 70). Kein anderer Erfolgsfaktor ist in seiner Bedeutung im Zeitraum von 1986 bis 2008 auch nur annähernd so stark angestiegen, und zwar gleichermaßen für weibliche wie für männliche Aufstiegskarrieren. »Äußere Erscheinung« rückte innerhalb dieser Zeitspanne an die Position der »Sprachkenntnisse« heran, landete direkt hinter »Spezialkenntnissen«, aber noch vor »berufsorientierte Aktivitäten« und »persönliche Beziehungen«. Der Erfolgsfaktor »äußere Erscheinung hat selbst gewissermaßen Karriere gemacht« – so Bischoff (2005: 73).

Gewiss lässt sich einwenden, dass »äußere Erscheinung« ein unpräzises Kriterium ist und möglicherweise weit mehr umfasst als Typisierungen und Klassifikationen von Körperlichkeit. Aber in Bezug auf die Chance, eine berufliche Karriere als Führungskraft machen zu können, werden bei diesem Merkmal vor allem mit dem Körper assoziierte Handlungsweisen gemeint sein, also das, was in dieser Studie mit den Begriffen Verkörperlichung und Verkörperung analysiert wurde – insbesondere Leistungsbereitschaft, Selbstdisziplin und Eigenverantwortlichkeit. Dies vorausgesetzt, demonstrieren die Befragungen von Bischoff zweierlei: zum einen, in welchem Ausmaß Prozesse der Verkörperlichung und Verkörperung in den letzten Jahrzehnten an gesellschaftlicher Bedeutsamkeit gewonnen haben, und zum anderen verdeutlichen sie ein weiteres Mal den relationalen und damit den die gesamte Gesellschaft umfassenden Charakter der Typisierungen und Klassifikationen von Dick- bzw. Dünnsein. Wenn in den vorangegangenen Kapiteln untersucht wurde, wie Menschen gesellschaftlich erfahren, dass sie zu dick sind und wie mit ihnen gesellschaftlich umgegangen wird, dann wurde indirekt mitbehandelt, wie die Gesellschaft mit dem Dünnsein und mit dünnen Menschen verfährt. Selbstverständlich wäre es wünschenswert gewesen, beide Seiten parallel zu betrachten.

Lässt man nochmals die einzelnen Kapitel Revue passieren, dann wird vermutlich vielen Lesern sogleich ins Gedächtnis kommen, dass sich die zwei soziologischen Perspektiven – soziale Klasse und gesellschaftliche Ordnung – abgewechselt haben. Die soziale Klasse wurde mit Rückgriff auf die Soziologie von Pierre Bourdieu und die gesellschaftliche Ordnung mit Rückgriff auf die Theorie der gesellschaftlichen Konstruktion der Wirklichkeit von Peter L. Berger und Thomas Luckmann analysiert. Es sollte deutlich geworden sein, dass die beiden Perspektiven nicht bloß abwechselnd hintereinander geschaltet, sondern jeweils theoretisch wie inhaltlich miteinander verwoben waren. Auf diese Weise konnte untersucht werden, wie Prozesse sozialstruktureller Differenzierung und solche der Herstellung und Rechtfertigung der gesellschaftlichen Ordnung ineinandergreifen, sich gegenseitig verstärken und bestätigen, woraus ihnen eine die Gesellschaft formende Macht zuwächst. Dies erklärt, weshalb Menschen, die als zu dick typisiert und klassifiziert werden, diese Erfahrung als bestimmend für ihr Verhältnis zur und in der Gesellschaft erleben. Um die Reichweite dieser Bestimmung angemessen beurteilen zu können, sollte man sich vergegenwärtigen, dass sich in ihr der gesellschaftsumspannende und -durchdringende Charakter auf individueller Ebene abbildet.

Um dies zu zeigen, war es erforderlich, die Analysen in den einzelnen Kapiteln auf der Ebene der Repräsentationen und Legitimationen anzusiedeln. Auf dieser Ebene wird – mit Pierre Bourdieu formuliert – die strukturelle Homologie zwischen den sozialen Klassifikationen, die die sozialstrukturelle Positionierung begründen, und den Typisierungen und Legitimationen, welche die der gesellschaftlichen Ordnung innewohnende Handlungskoordination ermöglichen, sichtbar. Zu dieser Ebene gehören ebenfalls die Professionen, also die »Regelsetzer« und »Regeldurchsetzer«. Sie repräsentieren den »offiziell« legitimierten Umgang mit Dicksein und mit gesellschaftlich als zu dick typisierten und klassifizierten Menschen. In diesem Umgang dokumentiert sich geradezu gesellschaftlich bindend, ob Dicksein zuvorderst als Resultat oder Ursache sozialstruktureller Differenzierung oder Ausdruck von Nicht-Konformität mit der gesellschaftlichen Ordnung »behandelt« wird.

Diese therapeutische Praxis, vor allem repräsentiert durch die Einrichtungen und Professionen der Prävention, zielt nicht nur auf Menschen, die als zu dick gelten. Sie ist darüber hinaus wirkungsmächtig. Beispielsweise setzt neues therapeutisches Wissen einen erneuten Prozess des Erklärens und Begründens, was die Ursachen und Folgen des Dickseins sind und was dagegen zu unternehmen ist, in Gang. Auf diese Weise werden weitere Facetten des Phänomens Dicksein gesellschaftlich objektiviert: Es bildet sich eine legitimierte Sprech- und Sichtweise mit der Folge heraus, dass man meint, nun besser zu verstehen, warum jemand dick ist und was er oder sie dagegen tun sollte. Auch diese Prozesse finden auf der Ebene der Repräsentation und Legitimation statt. Die legitimierte Sprech- und Sichtweise wird gesellschaftlich also deshalb so wirkungsmächtig, weil sie die Wahrnehmungen, Haltungen und Umgangsformen prägt.

Wie in der Einleitung angekündigt, soll diese Studie einen Beitrag zur soziologischen Gegenwartsdiagnose leisten, selbstverständlich kann sie aber nur einen Ausschnitt behandeln. Der Antrieb, mit dieser Untersuchung einen gegenwartsdiagnostischen Anspruch zu verbinden, lässt sich am einfachsten in der Form von Fragen formulieren: Welcher gesellschaftliche Prozess verbirgt sich darin, dass der Körper zunehmend zur sozialstrukturellen »Klassifizierung« (Bourdieu) und zur »Objektivierung der Abweichung« (Berger/Luckmann) von der gesellschaftlichen Ordnung genutzt wird? Anders ausgedrückt: Wieso setzen immer mehr Prozesse der sozialen Differenzierung am Körper an, und zwar sowohl um soziale Ungleichheiten als auch Abweichungen von der gesellschaftlichen Ordnung zu markieren?

Die Theorien der Intersektionalität übersetzen diese Fragen – allerdings ausschließlich für die Prozesse der sozialstrukturellen Positionierung, in die Fragen danach, welche Strukturprinzipien wirksam sind, ob und wie sich diese gegenseitig verstärken oder abschwächen. Diese Übersetzung ist hier jedoch nicht hilfreich, weil beim gegenwärtigen gesellschaftlichen Umgang mit dem Körper etwas anderes zu beobachten ist: Es findet eine Verschiebung statt. Dabei geht es nicht um die sozialstrukturellen Verhältnisse – das Ausmaß sozialer Ungleichheit mag größer geworden sein –, sondern darum, dass sich die Wahrnehmungen und Bewertungen der gesellschaftlichen Verhältnisse gewandelt haben.[1] Sie werden immer häufiger mittels und durch den Körper repräsentiert, und direkt daran anknüpfend befassen sich soziale Auseinandersetzungen statt mit Prozessen der sozialstrukturellen Positionierung vermehrt mit solchen der Verkörperlichung und Verkörperung.

Ähnliches, was Ulrich Beck in seiner Gegenwartsdiagnose der »Risikogesellschaft« (1986) festgestellt hat, gilt auch hier. Er hatte beobachtet, dass, obwohl sich die Ungleichheitsverhältnisse kaum verändert hatten, die Wahrnehmungen und Repräsentationen derselben sich gravierend gewandelt hatten: »Die Ungleichheitsfragen [hätten] sich sozusagen ›verkrümelt‹« (Beck 1983: 36). Auch diese Studie hat gezeigt, dass, obwohl die dickeren Jugendlichen aus sozial benachteiligten Verhältnissen stammen, sie ihr gesellschaftliches Verhältnis durch ihren Körper bestimmt sehen. Zugespitzt formuliert: Der Körper hat die soziale Klasse in den Hintergrund geschoben. Dem entspricht, dass gegenwärtig in vielen gesellschaftlichen Auseinandersetzungen so interagiert wird, als ginge es um die Verantwortlichkeiten für den Körper, tatsächlich aber über die Ursachen und die Verantwortung von sozialen Ungleichheiten gestritten wird. Auf diese Weise werden sozialstrukturelle Ungleichheiten über körperliche Unterschiede repräsentiert und verhandelt, und diese gelten nicht als sozial verursacht, sondern als individuell zu verantworten. Damit tritt Eigenverantwortlichkeit an die Stelle gesellschaftlicher Verantwortung.

Während Prozesse der Verkörperlichung mit der sozialstrukturellen Position – sprich mit Ungleichheiten – assoziiert sind und der Körper diese sozialen Erfahrungen archiviert, gilt für Prozesse der Verkörperung – also die gesellschaftliche Wahrnehmung sowie den gesellschaftlich legitimierten Umgang –, dass der Körper als Dokument von Selbstkontrolle, Leistungsbereit-

---

1 Ich verzichte hier absichtlich auf Belege. Der Satz ist so generell gefasst, dass er keinen Widerspruch hervorrufen sollte. Hier geht es nicht darum, ob z.b. die Armutsquote »objektiv« gestiegen ist, sondern um die *Erfahrung* von Ungleichheit.

schaft und Eigenverantwortung bewertet wird. Dies bedeutet eine Verschiebung der gesellschaftlich anerkannten Erklärungen darüber, ob der Körper vorwiegend gesellschaftlich »zugerichtet« (Bourdieu) wird und ein Produkt seiner sozialen Herkunft ist oder ob sich in ihm individuelle Anstrengungen und persönliche Bemühungen ablesen lassen. Diese Verschiebung begünstigt wiederum, dass »dicke Körper« nicht als Resultat sozialer Benachteiligung, sondern als Ergebnis von nichtkonformem Handeln – also als Abweichung von der legitimierten Ordnung – gedeutet und entsprechend gesellschaftlich »behandelt« werden. In dieser gesellschaftlichen Auffassung der Ursachen für Dicksein ist die Verschiebung in das soziale Feld der Prävention angelegt.

Aus der Perspektive der dickeren Jugendlichen stellen sich diese mehrfachen Verschiebungen folgendermaßen dar. Sie machen die Erfahrung, auf der Grundlage ihres Körpers typisiert und klassifiziert und wie eine Klasse behandelt zu werden: die Klasse der Dicken. Nur wird diese Klasse gesellschaftlich nicht als eine behandelt, die »unter Existenzbedingungen leben, die ihre Lebensweise, ihre Interessen und ihre Bildung von denen der anderen Klassen trennen« und deshalb »eine Klasse [bilden]« (vgl. Marx 1972: 198), obwohl die Jugendlichen genau dies miteinander teilen. Auch entsteht diese Klasse nicht daraus, dass die dickeren Jugendlichen die Bestimmung ihres gesellschaftlichen Verhältnisses mittels ihres Körpers als Gemeinsamkeit erkennen und sich als einer Klasse zugehörig identifizieren. Vielmehr – und hierbei steht wiederum im Vordergrund, dass das Reale relational ist – sehen sich die dickeren Jugendlichen damit konfrontiert, dass sie mittels sozialer Typisierungen und den darin enthaltenen Verschiebungen im gesellschaftlichen Geschehen zu einer Klasse zusammengefasst und demgemäß mit ihnen gesellschaftlich interagiert wird: wie mit einer Klasse, der »Klasse der Dicken«.

Hier zeigt sich abermals, dass Prozesse der sozialen Typisierung und die daran geknüpften sozialen Klassifikationen zu den machtvollsten Waffen der gesellschaftlichen Auseinandersetzungen gehören. Diese Prozesse lassen sich nicht beobachten, wenn man »Klasse als Klassifikationstypus« (Geiger) begreift, die nach theoretisch hergeleiteten Unterscheidungsmerkmalen und mittels statistischer Verfahren bestimmt werden. Sie lassen sich aber ebenso wenig nachvollziehen, wenn man »Klasse als Kollektiv« (Geiger) versteht und damit ein Sozialgebilde meint, das eine »bestimmte Intention« verfolgt und eine »spezifische Ganzheit« repräsentiert (Geiger 1932: 2). Diese beiden Konzeptionen von Klasse sind für eine soziologische Analyse des gesellschaftlichen Gefüges instruktiv; um jedoch die Perspektive der Klassifizierten auf die Gesellschaft und ihr Verhältnis zu dieser zu verstehen, ist es erforderlich, von den Erfahrungen und Sichtweisen der Jugendlichen selbst auszugehen. Rekonstruiert man aus dieser Perspektive, wie Klassen gesellschaftlich geschaffen werden, dann schieben sich die Typisierungen und Klassifikationen in den Vordergrund. Sie bewirken, dass beinahe alle gesellschaftlichen Interaktionen, durch die sie zu einer Gruppe/Klasse zusammengefasst werden, aufeinander abgestimmt zu sein scheinen – sie also annähernd einheitlich und vereinheitlichend ablaufen. Durch diese Abgestimmtheiten der Interaktionen wird die Klasse der Dicken geschaffen, die den so Klassifizierten als objektive gesellschaftliche Wirklichkeit entgegentritt.

Den Körper als Ergebnis individueller Verantwortung zu betrachten repräsentiert eine gesellschaftliche Sichtweise, der die dickeren Jugendlichen weitgehend zustimmen. Ihre prinzipielle Zustimmung zeigt sich vor allem darin, dass sie es als *ihre* Aufgabe ansehen, abzunehmen. Während die Zugehörigkeit zu einer sozialen Klasse als Ergebnis sozialer Strukturierung begriffen wird, die nicht – jedenfalls nicht ganz und gar – individuell zu verantworten ist, gilt dies bei den dickeren Jugendlichen – wie wir gesehen haben – insbesondere für das Ergreifen und Verpassen von Zukunftchancen weit weniger. Hier wird die individuelle Verantwortlichkeit in den Vordergrund geschoben. Wird diese nicht, wie gesellschaftlich erwartet, wahrgenommen, dann wird dies als nichtkonformes Handeln bewertet. Dieser Verschiebung der Verantwortlichkeiten und Erklärungen von der gesellschaftlichen auf die individuelle Ebene entspricht, dass sich als soziale Strukturierungseinheit die Lebensbahn bzw. der Lebenslauf in den Vordergrund schiebt. In diese Strukturierungseinheit ist die gesellschaftliche Ausrichtung auf eine sinnhafte Deutung eingeschrieben, die der Einzelne zu leisten hat. Dies hatten wir im vorangegangenen Kapitel als das »Postulat des Sinns« (Bourdieu) kennengelernt. Es nötigt den Einzelnen, sein Leben als sinnhaft, sprich als eine »kohärente und gerichtete Gesamtheit« (Bourdieu 1998: 75) zu präsentieren. Genau auf diese Weise dokumentiert er die Bereitschaft, für seine Lebensbahn eigenverantwortlich zu zeichnen. Die Korrespondenz zwischen der Verschiebung von gesellschaftlicher zu individueller Verantwortlichkeit für die soziale Position, die man erreicht hat, und der Verschiebung von einer Soziologie der Ungleichheitsverhältnisse, die diese vorwiegend mit einem Konzept von »Klasse als Klassifikationstypus« analysiert, zu einem soziologischen Konzept, das Ungleichheitsrelationen bevorzugt als durch den Lebenslauf strukturiert begreift, ist gewiss kein Zufall. Es ist deshalb nach der Verstrickung der Soziologie in diese mehrfachen Verschiebungen zu fragen.

Eine der wichtigsten soziologischen Einsichten, auf die sogleich zu Beginn dieser Studie aufmerksam gemacht wurde, besteht darin, dass Begriffe, Bezeichnungen und Titulierungen eine soziale Geschichte in sich tragen und deshalb keineswegs gesellschaftlich so neutral sind, wie ihr Gebrauch oftmals vorgibt. Dies gilt ebenfalls für die Begriffe und Konzepte, die die Soziologie zur Gesellschaftsbeobachtung verwendet. Häufig borgt sie sich diese von der sozialen Welt. Ein Beispiel dafür – das Thema des vorgegangenen Kapitels – ist der Begriff des Lebenslaufs, der, wie Bourdieu kritisiert, bereits als gesellschaftlicher »common-sense-Begriff« fungierte, bevor er »in das wissenschaftliche Universum eingeschmuggelt wurde« (Bourdieu 1998: 75). Werden gesellschaftlich etablierte Begriffe, zumal wenn sie zur Legitimation der existierenden sozialen Verhältnisse genutzt werden, von der Soziologie übernommen, dann haften ihnen trotz aller Objektivierungsanstrengungen letztlich doch Spuren der gesellschaftlichen Auseinandersetzung an. Diese Anhaftungen waren für Bourdieu der Grund, den Begriff der sozialen Schicht abzulehnen und stattdessen den Begriff der sozialen Klasse zu wählen, weil dieser Produkt sozialer Kämpfe gegen Ungerechtigkeiten ist und seine umkämpfte gesellschaftliche Vergangenheit in die Gegenwart mitnimmt (Bourdieu 2013: 113). Diese gesellschaftliche Verstrickung prädestiniert ihn seiner Meinung nach für soziologische Analysen über soziale Ungleichheiten.

Auch soziologische Begriffe tragen in der Regel eine soziale Geschichte in sich. Das spricht jedoch nicht gegen ihren Gebrauch, zumal wenn in ihnen in komprimierter Form das relationale gesellschaftliche Geschehen eingelagert ist. Allerdings hat die Soziologie mit den »Alltagsevidenzen«, auf denen diese Begriffe oftmals fußen, zu brechen (vgl. Barlösius 2011a).[2] Zu diesen gehört beispielsweise beim Begriff des Lebenslaufs, dass dieser zu einer sinnhaften Deutung der eigenen Lebensgeschichte auffordert und damit den Einzelnen nötigt, sein Leben als sinnhaft darzustellen, und zwar weitgehend unabhängig von den sozialen Verhältnisse, in denen sich jemand befindet. Ein so beschaffener Begriff von Lebenslauf setzt die sinnhafte Deutung des Lebens als sozial gegeben voraus und, damit verknüpft, das Leben als zu »entwerfendes Projekt« zu begreifen – sofern man der sinnhaften Deutung keine anthropologische Qualität zuspricht. Empirisch zeigt sich dagegen immer wieder, dass die Fähigkeit, sein Leben als kohärent ablaufend zu erfahren und als Ergebnis von Intentionen aufzufassen, sozial ungleich verteilt ist.

---

2 Was damit gemeint ist, habe ich in meinem Buch über Pierre Bourdieu in dem Kapitel »Bruch mit den ›Alltagsevidenzen‹ – die ›wahre‹ Repräsentation der Wirklichkeit« ausführlich dargelegt (Barlösius 2011a).

Selbstverständlich wohnt auch den beiden hier verwendeten Grundbegriffen soziale Klasse und gesellschaftliche Ordnung eine Gesellschaftsgeschichte inne. Dies ist in dem obigen Zitat von Bourdieu deutlich angeklungen. Ihre gesellschaftliche Verstrickung wird auch dadurch nicht gemindert, dass die Begriffe gegenwärtig sowohl gesellschaftlich wie soziologisch außer Gebrauch geraten sind, weil sie wie kaum andere soziale Strukturiertheit artikulieren. Seit einigen Jahrzehnten dominieren dagegen Begriffe wie Entstrukturierung, De-Standardisierung oder Prekarisierung. Sie sind so beschaffen, dass sie eine vorherige Strukturiertheit anzeigen und gleichzeitig auf eine gegenwärtige Wandelbarkeit aufmerksam machen. Damit ordnen sie soziale Differenzen entlang der Unterscheidung in »früher« und »später«. Kurz: Sie verzeitlichen soziale Differenzen. Diesem Begriffswandel entspricht auf der Ebene der soziologischen Konzepte, dass zeitgleich dem Paradigma der strukturierten sozialen Ungleichheit das der Entstrukturierung und Verzeitlichung sozialer Ungleichheit entgegengestellt wurde (vgl. Barlösius 2004: 49–53).[3] Dem neuen Paradigma lag die These zugrunde, dass sich die verfestigten, über den individuellen Lebenslauf hinausreichenden Klassen- und Schichtverhältnisse auflösen. Wenn die sozialen Verhältnisse, in denen sich der Einzelne im Laufe seines Lebens befindet, nicht mehr von anhaltendem Bestand sind, sondern oftmals nicht länger als eine Lebensphase dauern, dann sind Ungleichheits*phasen* zu betrachten, wodurch die Zeit zu einer eigenständigen Dimension sozialer Ungleichheiten wird.

Ein solcher Begriffswandel – unabhängig von seiner gegenwartsdiagnostischen Interpretationskraft – evoziert die Frage, welches begriffliche Repertoire der Soziologie überhaupt zur Verfügung steht, Prozesse sozialer Differenzierung zu beschreiben. In seinen begriffsgeschichtlichen Schriften hat Reinhard Koselleck drei »Differenzbestimmungen« unterschieden, die jeweils oppositionell zusammengefügt sind, weshalb er sie auch als »Oppositionsbestimmungen« bzw. »Oppositionspaare« bezeichnet. Er unterscheidet die drei Differenzbestimmungen oben/unten, innen/außen und früher/später. »Ohne diese drei Differenzbestimmungen« – so Koselleck – »[kommt] keine Geschichte zustande«, denn sie bestimmen bereits »vorsprachlich die konkreten Geschichten« (Koselleck 2006a: 35). Auch die Gesellschaft und ebenso die soziologische Gesellschaftsbeobachtung – so mein Argument – kommen ohne diese drei Oppositionsbestimmungen nicht aus.

---

3 Besonders deutlich lässt sich dies am Beispiel der »Dynamischen Armutsforschung« (Leibfried et al. 1995) aufzeigen, die Armut als verzeitlicht, entstrukturiert und sozial entgrenzt darstellt (vgl. Barlösius 1998).

Zur Beschreibung hierarchisierter sozialer Beziehungen und insbesondere von Ungleichheitsverhältnissen wird geradezu zwangläufig auf das »Oppositionspaar« oben/unten zurückgegriffen. So hat beispielsweise Reinhard Kreckel in seinem Buch *Politische Soziologie der sozialen Ungleichheiten* (2004 [1992]) darauf hingewiesen, dass »überall und immer« soziale Ungleichheiten »mit Hilfe vertikaler Polaritäten begriffen und beschrieben« werden (ebd.: 39). Auch die dort verwendeten Kategorien sind so aufgebaut, dass sie nach »oben« und »unten« differenzieren. Beispiele dafür sind soziale Stände, Klassen und Schichten. Dieses Oppositionspaar fasst die Individuen nach den ihnen zur Verfügung stehenden objektiven und subjektiven Ressourcen zu Gruppen mit ähnlichen Ausstattungen zusammen und ordnet diese hierarchisch an, zumeist eingeteilt in ein oberes, ein mittleres und ein unteres Segment.

Von dem Oppositionspaar innen/außen macht die Soziologie vorzugsweise Gebrauch, um Zugehörigkeiten zu bestimmen – zu sozialen Gruppen, Feldern, Systemen oder zur Gesellschaft. Hierher gehört auch der Begriff der gesellschaftlichen Ordnung, der »drinnen« und »draußen« mit der Unterscheidung in konform und nichtkonform begründet – also eine Legitimation dieser Unterscheidung vornimmt. Die Soziologie hat einen ganzen Vorrat an Oppositionsbegriffen entwickelt, um zu bestimmen, was »drinnen« ist und was nach »draußen« gehört. Inklusion und Exklusion, Integration und Ausgrenzung repräsentieren besonders häufig verwendete soziologische Unterscheidungen.

Die dritte Differenzbestimmung – früher/später – nutzt die Soziologie bevorzugt dazu, Wandlungs- und Entwicklungsprozesse zu bestimmen, indem Vergangenes von Gegenwärtigem und dieses von Zukünftigen unterschieden wird. Mit dem Oppositionspaar früher/später werden somit soziale Veränderungen im Zeitverlauf beschrieben. Eine solche Verzeitlichung erfordert die Unterscheidung in »vorher« und »nachher«, durch die eine temporale Reihenfolge erzeugt wird. Auf diese Weise findet eine Temporalisierung von Differenz statt, die sich darin niederschlägt, dass die Zeit zum wertenden Referenzpunkt wird (Luhmann 1991: 46). Die Verzeitlichung von Differenz ist typisch für Gesellschaftsbeschreibungen in der Moderne; Differenz wird dort in die Zeitform transferiert (ebd.: 44). Durch die Temporalisierung der gesellschaftlichen Verhältnisse tritt an die Stelle einer Ordnung des Über- und Untereinanders oder des Nebeneinanders eine Ordnung des Hintereinanders (Simmel 1992).

Grob und selbstverständlich nicht vollständig können drei häufig vorgenommene Zeitbezüge unterschieden werden. Erstens wird Zeit als Maßstab verwendet, um den Wandel bzw. die Stabilität der Sozialstruktur über einen bestimmten Zeitraum hinweg zu erfassen. Bei diesem Zeitbezug, den man als epochal oder historisch bezeichnen könnte, wird die Zeit, gleichgültig, ob es sich um Phasen großer gesellschaftlicher Kontinuität oder dramatischer Umbrüche handelt, als linear und regelmäßig verlaufend dargestellt. Sie wird also als ein gesellschaftlich unabhängiges Maß verstanden und als objektives Beobachtungsinstrument verwendet. Zweitens wird die Zeit – aufgefasst als Einwirkungsdauer – oftmals als unausgesprochene Vorbedingung für die strukturierende Wirkung von sozialen Ungleichheiten vorausgesetzt. Die Annahme dabei ist, »daß es einer – freilich nur schwer bestimmbaren – Mindestaufenthaltsdauer bedarf«, damit die Lebensbedingungen »über ihre begrenzende und ermöglichende Wirkung hinaus auch eine bewußtseinsformende und einstellungsprägende Kraft entwickeln können« (Berger 1997: 85f.). Der dritte Zeitbezug steht in enger Beziehung zur Lebenslaufsoziologie. Dort findet er einerseits Verwendung, um die »objektive Seite« des Lebensverlauf zu rekonstruieren, und andererseits, um das »subjektive« Gegenstück, die biografische Zeit – also die »sinnhafte Deutung« des eigenen Lebenslaufs –, betrachten zu können.

Die Oppositionsbestimmung früher/später ist so komponiert, dass damit auch solche Wandlungs- und Entwicklungsprozesse, die möglicherweise ebenso – manchmal sogar trefflicher – mit den Oppositionspaaren innen/außen und oben/unten beschrieben werden könnten, als zeitliche Differenzen bestimmt werden. Vergleichbares lässt sich gewiss auch für die beiden anderen Oppositionsbestimmungen beobachten, wenn beispielsweise oben/unten-Verhältnisse begrifflich als innen/außen-Zugehörigkeiten dargestellt werden. Vergegenwärtigt man sich auf der Grundlage dieser drei Differenzbestimmungen und ihres soziologischen Gebrauchs nochmals die aufgezählten Begriffe, beispielsweise Entstrukturierung und Flexibilisierung, dann fällt auf, dass ihnen die Tendenz innewohnt, Differenzen, die ehemals mit den Oppositionspaaren oben/unten oder innen/außen charakterisiert wurden, in den Gegensatz von früher/später zu übersetzen. Die Tendenz zu solchen verzeitlichenden Übersetzungen kann erklären, dass soziale Strukturen und Formen der Strukturierung, die mit Begriffen wie soziale Klasse und gesellschaftliche Ordnung bezeichnet werden, leicht aus dem soziologischen Blick geraten.

Bei seiner Analyse der »Verzeitlichung der Begriffe« hat sich Koselleck auf den Wandel vom späten 18. zum 19. Jahrhundert konzentriert. Dort qualifiziert er die »zahlreichen -ismus-Prägungen«, z.b. Patriotismus, Liberalismus, als »Verzeitlichung der kategorialen Bedeutungen«. Er nennt sie »*Bewegungsbegriffe*, die in der Praxis dazu dienen, die sich auflösende Ständegesellschaft unter neuen Zielsetzungen sozial und politisch neu zu formieren« (Koselleck 2006b: 82). Daran angelehnt, kann man die These formulieren, dass die »-sierung-Prägungen« ebenfalls einen gesellschaftlichen Übergang bezeichnen. Wenn in dieser Studie die mit den Begriffen soziale Klasse und gesellschaftliche Ordnung verwobenen Differenzbestimmungen verwendet wurden, dann nicht, um den gesellschaftlichen Wandel zu bestreiten, der mit der verzeitlichenden Oppositionsbestimmung bezeichnet wird. Vielmehr sollte die Aufmerksamkeit darauf gelenkt werden, dass die in den »-sierungs-Prägungen« enthaltene Differenzbestimmung andere Formen der gesellschaftlichen Differenzierung zu wenig gewichtet.

Bei dem Gebrauch der drei Differenzbestimmungen handelt es sich keineswegs nur um sprachliche Finessen. In seinen Studien zur Begriffsgeschichte hat Koselleck immer wieder demonstriert, dass den Handlungskonzepten »sprachliche Vorleistungen« vorausgehen, kurz gefasst, dass Begriffe zu Vorgriffen werden (Koselleck 2006a: 37). Den drei Differenzbestimmungen ist die »gemeinsame Signatur« eigen, dass es sich »um Diagnosen in prognostischer, also auch in pragmatischer Art [handelt], um eine Zukunft zu beeinflussen, die im einzelnen unbekannt, in ihren geschichtlichen Möglichkeiten aber erkennbar ist« (ebd.: 39). Ihr jeweiliger Gebrauch – wenn beispielsweise ehemals mit der oben/unten-Differenz beschriebene soziale Verhältnisse nun mit dem Oppositionspaar früher/später charakterisiert werden – beinhaltet diese Zuspitzung auf bestimmte »sprachlich vorformulierte Alternativen« (ebd.: 41). Und dies wiederum bedeutet, dass soziologische Gegenwartsdiagnosen durch die Art und Weise, wie sie die Differenzen bestimmen, indirekt die (sprachlich) denkbare gesellschaftliche Zukunft vorformulieren.

Mit den vorne dargestellten Verschiebungen korrespondiert ein Wandel der Differenzbestimmungen, der grob skizziert darin besteht, dass die Bestimmung von Differenz, die mittels der Oppositionspaare oben/unten und innen/draußen vorgenommen wurde, zunehmend mit der Oppositionsbestimmung von früher/später markiert wird. Konkret bedeutet dies, dass weniger auf soziale Strukturiertheiten und stattdessen mehr auf Veränderungen über die Zeit geachtet wird. Dieser Wandel zeigt sich auch bei den empirischen Erhebungen: Längsschnitt- und bevorzugt Panelstudien treten an die

Stelle von Querschnittstudien. Bei letzteren wird besonders deutlich, dass mit der Temporalisierung der Differenzbestimmungen quasi wie selbstverständlich einhergeht, dass der Lebenslauf zur Analyseeinheit wird. Daraus ergibt sich, dass soziologische Kategorien, die darauf gerichtet waren, Positionen innerhalb der Sozialstruktur anzugeben, etwa Klasse oder Schicht, zurückgedrängt werden. Da beim Lebenslauf ein Zeitraum beobachtet wird, und zwar sowohl in der Vergangenheit als auch in der Zukunft, wird die Frage nach vorne gespült, wie die Individuen ihren Lebenslauf sinnhaft »entwerfen«. Diese Frage setzt die Eigenverantwortlichkeit des Einzelnen für seine Zukunft implizit als analytischen Ausgangspunkt.

Wenn die dickeren Jugendlichen ihr gesellschaftliches Verhältnis und ihre gesellschaftliche Zukunft vorrangig durch ihren Körper bestimmt sehen, dann gründet diese Vorstellung von der sozialen Welt wie auch ihrer gegenwärtigen und zukünftigen Position darin auf mehrfachen Verschiebungen. Die Verschiebungen betreffen die Art und Weise, wie die Prozesse der sozialen Differenzierungen – sowohl der sozialstrukturellen als auch der entlang der gesellschaftlichen Ordnung – aufgefasst werden. Die erste Verschiebung besteht darin, sozialstrukturelle Positionierungen weniger als Ergebnis sozialstruktureller Benachteiligung oder Bevorzugung zu begreifen, sondern den Körper als Ursache von sozialen Positionierungen zu betrachten. Daran knüpft eine nächste Verschiebung an. Durch sie wird die soziale Strukturierung entlang sozialer Klassen zu einem Phänomen gesellschaftlicher Konformität und Nicht-Konformität umgedeutet, das in den Institutionen und durch die Professionen der Prävention »therapiert« wird. Für den Einzelnen knüpft sich daran die Verschiebung von gesellschaftlicher Verantwortung zu individueller Verantwortlichkeit, die in der Konzeption des Lebenslaufs als individuell entworfenes Projekt kulminiert.

Am Schluss sollen die dickeren Jugendlichen wieder zu Wort kommen. Ihre Vorstellung von einer gesellschaftlichen Zukunft, in der Dicksein nicht mehr das gesellschaftliche Verhältnis bestimmt, soll nochmals in den Blick genommen werden. Die »ideale Welt« aus der Perspektive der Jugendlichen ist eine, in der dicke Menschen Gleichberechtigung und Gleichbehandlung erfahren und damit an das Dicksein geknüpften sozialstrukturellen Benachteiligungen und gesellschaftlichen Gefährdungen von Zugehörigkeit, Anerkennung und Wertschätzung aufgehoben sind. Dieses Ansinnen der Jugendlichen reiht sich ein in die Tradition der gesellschaftlichen Auseinandersetzungen, teilweise heftigen Kämpfe um Gleichberechtigung. Die Jugendlichen selbst verweisen darauf, indem sie Beispiele für bereits formulierte und teilweise etablierte Ansprüche auf Gleichbehandlung zitieren, etwa bei Hautfarbe und ethnischer Herkunft. Ob und in welchem Ausmaß diese erfolgreich waren, das gesellschaftliche Verhältnis der Benachteiligten grundlegend zu verbessern, ist jeweils zu prüfen. Gleichstellung ist jedoch noch nicht erreicht, wenn es gesellschaftlich nicht mehr legitim ist, sich öffentlich abwertend gegenüber Menschen aufgrund ihrer Hautfarbe, ethnischen Herkunft oder ihres Dickseins zu äußern, und wenn solche Diskreditierungen und Behandlungsweisen mit Sanktionen belegt sind. Sie ist ebenfalls noch nicht erreicht, wenn die oben aufgezählten Merkmale gesellschaftlich nicht mehr dazu genutzt werden, sozial abwertende Eigenschaften zuzuschreiben, wie dies dickere Jugendliche erfahren, wenn ihnen Leistungsbereitschaft und -fähigkeit und vieles andere aberkannt werden. Deshalb genügt es auch nicht, Aufklärungskampagnen zu starten oder Vorschriften des korrekten Umgangs zu erlassen, die darauf zielen, einerseits die Diskriminierungen und Herabsetzungen zu verbieten und andererseits die Verknüpfungen mit sozialen und kulturellen Diffamierungen zu vereiteln.

Gleichberechtigung zu erreichen verlangt mehr. Es ist zu fragen, welches gesellschaftliche Geschehen sich dahinter verbirgt, dass Menschen mit einem dickeren Körper als soziale Gruppe, geradezu als Klasse und als nicht konform mit der gesellschaftlichen Ordnung betrachtet werden. Das bedeutet nämlich, dass ihnen unterstellt wird, Gemeinsamkeiten zu teilen, die sie von anderen trennen. Bei den ihnen unterstellten Gemeinsamkeiten handelt es sich überwiegend um solche, die sich zur sozialen Typisierung und Klassifizierung eignen, und zwar sowohl zur Begründung als auch zur Legitimierung ihrer sozialstrukturellen Benachteiligung sowie ihrer gefährdeten gesellschaftlichen Zugehörigkeit. Mit anderen Worten: Das verborgene gesellschaftliche Geschehen, welches im Umgang mit dem Dicksein enthalten ist, ohne ausgesprochen zu werden, besteht aus der Herstellung und Legitimierung sozialer Ungleichheiten wie auch in der Ermöglichung und Verschließung von Partizipation, Anerkennung und Zukunftschancen.

Warum in unserer Gegenwartsgesellschaft der Körper zum kategorischen Typisierungs- und Klassifizierungszeichen wurde, darauf hat die Studie einige Hinweise gegeben. Diese lassen sich zugespitzt so formulieren, dass der Körper als Beleg der individuellen Fähigkeit zur Selbstkontrolle, Eigenverantwortlichkeit und Leistungsbereitschaft wahrgenommen und als soziale Repräsentation dafür gelesen wird, ob und wie sich die Menschen zu diesen gesellschaftlichen Erwartungen verhalten – zustimmend oder ablehnend.

Bleibt zu fragen, ob angesichts der Verwicklung des Körpers in den Prozess der Vergesellschaftung die Forderung nach Gleichberechtigung aller – gleich ob »dick oder dünn« – Erfolg verspricht. Von den vorangegangenen Kämpfen um Gleichberechtigung kann man lernen, dass sie wenig erfolgreich waren, solange es nicht gelang, die zur Diffamierung genutzten Merkmale und Eigenschaften sowohl aus dem Ungleichheitsgeschehen als auch aus der Herstellung und Legitimierung der gesellschaftlichen Ordnung herauszulösen.

# Literatur

Adler, Nancy E./Stewart, Judith (2009), Reducing Obesity: Motivating Action while Not Blaming the Victim, *The Milbank Quarterly*, Jg. 87, H. 1, S. 49–70.

Andreyeva, Tatiana/Puhl, Rebecca M./Brownell, Kelly D. (2008), Changes in Perceived Weight Discrimination among Americans, 1995–1996 through 2004–2006, *Obesity – A Research Journal*, Jg. 16, H. 5, S. 1129–1134.

Barlösius, Eva (1997): *Naturgemäße Lebensführung. Zur Geschichte der Lebensreform um die Jahrhundertwende*, Frankfurt/M.

Barlösius, Eva (1998), Leben mit Sozialhilfe. Die Bilanz der »Dynamischen Armutsforschung«. Sammelsprechung, *Kölner Zeitschrift für Soziologie und Sozialpsychologie*, Jg. 50, H. 3, S. 569–574.

Barlösius, Eva (2004), *Kämpfe um soziale Ungleichheit. Machttheoretische Perspektiven*, Wiesbaden.

Barlösius, Eva (2005), *Die Macht der Repräsentation: Common Sense über soziale Ungleichheiten*, Wiesbaden.

Barlösius, Eva (2007), Entre Est et Ouest. La moralisation de l'alimentation en Allemagne, in: Claude Fischler/Estelle Masson (Hg.), *Manger. Français, Européens et Americans face à l'alimentation*, Paris, S. 158–174.

Barlösius, Eva (2010), Religiöse Prämissen soziologischer Klassiker, in: Friedrick Johannsen (Hg.), *Postsäkular? Religion im Zusammenhang gesellschaftlicher Transformationsprozesse*, Stuttgart, S. 75–85.

Barlösius, Eva (2011a), *Pierre Bourdieu – eine Einführung*, 2. Aufl., Frankfurt/M.

Barlösius, Eva (2011b), *Soziologie des Essens. Eine sozial- und kulturwissenschaftliche Einführung in die Ernährungsforschung*, 2., völlig überarbeitete Aufl., Weinheim.

Barlösius, Eva (2013), Zu dick – Struktur und Erfahrung einer Form sozialer Ungleichheit, *Neue Gesellschaft/Frankfurter Hefte*, Jg. 60, H. 9, S. 40–44.

Barlösius, Eva/Garmissen, Alexandra von (2011), »Ich kann ja doch noch was aus meinem Leben machen und schlanker werden.« Gesunde Lebensführung und Moralisierung des Essens in der Kommunikation übergewichtiger Jugendlicher, in: Hans-Wolfgang Hoefert/Christoph Klotter (Hg.), *Gesunde Lebensführung – kritische Analyse eines populären Konzepts*, Bern, S. 279–292.

Barlösius, Eva/Garmissen, Alexandra von/Voigtmann, Grit (2012), Dicksein – über die gesellschaftliche Erfahrung dick zu sein. Leibniz Universität Hannover,

18.12.2012, *http://www.ish.uni-hannover.de/fileadmin/soziologie/pdf/allgemein/leib niz-uni-hannover_studie_dicksein_RZ.pdf*.

Barlösius, Eva/Fisser, Grit/Garmissen, Alexandra von (2013), Über die gesellschaftliche Erfahrung dick zu sein. Adipositasprävention für benachteiligte Jugendliche, *Das Gesundheitswesen*, 16.08.2013, *http://dx.doi.org/10.1055/s-0033-1333710*.

Barlösius, Eva/Philipps, Axel (2011), Die Gesellschaft und das Selbst der »Dicken« – Wie Kinder und Jugendliche gesellschaftliche Haltungen und Erwartungen in ihre Selbstkonstitution hineinnehmen, in: Michael M. Zwick/Jürgen Deuschle/Ortwin Renn (Hg.), *Übergewicht und Adipositas bei Kindern, Jugendlichen und jungen Erwachsenen*, Wiesbaden, S. 181–201.

Barry, Colleen L./Brescoll, Victoria L./Brownell, Kelly D./Schlesinger, Mark (2009), Obesity Metaphors: How Beliefs about the Causes of Obesity Affect Support for Public Policy, *The Milbank Quarterly*, Jg. 87, H. 1, S. 7–47.

Beck, Ulrich (1983), Jenseits von Stand und Klasse? Soziale Ungleichheiten, gesellschaftliche Individualisierungsprozesse und die Entstehung neuer Formationen und Identitäten, in: Reinhard Kreckel (Hg.), *Soziale Ungleichheiten. Soziale Welt*, Sonderband 2, Göttingen, S. 35–74.

Beck, Ulrich (1986), *Risikogesellschaft. Auf dem Weg in eine andere Moderne*, Frankfurt/M.

Becker, Howard S. (1991), *Außenseiter. Zur Soziologie abweichenden Verhaltens*, Frankfurt/M.

Belasco, W. (1997), Food, Morality, and Social Reform, in: Allan M. Brandt/Paul Rozin (Hg.), *Morality an Health*, New York, S. 185–200.

Bento, Regina F./White, Lourdes F./Zacur, Susan R. (2012), The Stigma of Obesity and Discrimination in Performance Appraisal: A Theoretical Model, *The International Journal of Human Resource Management*, Jg. 23, H. 15, S. 3196–3224.

Berger, Peter A. (1997), Individualisierung und sozialstrukturelle Dynamik, in: Ulrich Beck/Peter Sopp (Hg.), *Individualisierung und Integration. Neue Konfliktlinien und neuer Integrationsmodus?*, Opladen.

Berger, Peter L./Luckmann, Thomas (1987), *Die gesellschaftliche Konstruktion der Wirklichkeit. Die Theorie der Wissenssoziologie*, Frankfurt/M.

Bischoff, Sonja (2005), *Wer führt in (die) Zukunft? Männer und Frauen in Führungspositionen der Wirtschaft in Deutschland – die 4. Studie*, Bielefeld.

Bischoff, Sonja (2010), *Wer führt in (die) Zukunft? Männer und Frauen in Führungspositionen der Wirtschaft in Deutschland – die 5. Studie*, Bielefeld.

Blumenberg, Hans (2007), *Theorie der Unbegrifflichkeit*, Frankfurt/M.

Bohnsack, Ralf (1997), Gruppendiskussionsverfahren und Milieuforschung, in: Barbara Friebertshäuser/Annedore Prengel (Hg.), *Handbuch Qualitative Forschungsmethoden in der Erziehungswissenschaft*, Weinheim/München.

Bourdieu, Pierre (1976), *Entwurf einer Theorie der Praxis auf der ethnologischen Grundlage der kabylischen Gesellschaft*, Frankfurt/M.

Bourdieu, Pierre (1984), *Die feinen Unterschiede. Kritik der gesellschaftlichen Urteilskraft*, Frankfurt/M.

Bourdieu, Pierre (1985), *Sozialer Raum und »Klassen«*, Frankfurt/M.

Bourdieu, Pierre (1998), *Praktische Vernunft. Zur Theorie des Handelns*, Frankfurt/M.

Bourdieu, Pierre (2001), *Meditationen. Zur Kritik der scholastischen Vernunft*, Frankfurt/M.

Bourdieu, Pierre (2005), *Männliche Herrschaft*, Frankfurt/M.

Bourdieu, Pierre (2013), *Politik. Schriften zur Politischen Ökonomie 2*, Frankfurt/M.

Bourdieu, Pierre/Wacquant, Loïc J.D. (1996), *Reflexive Anthropologie*, Frankfurt/M.

Bourdieu, Pierre et al. (1997), *Das Elend der Welt. Zeugnisse und Diagnosen alltäglichen Leidens an der Gesellschaft*, Konstanz.

Brewis, Alexandra A./Hruschka, Daniel J./Wutich, Amber (2011), Vulnerability to Fat-stigma in Women's Everyday Relationships, *Social Science & Medicine*, Jg. 73, H. 4, S. 491–497.

Bröckling, Ulrich (2008), Vorbeugen ist besser … Zur Soziologie der Prävention, *Behemoth – A Journal on Civilisation*, Jg. 1, H. 1, S. 38–48.

Brown, Juanita/Isaacs, David (2005), *The World Café. Shaping our Futures through Conversations that Matter*, San Francisco.

Bude, Heinz (2008), *Die Ausgeschlossenen. Das Ende vom Traum einer gerechten Gesellschaft*, München.

Bude, Heinz (2011), *Bildungspanik. Was unsere Geselschaft spaltet*, München.

BZgA (Bundeszentrale für gesundheitliche Aufklärung) (2009), *Übergewicht bei Kindern und Jugendlichen*, Köln.

Büning-Fesel, Margret (2008), Food Literacy, *Ernährung*, Jg. 3, H. 2, S. 107–109.

Bunker, Barbara B./Alban, Billie T. (1997), *Large Group Interventions. Special Issue of the Journal of Applied Behavioral Science*, Jg. 28, H. 4.

Carr, Deborah/Friedman, Michael A. (2006), Body Weight and the Quality of Interpersonal Relationships, *Social Psychology Quarterly*, Jg. 69, H. 2, S. 127–149.

Crandall, Christian S. (1994), Prejudice Against Fat People: Ideology and Self-interest, *Journal of Personality and Social Psychology*, Jg. 66, H. 5, S. 882–894.

Cunha, Miguel Pina E. (2002), *Dreaming of Cockaigne: Individual Fantasies of the Perfect Workplace*, FEUNL Working Paper, H. 414.

Daníelsdóttir, Sigrún/O'Brien, Kerry S./Ciao, Anna (2010), Anti-fat Prejudice Reduction: A Review of Published Studies, *Obesity Facts*, Jg. 3, H. 1, S. 47–58.

Davison, Kirsten K./Birch, Leann L. (2002), Processes Linking Weight Status and Self-concept among Girls from Ages 5 to 7 Years, *Developmental Psychology*, Jg. 38, H. 5, S. 735–748.

Détrez, Christine (2002), *La construction sociale du corps*, Paris.

Elias, Norbert/Scotson, John L. (1992), *Etablierte und Außenseiter*, Frankfurt/M.

English, Cliff (1993), Gaining and Losing Weight: Identity Transformations, *Deviant Behavior: An Interdisciplinary Journal*, Jg. 14, H. 3, S. 227–241.

Eriksen, Shelley J./Manke, Beth (2011), »Because Being Fat Means Being Sick«: Children at Risk of Type 2 Diabetes, *Sociological Inquiry*, Jg. 81, H. 4, S. 549–569.

Faith, Myles S./Leone, Mary A. L./Ayers, Tim S./Moonseong, Heo/Pietrobelli, Angelo (2002), Weight Criticism during Physical Activity, Coping Skills, and Reported Physical Activity in Children, *Pediatrics*, Jg. 110, H. 2, S. 23–30.

Featherstone, Mike (1991), The Body in Consumer Culture, in: Mike Featherstone/ Mike Hepworth/Bryan S. Turner (Hg.), *The Body. Social Process and Cultural Theory*, London, S. 170–195.

Featherstone, Mike/Hepworth, Mike/Turner, Bryan S. (Hg.) (1991), *The Body*, London.

Flegal, Katherine M./Troiano, Richard P. (2000), Change in the Distribution of Body Mass Index of Adults and Children in the US Population, *International Journal of Obesity*, Jg. 24, S. 807–818.

Foster, Gary D./Wyatt, Holly R./Hill, James O./McGuckin, Brian G./Brill, Carrie/ Mohammed, B. Selma/Szapary, Philippe O./Rader, Daniel J./Edman, Joel S./ Klein, Samuel (2003), A Randomized Trail of a Low-carbohydrate Diet for Obesity, *New England Journal of Medicine*, Jg. 348, H. 21, S. 2082–2090.

Foucault, Michel (2005), *Die Heterotopien. Der utopische Körper*, Berlin.

Fouché, Christa/Light Glenda (2011), An Invitation to Dialogue: »The World Café«, *Qualitative Social Work* March, Jg. 10 H. 1, S. 28–48.

Gadamer, Hans-Georg (1996), *Über die Verborgenheit der Gesundheit*, 4. Aufl., Frankfurt/M.

Gard, Michael/Wright, Jan (2005), *The Obesity Epidemic: Science, Morality, and Ideology*, New York.

Geiger, Theodor (1932), *Die soziale Schichtung des deutschen Volkes*, Stuttgart.

Giddens, Anthony (1992), *Transformation of Intimacy. Sexuality, Love and Eroticism in Modern Society*, Cambridge.

Giel, Katrin Elisabeth/Thiel, Ansgar/Teufel, Martin/Mayer, Jochen/Zipfel, Stephan (2010), Weight Bias in Work Settings – a Qualitative Review, *Obesity Facts*, Jg. 3, H. 1, S. 33–40.

Gilomen, Hans-Jörg (2004), Das Schlaraffenland und andere Utopien im Mittelalter, *Basler Zeitschrift für Geschichte und Altertumskunde*, Bd. 104, S. 213–248.

Goodell, L. Suzanne/Pierce, Michelle B./ Bravo, Carolina M./Ferris, Ann M. (2008), Parental Perceptions of Overweight During Early Childhood, *Qualitative Health Research*, Jg. 18, H. 1, S. 1548–1555.

Gottschling, Caspar (2007), *Der Staat Von Schlaraffen-Land*, Hannover.

Greener, Joe/Douglas, Flora/Teijlingen, Edwin van (2010), More of the Same? Conficting Perspectives of Obesity Causation and Intervention amongst Overweight People, Health Professionals and Policy Makers, *Social Science & Medicine*, Jg. 70, H. 7, S. 1042–1049.

Gremillion, Helen (2005), The Cultural Politics of Body Size, *Annual Review of Anthropology*, Jg. 34, S. 13–32.

Griffiths, Lucy J./Wolke, Dieter/Page, Angie S./Horwood, Jeremy P. (2006), Obesity and Bullying: Different Effects for Boys and Girls, *Archives of Desease in Childhood*, Jg. 91, H. 1, S. 121–125.

Gusfield, Joseph R. (1981), *The Culture of Public Problems*, Chicago.

Gusfield, Joseph R. (1984), Nature's Body and the Metaphors of Food, in: Michèle Lamont/Marcel Fournier (Hg.), *Cultivating Differences. Symbolic Boundaries and the Making of Inequality*, Chicago, S. 75–103.

Hanson, Margaret D./Chen, Edith (2007), Socioeconomic Status, Race, and Body Mass Index: The Mediating Role of Physical Activity and Sedentary Behaviors during Adolescence, *Journal of Pediatric Psychology*, Jg. 32, H. 3, S. 250–259.

Häußler, Angela (2007), *Nachhaltige Ernährungsweisen in Familienhaushalten. Eine qualitative Studie über die Umsetzbarkeit des Ernährungsleitbildes in die Alltagspraxis*, Gießen.

James, Allison (2000), Embodied Being(s), Understanding the Self and the Body in Childhood, in: Alan Prout (Hg.), *The Body, Childhood and Society*, London, S. 19–37.

Joanisse, Leanne/Synnott, Anthony (1999), Fighting Back. Reactions and Resistance to the Stigma of Obesity, in: Donna Maurer/Jeffery Sobal (Hg.), *Interpreting Weight. The Social Management of Fatness and Thinness*, Hawthorne/New York, S. 49–72.

Jonassen, Frederick B. (1990), Lucian's Saturanlia, the Land of Cockaigne, and the Mummers‹ Plays, *Folklore*, Jg. 101, H. 1, S. 58–68.

Kaufmann, Jean-Claude (2006), *Kochende Leidenschaft. Soziologie vom Kochen und Essen*, Konstanz.

Klinger, Cornelia/Knapp, Gudrun-Axeli/Sauer, Birgit (Hg.) (2007), *Achsen der Ungleichheit. Zum Verhältnis von Klasse, Geschlecht und Ethnizität*, Frankfurt/M.

Koselleck, Reinhart (2006a), Sprachwandel und Ereignisgeschichte, in: Reinhart Koselleck (Hg.): *Begriffsgeschichte*, Frankfurt/M., S. 32–55.

Koselleck, Reinhart (2006b), Die Verzeitlichung der Begriffe, in: Reinhart Koselleck (Hg): *Begriffsgeschichte*, Frankfurt/M., S. 77–85.

Kreckel, Reinhard (2004), *Politische Soziologie der sozialen Ungleichheit*, 3., überarb. und erw. Aufl., Frankfurt/M.

Kuczmarski, Robert/Flegal, Katherine (2000), Criteria for Definition of Overweight in Transition: Background and Recommendations for the United States, *The American Journal of Clinical Nutrition*, Jg. 72, H. 5, S. 1074–1081.

Kurth, Bärbel-Maria/Schaffrath-Rosario, Angelika (2007), Die Verbreitung von Übergewicht und Adipositas bei Kindern und Jugendlichen in Deutschland. Ergebnisse des bundesweiten Kinder- und Jugendgesundheitssurveys (KiGGS), *Bundesgesundheitsblatt – Gesundheitsforschung – Gesundheitsschutz*, H. 5/6, S. 736–742.

Kwan, Samantha (2010), Navigating Public Spaces: Gender, Race, and Body Privilege in Everyday Life, *Feminist Formations*, Jg. 22, H. 2, S. 144–166.

Labarre, Matthieu Duboys de (2004), L'experience du régime au féminin, in: Annie Huber (Hg.), *Corps des femmes sous influence. Questioner les normes*, Paris, S. 75–95.

Landeshauptstadt Hannover (2008), *Sozialbericht*, 22.08.2013, *http://www.hannover.de/content/download/373831/7850955/version/1/file/Sozialbericht_2008.pdf*.

Leibfried, Stephan/Leisering, Lutz/Buhr, Petra/Ludwig, Monika (1995), *Zeit der Armut. Lebensläufe im Sozialstaat*, Frankfurt/M.

Leonhäuser, Ingrid-Ute/Meier-Gräwe, Uta/Möser, Anke/Zander, Uta/Köhler, Jaqueline (2009), *Essalltag in Familien – Ernährungsversorgung zwischen privatem und öffentlichem Raum*, Wiesbaden.

Lewis, Sophie/Thomas, Samantha L./Blood, R. Warwick/Castle, David J./Hyde, Jim/Komesaroff, Paul A. (2011), How Do Obese Individuals Perceive and Respond to the Different Types of Obesity Stigma that They Encounter in Their Daily Lives? A Qualitative Study, *Social Science & Medicine*, Jg. 73, H. 9, S. 1349–1356.

Li, Weidong/Rukavina, Paul (2009), A Review on Coping Mechanisms against Obesity Bias in Physical Activity/Education Settings, *Obesity Reviews*, Jg. 10, H. 1, S. 87–95.

Lincke, Hans-Joachim (2007), *Doing Time. Die zeitliche Ästhetik vom Essen, Trinken und Lebensstilen*, Bielefeld.

Loos, Peter/Schäffer, Burkhard (2001), *Das Gruppendiskussionsverfahren*, Opladen.

Luhmann, Niklas (1991), *Die Soziologie des Risikos*, Berlin/New York.

Luhmann, Niklas (2008), *Die Moral der Gesellschaft*, Frankfurt/M.

MacNevin, Audrey L. (2004), Embodying Sociological Mindfulness: Learning about Social Inequality through the Body, *Teaching Sociology*, Jg. 32, H. 3, S. 314–321.

Marx, Karl (1972), *Der achtzehnte Brumaire des Louis Bonaparte*, MEW Bd. 8, Berlin.

Masson, Estelle (2004), Le mincir, le grossir, le rester mince, in: Annie Huber (Hg.), *Corps des femmes sous influence. Questioner les normes*, Paris, S. 26–46.

Mensink, Gert B.M./Schienkewitz, Anja/Haftenberger, Marjolein/Lampert, Thomas/Ziese, Thomas/Scheidt-Nave, Christa (2013), Übergewicht und Adipositas in Deutschland, *Bundesgesundheitsblatt – Gesundheitsforschung – Gesundheitsschutz*, Jg. 56, H. 5–6, S. 786–794.

Monaghan, Lee F. (2005), Big Handsome Men, Bears and Others: Virtual Constructions of »Fat Male Embodiment«, *Body & Society*, Jg. 11, H. 2, S. 81–111.

Monaghan, Lee F./Hollands, Robert/Pritchard, Gary (2010), Obesity Epidemic Entrepreneurs: Types, Practices and Interests, *Body & Society*, Jg. 16, H. 2, S. 37–71.

Monaghan, Lee F./Rich, Emma/Aphramor, Lucy (2011), Conclusion: Reflections on and Developing Critical Weight Studies, in: Lee F. Monaghan/Emma Rich/Lucy Aphramor (Hg.), *Debating Obesity: Critical Perspectives*, New York.

Moscovici, Serge/Willem Doise (1992), *Dissensions et consensus. Une théorie générale des décisions collectives*, Paris.

Müller, Martin (1984), *Das Schlaraffenland. Der Traum von Faulheit und Müßiggang*, Wien.

Neumark-Sztainer, Dianne/Falkner, Nicole H./Story, Mary/Perry, Cheryl/Hannan, Peter J./Mulert, Scott (2002), Weight-teasing among Adolescents: Correlations with Weight Status and Disordered Eating Behaviors, *International Journal of Obesity*, Jg. 26, H. 1, S. 123–131.

Ogden, Cynthia L./Carroll, Margaret D./Curtin, Lester R./McDowell, Margaret A./ Tabak, Carolyn J./Flegal, Katherine M. (2006), Prevalence of Overweight and Obesity in the United States, 1999–2004, *Journal of the American Medical Association*, Jg. 295, H. 13, S. 1549–1555.

Pleij, Herman (1997), *Der Traum vom Schlaraffenland. Mittelalterliche Phantasien vom vollkommenen Leben*, Frankfurt/M.

Puhl, Rebecca M./Brownell, Kelly D. (2006), Confronting and Coping with Weight Stigma: An Investigation of Overweight and Obese Adults, *Obesity*, Jg. 14, H. 10, S. 1802–1815.

Puhl, Rebecca M./Heuer, Chelsea A. (2009), The Stigma of Obesity: A Review and Update, *Obesity*, Jg. 17, H. 5. S. 941–964.

Puhl, Rebecca M./Latner, Janet D. (2007), Stigma, Obesity, and the Health of the Nation's Children, *Psychological Bulletin*, 133, S. 557–580.

Puhl, Rebecca M./Moss-Racusin, Corinne A./Schwartz, Marlene B./Brownell, Kelly D. (2008), Weight Stigmatization and Bias Reduction: Perspectives of Overweight and Obese Adults, *Health Education Research*, Jg. 23, H. 2, S. 347–358.

Rehaag, Regine/Uslucan, Haci-Halil/Aydin-Canpolat, Gönül (2012), Kulinarische Praxen als Medium der Identitätsdarstellung deutscher und türkischer Jugendlicher, *GENDER – Zeitschrift für Geschlecht, Kultur und Gesellschaft*, H. 2, S. 28–47.

Reischer, Erica/Koo, Kathryn S. (2004), The Body Beautiful: Symbolism and Agency in the Social World, *Annual Review of Anthropology*, Jg. 33, S. 297–317.

Rich, Emma (2011), »I see her being obesed!« Public Pedagogy, Reality Media and the Obesity Crisis, *Health*, Jg. 15, H. 3, S. 3–21.

Richter, Dieter (1984), *Schlaraffenland. Geschichte einer populären Phantasie*, Köln.

Rosanvallon, Pierre (1995): *La nouvelle question sociale. Repenser l'État-providence*, Paris.

Ross, Frank H. (1991), An Interpretation of Land of Cockaigne (1567) by Pieter Breugel the Elder, *The Sixteenth Century Journal*, Jg. 22, H. 2, S. 299–329.

Rothblum, Esther D. (2012), Why a Journal on Fat Studies?, *Fat Studies: An Interdisciplinary Journal of Boy Weight and Society*, Jg. 1, H. 1, S. 3–5.

Rothblum, Esther D./Solovay, Sondra (Hg.) (2009), *The Fat Studies Reader*, New York.

Sarlio-Lähteenkorva, Sirpa (1998), Relapse Stories in Obesity, *European Journal of Public Health*, Jg. 8, H. 3, S. 203–209.

Schmidt-Semisch, Henning/Schorb, Friedrich (Hg.) (2008), *Kreuzzüge gegen Fette. Sozialwissenschaftliche Aspekte des gesellschaftlichen Umgangs mit Übergewicht und Adipositas*, Opladen.

Schorb, Friedrich (2008), Adipositas in Form gebracht. Vier Problemwahrnehmungen, in: Henning Schmidt-Semisch/ Friedrich Schorb (Hg.), *Kreuzzüge gegen*

*Fette. Sozialwissenschaftliche Aspekte des gesellschaftlichen Umgangs mit Überge-wicht und Adipositas*, Opladen, S. 57–77.

Schütz, Alfred/Luckmann, Thomas (2003), *Strukturen der Lebenswelt*, Konstanz.

Schwinn, Thomas (2007), Komplexe Ungleichheitsverhältnisse: Klasse, Ethnie und Geschlecht, in: Cornelia Klinger/Gudrun-Axeli Knapp/Birgit Sauer (Hg.), *Ach-sen der Ungleichheit. Zum Verhältnis von Klasse, Geschlecht und Ethnizität*, Frankfurt/M., S. 271–286.

Sikorski, Claudia/Riedel, Christiane/Luppa, Melanie/Schulze, Beate/Werner, Perla/König, Hans-Helmut/Riedel-Heller, Steffi G. (2012), Perception of Overweight and Obesity from Different Angels: A Qualitative Study, *Scandinavian Journal of Public Health*, Jg. 40, H. 3, S. 271–277.

Simmel, Georg (1992), *Soziologie. Untersuchungen über die Formen der Vergesellschaf-tung*, Frankfurt/M.

Solbes, Irene/Enesco Ileana (2010), Explicit and Implicit Anti-fat Attitudes in Child-ren and Their Relationships with Their Body Images, *Obesity Facts*, Jg. 3, H. 1, S. 23–32.

Souza, Paula de/Ciclitira, Karen E. (2005), Men and Dieting: A Qualitative Analy-sis, *Journal of Health Psychology*, Jg. 10, H. 6, S. 793–804.

Spencer, Martin E. (1994), Multiculturalism, »Political Correctness«, and the Politics of Identity, *Sociological Forum*, Jg. 9, H. 4, S. 547–567.

Statistisches Bundesamt (2012), Familien mit Kindern unter 18 Jahren 2010, 06.11.2013, *https://www.destatis.de/DE/Publikationen/STATmagazin/Bevoelkerung /2012_03/Bevoelkerung2012_03.html*.

Su, Wei/Santo, Aurelia Di (2012), Preschool Children's Perceptions of Overweight Peers, *Journal of Early Childhood Research*, Jg. 10, H. 1, S. 19–31.

Swami, Viren/Amin, Reena/Mirza-Begum, Julia/Begum, Fateha Nisha/Chaudhri, Jahanara/Furnham, Adrian/Joshi, Kiran/Jundi Shyma/Miller, Rebecca/Sheth, Pinal/Tovée, Martin J. (2008), Lonelier, Lazier, and Teased: The Stigmatizing Effect of Body Size, *The Journal of Social Psychology*, Jg. 148, H. 5, S. 577–593.

Tietje, Louis/Cresap, Steven (2005), Is Lookism Unjust? The Ethics of Aesthetics and Public Policy Implications, *Journal of Libertarian Studies*, Jg. 19, H. 2, S. 31–50.

Turner, Bryan S. (1991), The Discourse of Diet, *Theory, Culture & Society*, Jg. 24, S. 107–132.

Wardle, Jane/Williamson, Sara/Johnson, Fiona/Edwards, Carolyn (2006), Depressi-on in Adolescent Obesity: Cultural Moderators of the Association between Ob-esity and Depression Symptoms, *International Journal of Obesity*, Jg. 30, S. 634–643.

Warhurst, Chris/Broek, Diane van den/Hall, Richard/Nickson, Dennis (2009), Lookism: The New Frontier of Employment Discrimination?, *Journal of Indust-rial Relations*, Jg. 51, H. 1, S. 131–136.

Warschburger, Petra (2008), Psychosoziale Faktoren der Adipositas in Kindheit und Adoleszenz, in: Stephan Herpertz/Martina de Zwaan/Stephan Zipfel (Hg.), *Handbuch Essstörungen und Adipositas*, Berlin/Heidelberg, S. 259–264.

Waskul, Dennis D./Vannini, Phillip (Hg.) (2006), *Body & Embodiment. Symbolic Interaction and the Sociology of the Body*, Hampshire.

Weber, Max (1980), *Wirtschaft und Gesellschaft*, Tübingen.

Weimer-Jehle, Wolfgang/Deuschle, Jürgen/Rehaag, Regine (2012), Familial and Societal Causes of Juvenile Obesity – A Qualitative Model on Obesity Development and Prevention in Socially Disadvantaged Children and Adolescents, *Journal of Public Health*, Jg. 20, H. 2, S. 111–124.

WHO (World Health Organization) (2006), *Obesity and Overweight. What Are Overweight and Obesity?*, Fact Sheet No. 311.

Winker, Gabriele/Degele, Nina (2009), *Intersektionalität. Zur Analyse sozialer Ungleichheiten*, Bielefeld.

Wunderlich, Werner (1986), Das Schlaraffenland in der deutschen Sprache und Literatur. Bibliographischer Überblick über den Forschungsstand, *Fabula*, Jg. 27, S. 54–75.

Zakrewski, Karen (2004–2005), The Prevalence of »Look«ism in Hiring Decisions: How Federal Law Should Be Amended to Prevent Appearance Discrimination in the Workplace, *Journal of Labor and Employment*, Jg. 7, H. 2, S. 431–461.

Zwick, Michael M./Deuschle, Jürgen/Renn, Ortwin (Hg.) (2011), *Übergewicht und Adipositas bei Kindern, Jugendlichen und jungen Erwachsenen*, Wiesbaden.